시선 너머의 지식

9가지 질문으로 읽는 숨겨진 세계
윤수용 지음

시선 너머의 지식

DENMARK SINGAPORE USA ICELAND JAPAN FRANCE UK ITALY CHINA

북플레저

프롤로그

시선 너머,
진정한 거울을 만나게 되는 시작

주변에서 누군가의 행동을 보고 뜨끔했던 적이 있으신가요? 남에게 배타적인 사람을 보거나, 자기도취에 빠져 무리한 행동을 하는 사람, 학벌을 맹신하거나 과거를 반성하지 않는 사람, 돈을 지나치게 밝히거나 손해를 보지 않으려 극도로 예민해하는 사람을 보며 "어? 이거 내 모습인데?"라고 느껴본 적 말입니다.

우리는 타인과의 관계 속에서 스스로를 정의합니다. 타인의 시선으로 나를 규정하기도 하고, 타인의 행동 속에서 나를 발견하기도 합니다. 그러므로 타자는 자기의 상을 형성해주는 '거울'과도 같습니다. 이러한 타자의 역할은 국가 간 관계에서도 비슷하게 나타납니다. 외국 언론의 긍정적인 평가, 세계적인 시상식 수상, K-팝의 글로벌 성과, 국제기구에서의 지위 상승 등은 우리가 스스로를 선진국이라 여기는 근거가 되기도 합니다. 그런데 이때 중요한 기준으로 삼는 타자는 주로 미국과 서유럽 등 '우리보다 선진국'이라 여겨지는 국가들입니다. 우리는 자연스럽게 서구가 정해놓은 기준을 보편으로 삼고, 이들의 시선으로 스스로를 평가하며, 이들의 문화를 우월하게 인식하는 경향을 보입니다. 한국의 대중문화, 상업 브랜드, 음식, 심지어 미적 기준까지 서구의 틀에 맞추어 평가되고 소비됩니다.

이러한 현상은 태생적인 것이 아니라, 제국주의 역사에서 비롯된 문화적 위계라는 통찰을 에드워드 사이드Edward W. Said는 《문화와 제국주의》에서 제시합니다. 19세기 유럽의 제국주의와 20세기 미국의 문화 패권이 만들어낸 이 위계는 전 세계로 하여금 서구의 문화를 보편적이고 우월한 것으로 인식하게 했다는 것입니다. 사이드처럼 우리가 가진 인식의 틀을 벗어나 보면, 놀랍게도 그들이 우월해 보이던 감각이 다르게 느껴지기 시작합니다. 이른바 선진국이라 불리는 국가들도 우리와 마찬가지로 결함과 상처를 가진 존재임을 발견하게 됩니다. 더불어 선진국이라는 규정 자체도 하나의 환상일 수 있다는 것을 깨닫게 되지요. 저는 이때가 비로소 타자라는 거울을 제대로 마주할 수 있게 되는 순간이라고 생각합니다.

이 책에서는 덴마크, 싱가포르, 미국, 아이슬란드, 일본, 프랑스, 영국, 이탈리아, 중국 9개 국가를 통해 이런 거울의 역할을 살펴봅니다. 사소한 호기심에서 출발해 역사적 근원을 추적하며, 각국의 사회 현상이 결국 생존과 자기방어를 위한 선택들의 결과였음을 탐색합니다. 그리고 이러한 탐색은 역으로 우리 사회의 문제를 새로운 관점에서 바라보게 합니다. 우리 역시 역사적 상처 속에서 불가피하게 생겨난 문제들을 안고 있으며, 그것이 우리를 비난이 아닌 성찰과 극복으로 이끌 수 있음을 말하고자 합니다.

이것이 바로 《시선 너머의 지식》이 던지는 질문입니다. "누가 우리를 평가하고, 우리는 왜 그 평가를 내면화하는가?", "선진국이라는 기준은 누구의 시선에서 만들어진 것인가?" 그 시선을 넘어설 때 비로소 우리는 우리 자신을 더 정확히 이해할 수 있습니다. 이 책은 우리가 당연하게 여겼던 시선을 낯설게 바라보게 합니다. 표면적인 평가와 이미지를 넘어, 그 이면의 역사적 맥락과 본질을 파악하려는 태도를 제안합니다. 이를 통해 나와 세계를 새롭게 연결하고, 우리가 속한 공동체를 돌아보는 깊은 통찰을 이끌어냅니다. 동시에 지식이란 단순한 정보의 축적이 아니라 세계를 인식하고 해석하는 틀이며, 기존의 인식 구조를 재구성하는 힘임을 다시금 일깨워줍니다.

목차

프롤로그　　　　　　　　　　　　　　　　　　　　5

1장 행복의 그림자
우리가 믿어온 이상에 대하여

행복 이면에 숨겨진 모순, 덴마크　　　　　　　　12
"덴마크 사람들은 왜 생일 케이크에 국기를 꽂을까?"

초경쟁사회의 민낯, 싱가포르　　　　　　　　　　50
"싱가포르 뉴스는 왜 매일 무례한 시민을 보도할까?"

청산되지 않은 과거, 미국　　　　　　　　　　　　82
"왜 미국 남부 사람들은 유독 친절할까?"

2장 정체성의 경계에서
우리가 누구인지 묻는 질문들

타자화된 역사의 그림자, 아이슬란드　　　　　　134
"아이슬란드에서 왜 맥도날드가 사라졌을까?"

콤플렉스의 거울, 일본　　　　　　　　　　　　172
"일본 방송에서는 왜 서양인만 자주 보일까?"

엘리트주의의 실체, 프랑스　　　　　　　　　　220
"존경받던 흙수저 총리는 왜 권총으로 자살을 했을까?"

3장 자본의 얼굴들
물질에 지배당하는 세계

신자유주의의 그늘, 영국   260
"무엇이 영국의 '로드맨'을 만들었는가?"

가족주의의 덫, 이탈리아   300
"이탈리아 청년들은 왜 부모의 집을 떠나지 못할까?"

물질만능주의 사회, 중국   342
"중국은 왜 사회주의와 물질주의가 충돌하게 되었을까?"

참고한 자료   387

1장

행복의 그림자

우리가 믿어온 이상에 대하여

행복 이면에
숨겨진 모순,
덴마크

"덴마크 사람들은 왜 생일 케이크에 국기를 꽂을까?"

일상으로 스며든 덴마크의 국기 사랑

　1년에 한 번 찾아오는 생일은 누구에게나 가장 특별한 날입니다. 각 나라마다 이 특별한 날을 기념하는 다양한 전통과 문화가 존재합니다. 우리나라에서는 생일 하면 가장 먼저 떠오르는 음식이 바로 미역국입니다. 한국에서만 볼 수 있는 생일 미역국의 풍습은 삼국시대까지 거슬러 올라갑니다. 당시 고구려인들은 해안가에서 서식하는 고래들을 관찰하다가 고래가 출산 후 미역을 먹으며 상처를 치유하는 모습을 발견했습니다. 당나라 시대 관료 서견(徐堅)이 쓴 《초학기》에 따르면 고구려인들은 고래가 새끼를 낳은 후 미역을 먹는 것을 보고 산모에게도 미역을 먹여 산모의 회복을 도왔다고 서술합니다. 생일에 미역국을 먹는 것이 한국 고유의 풍습이지만, 생일에 빠질 수 없는 또 하나의 상징이 있습니다. 바로 생일 케이크와 촛불입니다. 생일 케이크 위에 나이만큼의 초를 꽂고, 생일 축하 노래를 부른 뒤 촛불을 불어 끄는 이 의식

은 전 세계적으로 널리 퍼져 있는 전통입니다.

한국에서 케이크가 대중화된 시기는 1980년대 이후였지만, 유럽에서는 이미 수세기 전부터 귀족들 사이에서 케이크와 촛불을 활용한 생일 축하 문화가 자리 잡고 있었습니다. 18세기 독일에서 시작된 이 문화는 1746년, 백작 루트비히 폰 진첸도르프Ludwig von Zinzendorf 생일 파티에서 본격적으로 등장합니다. 당시 초대받은 앤드루 프레이Andrew Frey가 남긴 기록에 따르면, 파티장에는 나무로 만든 백작의 이름이 금박으로 장식되어 벽에 걸려 있었고, 고품질 린넨 소재의 의자에는 리본이 매어져 있었습니다. 그 가운데 가장 주목할 만한 것은 오븐에서 구운 커다란 케이크 위에 백작의 나이만큼 꽂힌 촛불이었습니다. 이렇듯 당시 케이크와 촛불은 귀족들의 사치스러운 생일 파티에서나

볼 수 있는 장식이었습니다. 그러나 산업혁명 이후, 제과 기술과 재료 공급이 대중화되면서 생일 케이크와 촛불은 평민들 사이에서도 점차 확산되었고, 현재와 같은 보편적인 생일 풍경이 완성되었습니다.

덴마크 역시 생일에는 케이크와 촛불로 생일을 축하합니다. 그런데 한 가지 다른 점이 있습니다. 케이크 위에 장식으로 꽂히는 것이 덴마크 국기라는 점입니다. 1년에 한 번, 가장 특별한 날로 여겨지는 생일을 맞이하면 덴마크 사람들은 케이크에 촛불 외에도 반드시 덴마크 국기를 장식에 포함시킵니다. 케이크뿐만 아니라 파티를 위한 각종 장식에도, 심지어 집 앞 마당에도 덴마크 국기가 걸립니다. 흥미로운 점은 덴마크 국기가 단지 생일 축하에만 사용되는 것이 아니라는 것입니다. 덴마크에서는 국가의 경축일, 스포츠 경기, 쇼핑몰 개장 행사, 마트의 채소 포장지, 거리의 현수막 등 일상 곳곳에서 국기를 흔히 볼 수 있습니다.

덴마크 국기 단네브로, 800년 역사의 시작

크리스마스 시즌이 되면 덴마크 곳곳이 빨간 바탕에 하얀 십자가가 그려진 덴마크 국기로 뒤덮입니다. 생일, 축제, 각종 기념일 등 축하의 순간마다 등장한 덴마크 국기는 덴마크 사람들에게는 축하의 상징과도 같습니다. '단네브로Dannebrog'라고 불리는 덴마크 국기는 현재 세계에서 가장 오래된 국기로 알려져 있습니다. 단네브로는 약 800년 전,

한 전투 현장에서 시작된 역사적인 상징이기도 합니다.

1219년, 현재 에스토니아의 수도 탈린Tallinn에서 덴마크 왕 발데마르 2세Valdemar II가 이끄는 덴마크군과 원주민 사이에 린다니세 전투가 벌어졌습니다. 당시 유럽은 십자군 전쟁이 한창이었습니다. 1차 십자군이 예루살렘을 점령한 후, 교황은 북동유럽 일대의 비기독교인들을 기독교화하기 위해 북방 십자군 원정을 시작했습니다. 에스토니아를 점령해 발트해 무역을 장악하고 싶었던 덴마크는, 십자군 운동을 명분으로 비기독교였던 에스토니아의 탈린 지역으로 침공해 진을 치고 큰 요새를 지었습니다. 자신들의 영토에 요새가 생기니 에스토니아는 당연히 가만히 있을 수 없었겠지요. 하지만 일단은 여러 명의 협상가들을 보낸 뒤, 덴마크와 싸울 수 있는 대규모의 군대를 모으기까지 시간을 끌기로 합니다.

그리고 마침 때가 되었습니다. 1219년 6월 15일 에스토니아군은 저녁 식사가 막 끝난 시각, 덴마크의 요새를 기습했습니다. 에스토니아군이 다섯 개의 방향으로 나누어 요새를 향해 진격하자 덴마크 군인들은 놀라 사방으로 도망쳤습니다. 전투가 계속되면서 덴마크는 완전히 맥을 추리지 못하고 패색이 짙어져가고 있었지요. 이에 덴마크의 대주교였던 안데르스 수네센Anders Sunesen이 전투 현장이 내려다 보이는 언덕에 올라 두 팔을 들고 신에게 기도하기 시작했습니다. 그런데 이상한 현상이 나타났습니다. 기도하는 와중에 주교의 팔이 들어 올려져 있으면 덴마크군이 승기를 잡게 되고, 팔이 지쳐서 떨어지면 에스토니아군이 승기를 잡는 기이한 현상이 반복되는 것이었습니다. 결국 주교의 팔에 힘이 다 빠져 아래로 처지자 덴마크군은 거의 패배하기 일보 직전까지 다다랐습니다.

그런데 바로 그때 덴마크에게 기적과 같은 일이 일어났습니다. 별안간 하늘에서 붉은 바탕에 하얀 십자가가 그려진 깃발이 펄럭이며 떨어진 것입니다. 덴마크의 왕 발데마르 2세는 이 깃발을 가져와 전투 중인 군대에게 펼쳐 보여줬고, 이를 본 군인들은 용기와 의지가 불끈 솟아올라 다시 심기일전하게 되었지요. 기세가 완전히 역전된 전투 현장에서 덴마크군은 결국 승리를 쟁취하게 되었습니다. 이 드라마틱한 스토리가 그 기원으로 알려진 단네브로는, 실제로 세계에서 가장 오래된 국기로서 기네스북에까지 오르게 되었습니다.

이렇게 오랜 역사를 지닌 국기를 전국민적으로 애용하고 자부심을 가지는 덴마크의 모습을 보면, 현재 북유럽의 진보적이고 개방적인 이미지를 떠올렸을 때 다소 의아한 느낌이 들기도 합니다. 왜냐하면 국기에 대한 강한 애착은 흔히 민족주의 또는 국가주의와 연결될 때가 많기 때문입니다. 이런 의문 때문인지 미국의 소셜 커뮤니티 레딧Reddit에서는 한 네티즌이 덴마크인들이 왜 그토록 국기를 자주 사용하는지에 대해 질문하는 글을 올렸습니다. 186개나 댓글이 달릴 만큼 이 글은 많은 관심을 받았는데 아니나 다를까 질문 내용의 당사자인 덴마크인들 역시 많은 댓글을 달았습니다. "우리의 국기는 축하와 기쁨과 관련 있는 것이다", "국기를 축제적인 것이라고 생각한다", "애국주의와는

린다니세 전투 중 하늘에서 떨어진 덴마크 국기의 전설, 크리스티안 아우구스트 로렌첸, 1809

상관없다. 그저 크리스마스나 생일을 위한 전통이다" 등 많은 이가 국기는 단순히 즐거움과 축하를 상징하는 문화라고 답했습니다. 덴마크의 국기 사용은 단순히 정치적이거나 민족주의적 맥락을 넘어 기쁨의 순간을 더욱 특별하게 만드는 문화적 요소로 받아들여지고 있는 것이지요. 오히려 덴마크인들이 말하는 것처럼, 국기를 사용하는 그 빈도만큼이나 덴마크인들은 실제로 일상생활에서 행복과 즐거움을 누구보다 많이 누린다고 알려져 있습니다.

세계 최고 세금에도 '행복한 납세자'들이 사는 나라

덴마크는 강력한 복지 제도의 상징적인 나라로 잘 알려져 있습니다. 이러한 복지 시스템을 유지하기 위해서는 높은 세율이 필수적입니다. 미국의 싱크탱크인 택스 파운데이션의 2024년 자료에 따르면 덴마크의 소득세율은 55.9%로 세계에서 가장 높은 세율을 기록합니다. 놀랍게도 이 수치는 과거에 비해 많이 낮아진 것입니다. 1997년도에는 소득세율이 무려 65.9%에 달했을 정도였으니까요. 그렇다면 이렇게 높은 세율에 대해 덴마크 국민들은 어떤 생각을 가지고 있을까요?

일반적으로 높은 세금은 부정적인 인식을 불러일으키기 마련입니다. 그러나 놀랍게도 US 뉴스의 기사에 따르면 덴마크인들의 10명 중 9명이 높은 세금을 '기꺼이(happily)' 낸다고 답했습니다. 뉴욕타임즈의 칼럼니스트였던 폴 크루그먼 Paul Krugman 교수 역시 "덴마크는 60%를 웃도는 소득세율에도 불구하고 시민들이 자발적으로 세금을 낸다"고 언급했습니다. 그렇다면, 도대체 덴마크인들은 왜 이렇게 높은 세금을 기꺼이 감당하는 것일까요? 이들의 배경에는 강력한 신뢰 기반의 사회적 시스템과 투명한 세금 운영이 자리하고 있습니다. 덴마크인들은 자신들이 낸 세금이 자신과 사회를 위해 제대로 쓰이고 있다는 믿음이 있기 때문에, 높은 세율에도 불구하고 사회적 안정감을 느끼고 있는 것입니다. 덴마크 사회가 성숙되고 선진적인 시민문화를 가지고 있는 것은 이 밖에도 여러 통계에서 드러납니다.

덴마크는 국제적으로 정부 청렴도와 사회적 신뢰도 양쪽 모두에서 높은 평가를 받는 나라입니다. 2024년 국제투명성기구 조사에 따르면 세계에서 가장 청렴한 나라로 꼽혔고, 2022년 아워월드인데이터에 따르면 "대부분의 사람을 믿을 수 있는가?"라는 질문에 덴마크인의 73.9%가 "그렇다"고 답해, 세계에서 사회적 신뢰도가 가장 높은 국가로 기록되었습니다. 덴마크에서는 부모들이 길거리에 유모차를 세워둔 채 카페에서 커피를 마셔도 아무도 아이를 해치거나 데려가지 않을 정도로 서로에 대한 신뢰도가 높다고 전해집니다.

덴마크 사람들에게 가장 자부심을 주는 타이틀은 아마도 '세계에서 가장 행복한 나라'일 것입니다. 유엔의 산하 전문기구인 지속가능발전해법네트워크에서는 매년 각국의 행복지수를 정량화해 '세계행복보고서'를 발표합니다. 덴마크는 2012년, 2013년, 2016년의 행복지수 순위에서 1위를 차지했습니다. 2019년부터는 핀란드에 간소한 차이로 밀렸지만, 여전히 2위 자리를 굳건히 유지하고 있습니다. 이는 덴마크가 '행복한 나라'의 대명사로 자리 잡게 된 배경이기도 합니다.

이처럼 덴마크가 여러 행복지수 조사에서 꾸준히 상위권을 차지하는 이유는 무엇일까요? 가장 큰 요인으로는 탄탄한 사회복지 모델을 꼽을 수 있습니다. 덴마크 행복연구소의 CEO이자 작가인 마이크 비킹 Mike Wiking은 저서 《휘게 라이프 Hygge Life》에서 "덴마크의 복지 모델은 국민들이 극도의 불행에 빠지지 않게 해줌으로써, 국민들이 '덜' 불행하도록 만든다"고 설명합니다. 북유럽의 많은 나라가 행복과 관련한 여러 지표에서 함께 최상위권을 차지하고 있는 이유도 이러한 사회복지 모델을 가지고 있기 때문입니다.

덴마크가 다른 북유럽 국가들과 차별화되는 가장 독특한 요소는 바로 '휘게Hygge'입니다. 휘게는 한 마디로 딱 정의 내리기는 어려운 개념입니다. 일반적으로는 바쁜 일상을 벗어나 가족이나 친구와 함께 보내는 소박하고 여유로운 시간, 일상 속의 소소한 즐거움, 편안하고 안락한 환경에서 오는 행복과 같은 특성을 일컫는 단어입니다. 이 휘게라는 말이 어디서 왔는지에 대한 설은 여러 가지가 있습니다. 비킹 교수는 1560년대에 '포옹하다'를 의미했던 'hugge'에서 왔다고 추측하는데, hugge는 '위로하다'라는 의미를 가진 고대 스칸디나비아어인 'hygga'에서 유래했고, 이 hygga는 '분위기'를 의미하는 'hugr'에서 유래했다고 주장합니다. 또 이 hugr는 '사려하다, 숙고하다'라는 의미의 게르만어 'hugjan'에서 유래했다고 하지요. 휘게가 편안하고 안락한 분위기, 여유로움, 소소한 행복 등과 같은 특성을 일컫는 말이라는 것을 생각해보면, 어원을 거슬러 올라가면서 만나게 되는 개념이 휘게의 요소들과 얼추 일치하는 것을 알 수 있습니다. 또 이 휘게는 형용사화되어 '휘겔리hygeligt하다'로 표현되기도 합니다. "정말 휘겔리한 거실이군요!", "만나서 정말 휘겔리합니다!" 등과 같은 형식으로 말이지요.

휘게는 21세기에 들어 전 세계적인 관심을 받은 덴마크의 라이프스타일입니다. 2016년, 영국의 콜린스 영어사전이 선정한 올해의 단어에서 '브렉시트Brexit'에 이어 2위를 차지할 만큼, 큰 주목을 받았습니다.

휘게는 추운 겨울날, 포근한 스웨터를 입고 심플한 인테리어로 꾸며진 거실 벽난로 앞에서 핫초코나 따뜻한 수프를 즐기며 소소한 행복을 만끽하는 모습을 떠올리게 합니다. 이런 식의 라이프스타일이 전 세계적으로 알려져 하나의 문화 현상이 된 것입니다. 특히 미국 내에서는 휘게가 인테리어 소품이나 향초, 푹신한 쿠션 등을 판매하기 위한 하나의 마케팅 유행어로도 사용되었고, 휘게를 주제로 한 라이프스타일 서적들이 출간되며 인기를 끌었습니다. 2025년 5월 기준으로 인스타그램에서 '#hygge' 해시태그를 검색하면 950만 개가 넘는 게시물이 뜰 정도로, 휘게는 여전히 따뜻하고 아늑한 분위기, 소소한 행복을 공유하는 상징적 키워드로 자리 잡고 있습니다.

휘게의 나라에서 벌어지는 모순

행복지수 상위 국가로 알려진 덴마크는 이웃을 신뢰하고 포용하는 이상적인 사회로 인식되곤 합니다. 그러나 내부를 조금 더 들여다보면, 의외의 이면이 드러나기도 합니다. 덴마크의 대표적 언론사인 폴리티켄은 아랍계 덴마크 청년 네 명을 데리고 코펜하겐 시내의 디스코장을 방문하는 실험을 진행했습니다. 이들은 복장 규정과 매너를 철저히 지켰음에도 불구하고, 대부분의 업소에서 출입을 거부당했습니다. 그 이유는 황당했습니다. "태도가 좋지 않다"거나 "외모가 악당처럼 보인다"는 것이었습니다. 이 청년들은 모두 덴마크에서 나고 자란 덴마크 국적을 가진 덴마크인이었습니다. 그들은 명문대에 다니는 학생들로, 이민자 출신 부모를 두었을 뿐이었습니다. 그럼에도 불구하고, 이들이 겪은 차별은 덴마크 사회 내에서 여전히 인종적 편견과 배제의 벽이 존재함을 보여주는 사례였습니다.

 차별은 단순히 유흥업소에서만 일어나는 문제가 아니었습니다. 덴마크 주택 시장에서도 인종적 편견과 배제의 벽은 여전히 존재합니다. 또 다른 폴리티켄의 기사에서는 '타렉 후세인'의 이야기를 보도했습니다. 어린 시절부터 덴마크의 도시 바일레Vejle에서 자라온 덴마크 시민인 후세인은 코펜하겐에서 아파트를 구하는 과정에서 끊임없는 좌절을 겪었습니다. 아파트 임대 광고가 올라오자마자 즉시 전화를 걸어도 사람들은 그의 이름을 듣고는 이미 다른 사람에게 임대되었다는 답변을 했습니다. 그런데 이상한 점은, 후세인이 자신의 이름을 덴마크식으로 바꾸어 소개했을 때였습니다. 토마스, 안데르스, 마티아스와 같은 전형적인 덴마크 이름을 사용하자, 심지어 아파트를 보기도 전에 집주인들은 임대계약서를 먼저 보내오기도 했습니다. 그가 자신의 진짜 이름으로는 허락되지 않았던 아파트들이, 덴마크식 이름을 사용하자 순식간에 임대 가능하다는 대답이 돌아온 것이지요. 후세인의 사례는 덴마크 사회에서 여전히 존재하는 인종적 편견을 단적으로 보여줍니다. 겉으로는 평등과 포용을 강조하지만, 일상 속에서는 여전히 이름과 외모에 따라 기회가 갈리는 현실이 드러나는 순간이었습니다.

행복과 신뢰의 나라로 잘 알려진 덴마크. 자신들의 휘게 문화를 자랑하며 이웃과의 소소한 행복을 나누는 나라라고 이야기합니다. 하지만 타인종에 대한 차별과 배제가 일상에서 여전히 일어난다는 사실은 휘게의 나라 이미지와는 극명히 대조를 이룹니다. 이러한 차별이 덴마크에서 태어나고 자란 덴마크 시민임에도 불구하고, 피부색과 이름이 다르다는 이유만으로 주거지와 일터에서 배제되기도 하지요. 이런 행동은 우리가 앞서 살펴본 '휘게'의 이미지들과는 극단적으로 배치되는 듯합니다. 왜 이런 차별이 멈추지 않는 것일까요?

거대했던 왕국에서 작은 나라가 되기까지

유럽의 역사에서는 둘 이상의 국가가 한 명의 왕을 섬기는 연합체가 형성되는 독특한 사례가 종종 있습니다. 이를 '동군연합同君聯合'이라 부릅니다. 북유럽의 덴마크, 스웨덴, 노르웨이 역시 정략결혼과 정치적 이해관계 속에서 이러한 동군연합이 자주 성립되었습니다. 그중에서도 1397년에 결성된 칼마르동맹은 대표적인 사례로 꼽힙니다. 이 동맹은 덴마크, 스웨덴, 노르웨이 세 나라가 한 명의 군주 아래에 통합된 정치적 연합체로, 당시 덴마크가 주도적인 위치에서 가장 큰 형님 노릇을 했습니다.

덴마크의 왕 발데마르 4세의 딸인 마르그레테Margrethe I는 10세가 되던 해인 1363년, 노르웨이의 왕 호콘 6세Hákon VI, 당시 22세와 정략결혼을 하게 됩니다. 이 시기 유럽은 독일 북부와 발트해 연안의 도시들이 연합해 형성된 무역 공동체인 한자동맹이 강력한 세력을 떨치고 있었습니다. 한자동맹은 원래 상인들이 상권 보호와 안보 강화를 위해 조직한 길드에서 출발했지만, 시간이 흐르면서 군대까지 보유할 정도로 강력한 연합체로 성장했습니다. 이들의 영향력은 북유럽의 스칸디나비아 국가들까지 미치며 해상 무역과 상업에 위협을 가하게 되었지요. 이러한 상황 속에서 지혜롭고 기지가 넘치는 마르그레테는 한자동맹의 힘에 맞서기 위해, 덴마크를 중심으로 스칸디나비아 지역을 하나의 단일체로 통합하고자 하는 강한 열망과 의지를 갖게 됩니다.

1370년, 마르그레테는 남편 호콘 6세와의 사이에서 아들 올라프 2세Olaf II를 낳습니다. 그러나 불과 5년 뒤인 1375년, 그녀의 아버지이자 덴마크의 왕이었던 발데마르 4세가 세상을 떠납니다. 발데마르는 생전 내내 잃어버린 덴마크 영토를 되찾기 위해 고군분투했던 군주였습니다. 이때 마르그레테는 불과 5살에 불과한 아들 올라프를 덴마크 왕으로 옹립시킵니다. 이는 어린 아들을 대신해 그녀가 섭정으로서 정치적 권력을 행사할 수 있는 길을 확보하기 위해서였죠. 5년 뒤인 1380년, 남편 호콘 6세마저 세상을 떠나면서 올라프는 노르웨이 왕위까지 물려받게 됩니다. 그러나 예상치 못한 일이 벌어집니다. 1387년, 아들 올라프가 17세의 나이로 갑작스럽게 세상을 떠나고 만 것입니다. 남편과 아들이 모두 세상을 떠났지만, 마르그레테는 슬픔에만 잠겨 있지 않았습니다. 그녀는 이미 이전부터 슐레스비히Schleswig 지역을 수복하며 정치적 능력을 입증해온 상황이었습니다. 올라프가 요절한 이후, 그는 올라프의 후견인 자격으로 덴마크와 노르웨이 두 나라를 실질적으로 통치하게 됩니다. 마르그레테의 정치적 행보는 여기서 끝이 아니었습니다. 이후 스웨덴까지 아우르는 칼마르동맹의 주도자로서 북유럽을 하나로 통합하려는 대담한 계획을 추진해나가게 됩니다.

이후 마르그레테는 언니의 외손자이면서 포메른Pommern 공작의 아들 에리크Erik를 양자로 삼고, 그를 덴마크 왕위 계승자로 지명합니다. 그녀의 이 결정은 단순한 후계자 지정이 아닌, 북유럽 3개국을 하나로 묶기 위한 큰 그림의 일환이었지요. 그녀의 계획은 성공적으로 전개됩니다. 스웨덴 귀족들의 요청을 받아 스웨덴 왕을 몰아내고, 스웨덴의 실권을 장악하게 된 것입니다. 이제 마르그레테는 에리크를 덴마크, 노르웨이, 스웨덴 왕으로 세우고 이 세 나라를 능숙하게 섭정합니다. '레이디 킹'이라는 별명이 붙을 정도로 유능했던 그녀의 탁월한 정치적 수완은 곧 칼마르동맹의 탄생으로 이어집니다. 마르그레테는 3개국의 귀족 의회를 설득해 연합체를 결성하는 안을 통과시킴으로써, 1397년에 칼마르동맹을 성립시켰습니다.

칼마르동맹은 하나의 통일된 국가로 발전하지는 않았지만, 덴마크가 주도권을 쥔 상태에서 노르웨이와 스웨덴이 종속적인 지위에 놓인 국가 연합체였습니다. 어린 시절부터 북유럽의 통합을 꿈꿨던 마르그레테의 야심이 부분적으로 실현된 결과였지요. 덴마크의 영향력은 노

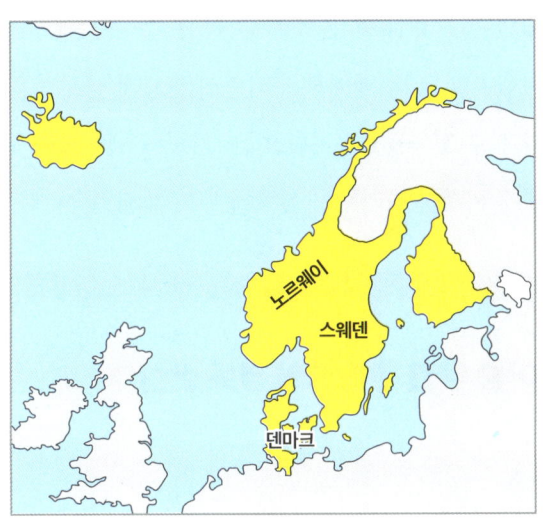

칼마르동맹의 영토

르웨이와 스웨덴뿐만 아니라 북해 지역의 여러 섬들, 아이슬란드, 그린란드에 이르기까지 광범위한 영토에서 강력하게 행사되었습니다.

그러나 약 120년 동안 이어졌던 덴마크의 지배력은 스웨덴이 독립 전쟁에서 승리하며 칼마르동맹이 붕괴되면서 점차 균열이 가기 시작했습니다. 스웨덴은 급속히 국력을 키워 강대국으로 부상한 반면, 덴마크는 여러 사건과 전쟁을 겪으며 점차 쇠퇴의 길을 걷게 되었습니다. 덴마크 몰락에 결정적인 계기가 된 첫 번째 사건은 17세기에 벌어진 30년 전쟁이었습니다. 이 전쟁은 가톨릭과 프로테스탄트(가톨릭교회에서 분리된 기독교 종파) 사이의 종교 갈등이 중심이 되었지만, 유럽 열강 간의 세력 다툼으로 확산되며 중세에서 근대로 넘어가는 중요한 전환점이 되었습니다. 30년 전쟁에서 덴마크는 프로테스탄트의 주요 국가로 참전했지만, 결국 패배하게 되면서 영토와 군사력을 크게 상실하며 쇠퇴의 길로 접어들었습니다. 이 시기부터 덴마크는 북유럽의 패권을 스웨덴에 서서히 넘겨주는 상황에 놓이게 되었습니다.

트라우마를 남긴 덴마크의 영토 상실

황제라는 칭호는 여러 국가의 왕을 자신의 휘하에 두는 최고 권력자를 일컫는 표현입니다. 그러나 전근대 유럽에서는 황제라는 칭호를 사용할 수 있는 조건이 명확히 정해져 있었습니다. 바로 자신의 제국이 로마제국의 정통성을 계승해야 한다는 것이었지요. 로마제국은 동서로 분할되고 멸망을 거듭하며 새로운 황제들이 등장하는 과정에서 복잡한 역사를 거쳐왔지만, 30년 전쟁이 발생했던 17세기 당시 유럽에서 '로마'라는 이름을 이어받아 제국의 역할을 수행하고 있던 곳은 신성로마제국이었습니다. 신성로마제국은 독일 지역을 중심으로 형성되었으며, 독일계 귀족들이 정치적 주도권을 쥐고 있었습니다. 그러나 당시 신성로마제국은 이전의 제국과는 달리 통일된 국가의 형태가 아니라 일종의 준독립국이라고 할 수 있는 '영방국'들의 집합체에 가까웠습니다. 따라서 황제의 권력은 상당히 제한적이었습니다.

이런 상황에서 한 세기 전, 16세기에 일어났던 마르틴 루터Martin Luther의 종교개혁은 가톨릭이라는 오랜 명분으로 연합해 있던 신성로마제국 내 영방국들 사이에 개신교라는 새로운 대안을 제공함으로써 극심한 분열과 혼란을 야기하고 있었습니다. 가톨릭교회의 권위에 도전하는 개신교의 출현은 제국의 통합성을 더욱 약화시키는 결과를 초래했습니다. 이렇게 정치적·종교적 혼란이 극대화된 상태에서 30년 전쟁이 발발하게 되었습니다. 유럽을 휩쓴 종교개혁의 물결 속에서 덴마크와 스웨덴을 비롯한 스칸디나비아 국가들은 일찌감치 개신교 국가로 전환했습니다. 당시 덴마크 왕 크리스티안 4세Christian IV는 북해와 독일 북부 지역에 대한 지배권을 획득하기 위해 개신교 진영에 참가해 전쟁에 뛰어듭니다. 그는 신성로마제국의 종교적 혼란을 틈타 영향력을 확장하려 했지만, 전황은 덴마크에 불리하게 돌아갔습니다. 결국 크리스티안 4세가 이끄는 덴마크는 신성로마제국이 고용한 군대에 패배하였고, 북독일 지역에 대한 영향력을 상실하게 되었습니다.

 이 패배 이후 덴마크는 뤼베크 조약을 체결하게 됩니다. 이 조약에서 덴마크는 신성로마제국의 내정에 간섭하지 않겠다고 서약합니다. 이는 덴마크가 유럽 강국으로서의 지위를 상실하고, 정치적으로 미미한 국가로 전락했음을 의미하는 사건이었습니다. 반면 덴마크와 대조적으로 스웨덴은 전쟁의 판도를 바꾸는 데에 결정적인 영향력을 행사하면서 이 시기를 기점으로 급격히 부상하게 됩니다. 스웨덴은 개신교 진영의 수호자를 자처하며 독일 지역의 전쟁에 적극적으로 개입했고, 군사적 승리를 통해 영향력을 급격히 확대했습니다.

덴마크는 급격히 강대국으로 부상하는 스웨덴을 가만히 두고 볼 수 없었습니다. 크리스티안 4세는 스웨덴의 연이은 군사적 성공이 북유럽의 세력 균형을 뒤흔들 수 있다는 위기감을 느꼈습니다. 그래서 조금은 치사한 방법을 사용하기 시작했습니다. 덴마크가 지배하고 있던 외레순 해협이 그 수단이었습니다. 외레순 해협은 스웨덴의 최남단과 덴마크의 동부 사이를 가로지르는 바닷길로, 발트해에서 대서양으로 나가려면 반드시 통과해야 하는 전략적 요충지였습니다. 덴마크는 이 해협을 통과하는 모든 선박에 대해 통행료를 부과하고 있었습니다. 원래 스웨덴은 과거 칼마르동맹 시절에는 이 통행료가 면제되었으나, 이제 스웨덴에도 통행료를 부과하겠다며 과도한 요금을 책정했습니다. 이는 스웨덴 무역에 심각한 타격을 줄 수 있는 조처였고, 스웨덴의 심기를 크게 건드리는 일이었습니다.

크리스티안 4세의 견제는 여기서 끝이 아니었습니다. 그는 스웨덴의 적대 세력인 신성로마제국과 접촉하여 스웨덴과의 협상을 중개하겠다고 제안했습니다. 그러나 그의 진짜 의도는 신성로마제국 측에 유리한 정보만을 전달하며 협상 과정을 왜곡하는 것이었습니다. 이는 스웨덴의 발트해 연안에서의 영향력을 줄이려는 크리스티안 4세의 속셈이었지요. 결국 참다못한 스웨덴은 덴마크를 침공하여 토르스텐손 전쟁이 발발하게 됩니다. 하지만 덴마크는 월등한 정신력과 무력으로 무장한 스웨덴 군대를 도무지 이길 수 없었지요. 그 결과 덴마크는 1645년 브룀세브로 조약을 통해 광대한 영토를 스웨덴에게 넘겨줘야 했습니다.

이 조약은 덴마크가 강대국의 자리를 완전히 내어주는 전환점이 되었습니다. 스웨덴은 발트해 지역의 패권을 쥐고 진정한 강대국으로 떠오르게 되었고, 덴마크는 대국의 자리에서 점차 몰락해갔습니다. 그러나 덴마크의 시련은 여기서 끝나지 않았습니다. 200년이 지난 후, 덴마크는 또 한 번 참혹한 패배와 영토 상실을 겪게 됩니다.

독일과 덴마크를 잇는 중간 지점에는 지금은 독일의 영토인 슐레스비히홀슈타인Schleswig-Holstein이 자리하고 있습니다. 이름에서 알 수 있듯이 슐레스비히와 홀슈타인이라는 두 지역이 결합된 지역입니다. 슐레스비히는 바이킹 시대부터 덴마크 지배하에 있던 지역이었습니다. 반면 그 아래 위치한 홀슈타인은 역사적으로 신성로마제국의 가맹국으로 주로 독일계 주민들이 거주하던 지역이었습니다. 그런데 홀슈타인 백국(백작이 다스리는 나라)을 지배하던 가문의 계보가 끊어지는 일이 발생했습니다. 이로 인해 이 가문의 친척이자 슐레스비히 공국을 다스리고 있던 덴마크의 왕, 크리스티안 1세가 1459년에 홀슈타인 통치권을 승계받게 되었습니다. 이로써 슐레스비히와 홀슈타인 지역은 1460년부터 하나로 묶여 덴마크의 왕이 통치하는 곳이 되었지요. 슐레스비히홀슈타인 지역은 앞서 보았듯이 민족과 언어가 달랐지만, 덴마크의 통치라는 큰 틀 안에서 잘 유지되고 있었습니다.

19세기에 접어들면서 민족주의와 자유주의의 개념이 새롭게 퍼지기 시작했습니다. 이 시기 이전까지 유럽에서는 민족적 정체성보다 왕가의 영토 확장과 합병이 더 중요한 개념이었습니다. 덴마크의 통치를

슐레스비히홀슈타인 영토

받았던 홀슈타인의 예로 보아도 알 수 있듯이, 이전까지는 내가 어떤 '민족'이나 어떤 '국가'에 귀속되어야 한다는 의식, 즉 "국민과 국가는 하나"라는 '국민국가'의 개념이 희박했습니다. 중세 유럽에서 영토와 국민은 귀족들의 재산 개념이었기 때문에, 왕가의 결혼을 통해 영토가 확장되거나 왕조가 합병되는 일이 생기면 언어와 민족이 다른 국가에 포함되는 일이 흔했지요.

하지만 18세기 후반에 일어난 프랑스대혁명은 근대적인 '네이션na-tion'의 개념을 탄생시켰습니다. 이 새로운 이념은 나폴레옹 전쟁을 통해 유럽 전역으로 확산되었습니다. 당시 막강한 힘을 자랑하던 나폴레옹에 정복당한 국가들은 프랑스대혁명의 이념을 접하게 되면서도, 동

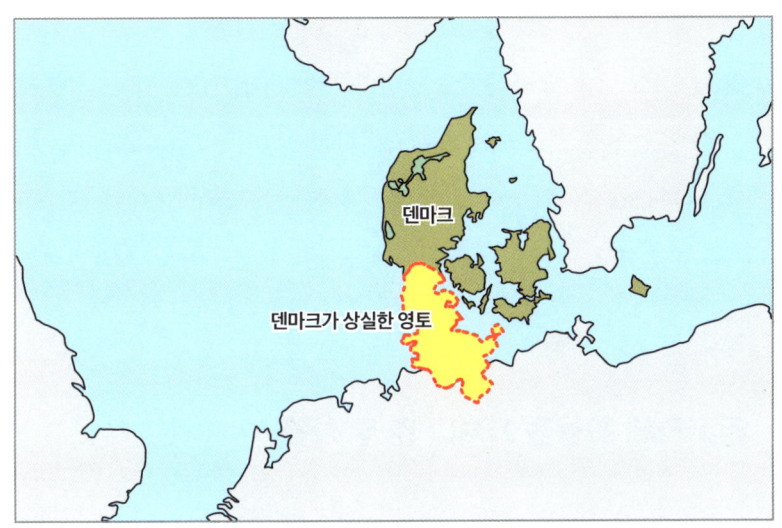

1864년 슐레스비히 전쟁 이후 작아진 덴마크 영토

시에 나폴레옹에 저항하기 위해 민족의식과 국민의식의 각성을 촉구하는 내셔널리즘이 싹트기 시작했습니다. 이러한 흐름은 슐레스비히 홀슈타인 지역도 빗겨가지 않았습니다. 이전까지는 언어와 민족이 달라도 어떤 국가에 속해야 한다는 의식이 희미했지만, 민족주의가 확산되면서 상황이 급변했습니다. 1848년, 덴마크의 왕 프레드리크 7세Frederick Ⅶ는 슐레스비히 공국을 덴마크에 합병하겠다고 선언했습니다. 그러나 독일계 주민이 늘어가던 슐레스비히와 원래부터 독일계가 다수였던 홀슈타인은 이에 강하게 반발했습니다. 이들은 덴마크로부터 독립해 독일연방에 가입하겠다며 봉기를 일으켰고, 이러한 갈등은 결국 두 차례에 걸친 슐레스비히 전쟁으로 이어졌습니다.

그러나 덴마크는 2차 슐레스비히 전쟁에서 강력한 군사력을 가진 독일(당시 프로이센)에 패배하고 맙니다. 패배한 덴마크는 1864년 빈 조약Treaty of Vienna을 체결하고, 슐레스비히홀슈타인 지역을 모두 프로이센에 넘겨주었습니다. 이 사건으로 덴마크는 국토의 1/3과 인구의 40%를 상실했고, 이는 덴마크 사회에 집단적 트라우마를 남겼습니다.

덴마크에 희망을 가져다 준 두 사람

과거 북유럽 일대를 호령하던 덴마크는 1645년 스웨덴과의 전쟁에서 패배한 것에 이어, 1864년 독일과의 전쟁에서도 패하며 광대한 영토를 잃고 큰 상실감에 빠졌습니다. 그러나 이 절망적인 상황 속에서 덴마크 국민들을 다시 일으켜 세운 두 인물이 있었습니다. 그중 첫 번째 인물은 군인 출신의 부흥 운동가인 엔리코 달가스Enrico Dalgas였습니다. 슐레스비히 전쟁은 달가스에게 개인적으로도 지울 수 없는 상처를 남긴 전쟁이었습니다. 그는 공병단 장교로 참전해 싸웠지만, 두 명의 형제를 잃고 돌아오게 됩니다. 이로 인해 달가스는 잃어버린 덴마크 사람들의 자부심을 회복하는 것을 마치 형제를 잃은 자신의 상처를 회복하는 것으로 여겨 더욱 덴마크의 부흥에 힘썼을지도 모릅니다. 달가스는 공병단 장교시절에 주로, 지금의 덴마크가 대부분을 점유하고 있는 유틀란트반도에 도로를 건설하는 작업을 맡았습니다. 도로를 건

엔리코 달가스, 아우구스트 예른도르프, 1901

설하기 위해서는 토양 조사와 지형 분석이 필수적이었고, 이 과정에서 그는 유틀란트반도의 광활한 황무지에 주목하게 됩니다. 전쟁 후 황폐화된 이 땅은 그에게 새로운 가능성의 땅으로 다가왔습니다. 그는 이 황무지를 되살리고자 하는 계획을 세우며 덴마크의 재건을 위한 큰 비전을 제시하게 됩니다.

덴마크 본토의 대부분을 차지하는 유틀란트반도 서부 지역은 당시 '히스heath'라는 식물 외에는 어떤 식물도 자라지 않을 만큼 척박한 황무지였습니다. 이 지역은 농사를 짓기에는 최악의 환경이었지요. 반면, 덴마크가 패전으로 상실한 슐레스비히홀슈타인 지역은 덴마크에서 가장 비옥한 농경지였습니다. 이곳의 63%는 농업에 사용될 정도로 토양이 기름졌고, 덴마크의 주요 식량 생산지로서 중요한 역할을 해왔습니다. 따라서 주로 농업에 종사했던 당시의 덴마크의 평민들로서는 너무도 치명적인 상황이었던 것입니다. 이러한 상황 속에서 달가스의 군 시절 경험은 덴마크를 재건하는 데에 중요한 실마리가 되었습니다.

  달가스가 토질과 지형, 물길을 내는 조건 등 군 시절 탐사하면서 얻은 토양 지식이, 어떻게 하면 자국에 좋은 농경지를 만들어낼 수 있을지의 문제에 대한 가장 필요한 답을 줄 수 있었습니다. 달가스는 1866년 '덴마크 히스 협회Hedeselskabet'를 설립하고 유틀란트 서부의 황무지를 풍요로운 토양으로 개간하는 작업에 착수하기 시작했습니다. 이 프로젝트는 달가스가 주장한 말로 알려진, "바깥에서 잃은 것을 안에서 되찾자"라는 구호와 함께 대국민적인 운동으로 이어졌습니다. 그 결과 놀랍게도 30년만에 $7380km^2$의 황무지가 무려 절반 수준인 $3120km^2$로 줄어드는 대단한 성과를 내게 되었습니다. 이 성공적인 개간 작업에서 달가스가 가장 중요하게 생각한 사람들은 다름 아닌 당시의 평민층, 즉 농민들이었습니다. 달가스가 추진했던 황무지 개간 프로젝트에 많은 농민들이 한마음 한뜻으로 동참했지요.

  이것을 가능하도록 만든 또 한 명의 사람이 있습니다. 그는 바로 덴마크의 교육자이자 사상가인 니콜라이 그룬트비Nikolaj Grundtvig입니다. 그룬트비는 계속해서 영토를 잃어버린 덴마크 사회에 깊이 잠식하게 된 패배의식을 목격했습니다. 덴마크의 자부심은 땅에 떨어졌고, 그들은 자신의 문화와 언어를 하찮게 여기기 시작했습니다. 특히 정치적

니콜라이 그룬트비, 크리스티안 알브레히트 옌센, 1843

엘리트 계층은 모국어와 덴마크 문화를 경시하고 오히려 독일이나 프랑스 같은 강대국들의 문화를 더 중시했습니다. 그러나 이런 상황에서도 덴마크 언어와 문화를 고수한 이들이 있었습니다. 바로 농업에 종사하던 평민들이었지요. 그룬트비는 이들을 보며 깨달았습니다. 덴마크를 다시 일으킬 힘은 바로 평민들에게 있다는 사실을 말입니다. 그는 진정한 국민국가는 평민을 중심으로 구성되어야 하며, 이를 위해서는 농민들이 자신들의 문화와 민족에 자부심을 느낄 수 있도록 만들어야 한다고 생각했습니다. 이러한 그의 신념은 세계 최초의 '민중고등학교folkehøjskole' 설립으로 이어졌습니다. 우리에게는 다소 생소한 개념이지만, 민중고등학교는 학위나 연령 제한 없이 누구나 배울 수 있는 성인 교육기관으로, 오늘날 북유럽에서는 매우 보편적인 성인교육

기관으로 자리 잡았습니다.

그룬트비는 교육의 목적을 학식 있는 엘리트나 학자를 양성하는 데 두지 않습니다. 오히려 그는 교육을 받은 평민들이 사회와 대중의 생활에 적극적으로 참여할 수 있도록 돕는 것이 진정한 교육의 목적이라고 믿었습니다. 그래서 민중고등학교에서는 학문과 실용적인 기술뿐만 아니라 덴마크 전통의 문화와 역사도 교육의 필수적인 부분으로 삼았습니다. 그룬트비가 교육 대상으로 삼은 것은 평민들만이 아니었습니다. 현실의 삶과 동떨어진 공직자나 엘리트도 이러한 교육을 받아 평민의 삶을 이해해야 한다고 보았습니다.

민중고등학교의 교육철학에서 볼 수 있듯이, 그룬트비가 지속적으로 강조했던 핵심 가치는 '평민성'과 '평등주의'였습니다. 이러한 개념을 '폴켈리드 folkelighed'라고 부릅니다. 어원적으로 '평민들'을 의미하는 'folke'와 '평등'을 의미하는 'lighed'가 합쳐진 단어인 폴켈리드는 주로 '평민적이고 민주적이며 겸손한 자질', '인간이 될 자질' 등과 같은 의미로 여겨집니다. 이 말은 오늘날, '인기 있는', '민주적인'이라는 긍정적인 의미로 정착되어 쓰이는 덴마크어 '폴켈리 folkelig'로 이어지게 되었지요. 이렇게 '평민'이 계속해서 등장하는 위의 해석들을 보면, 그룬트비가 강조한 핵심 철학에서 '평민성'이라는 가치가 얼마나 중요한 위치를 점하고 있는지를 확인할 수 있습니다. 또 그룬트비가 계몽된 평민을 양성해내는 것이 덴마크 부흥을 위한 첫걸음이라고 생각했다는 것은, 평민적인 삶에 바탕을 두는 것이야말로 가장 덴마크적인 것이라고 생각했다는 말이기도 하지요.

　그런데 여기서 중요한 포인트가 하나 있습니다. 그룬트비가 말한 '평민'이란 누구를 지칭하는 것일까요? 그의 '평민'은 단순히 신분이 낮은 농민이나 노동자만을 뜻하지 않았습니다. 그룬트비가 강조하는 평민은 동일한 역사와 모국어, 공유된 기억, 그리고 같은 관습과 문화를 함께 나누는 사람들을 의미했습니다. 특정한 계층이 아니라 덴마크의 역사적 아픔을 함께 겪고 비슷한 삶의 양식을 공유하며 덴마크 문화를 간직하고 있는 사람들 전체를 포괄하는 개념입니다. 따라서 그가 말한 '평민'이라는 개념은 단순히 계급적 정의를 넘어 상당히 민족주의적인 맥락에서 이루어진 것이었습니다.

　"밖에서 잃은 것을 안에서 되찾자"는 달가스의 구호 아래, 덴마크는 역사와 모국어 중심의 교육 철학으로 평민 계몽을 시작했습니다. 이 운동은 산업화와 맞물려 사회에 큰 변화를 일으켰습니다. 덴마크에서 시작된 민중고등학교 개념은 유럽 전역으로 확산되었습니다. 특히 그룬트비의 교육 철학은 덴마크인의 자존감을 회복시키며 자유롭고 평등한 공동체 형성에 기여했고, 이는 국가를 바라보는 인식과 삶의 방식, 휘게 개념에도 깊이 녹아들어갔습니다.

휘게라는 사회적 굴레

　휘게는 앞서 살펴본 대로 여유로운 일상 속에서 찾는 소박하고 소소한 행복을 추구하는 개념입니다. 바쁜 현대인의 삶 속에서 잠시 숨을 고르고, 우리를 차분하고 편안하게 해주는 멋진 라이프스타일이지요. 그러나 이렇게 휘게가 사회 전반에 깊이 스며들면서, 우리가 미처 보지 못했던 또 다른 면이 그 이면에 자리 잡고 있을지도 모릅니다. 덴마크의 휘게 문화를 연구해온 인류학자 예페 트롤레 린네트Jeppe Trolle Linnet 박사는 덴마크 중산층의 소비 생활과 평등주의적 사회 분위기 속에서 나타나는 흥미로운 현상을 그의 논문《돈으로는 휘게를 살 수 없어Money can't buy me hygge》에서 다루고 있습니다. 린네트 박사는 휘게라는 개념이 본래 소박함과 평온함을 강조하지만, 이 소박함이 오히려 특정한 계층과 스타일을 암묵적으로 규정하고 있음을 지적합니다.

　린네트 박사의 논문에는 실증 연구 사례로 한 중산층 부부가 등장합니다. 50대 초반의 빅토르와 로네 부부는 아파트를 소유하고 있으며, 18살 딸과 15살, 8살 두 아들과 함께 생활하고 있습니다. 그들의 주거 환경과 소유한 물건들을 보면 누가 봐도 상류층에 속하는 이들입니다. 그러나 흥미로운 점은 이들이 스스로를 절대 상류층으로 분류하지 않는다는 것입니다. 빅토르와 로네는 자신들을 소개할 때 항상 '중산층'이라고 말합니다. 그런데 이런 태도는 단순히 이들 부부에게만 국한된 것이 아닙니다. 린네트 박사는 이를 두고 "모두가 자신을 중산층 외에 다른 계층으로 분류하는 것을 꺼려 한다"고 지적하면서 이러한 현상이 덴마크 전역에 만연해 있다고 분석합니다.

빅토르와 로네 부부가 모처럼 베를린으로 휴가를 떠나는 날, 이들은 5성급 호텔에서 머물 수 있는 경제적 자유가 충분함에도 불구하고 굳이 저렴한 호텔을 예약합니다. 그러면서 "저렴한 호텔을 찾게 되어 더 좋다"고 말합니다. 사치스러운 곳에서 머무는 대신 검소한 선택을 한 것이 더 '휘게'답다고 생각하는 것이지요. 또한 200평이 넘는 넓은 집을 청소하는 날이 되면, 청소부를 고용할 수 있는 충분한 재정적 여유가 있음에도 불구하고 이들은 "가족이 함께 청소하는 것이 더 '휘게'적이다"라며 아이들과 함께 청소를 합니다.

한국과 같이 물질만능주의가 팽배한 사회에서 보면, 덴마크의 이러한 검소함과 겸손함은 참으로 보기 좋은 문화라고 느껴집니다. 마치 물질적 부를 과시하지 않고, 소소한 일상 속에서 행복을 찾는 덴마크의 휘게 정신이 진정한 삶의 여유를 구현하는 듯 보이지요. 그런데 이들의 이러한 행동을 조금만 더 깊이 들여다보면, 그 속에는 기묘한 점이 하나 있습니다. 휘게를 추구하는 덴마크인들의 행동 양식에는 은연중에 '사치'에 대한 저항이 내포되어 있습니다. 중산층적이고 평등주의적인 덴마크인들의 세계관에서는 신분을 과시하거나 화려한 소비를 드러내는 행동이 평범함과 소박함에서 벗어난 것으로 여겨집니다. 이들은 이를 휘게적이지 않은 행동으로 간주하지요.

휘게는 여유롭고 아늑하며 편안한 분위기에서 즐기는 소소한 행복일 수도 있지만 사람을 사귀는 사회 활동의 형태이기도 합니다. 지나치게 흥분하지 않는 편안한 분위기 속에서 상대방과 가벼운 농담을 나누며 함께 보드게임을 하거나 영화를 보거나 식사를 하는 이런 활동들을 '휘겔리'하다고 말할 수 있는데, 그렇기 때문에 일상생활에서 휘게를 실천하기 위해서는 상대와 친근함을 유지하고, 재치 있는 대답과 적절한 유머는 물론 센스 있게 리액션하는 스킬도 갖추어야 합니다. 그런데 여기서 가장 중요한 것은 이 모든 것의 밑바탕에는 '평등성'이 전제되어야 한다는 것입니다.

　휘게 문화에서는 사람들 간의 관계가 평등하지 않으면 불편함이 생깁니다. 만약 주변에 부를 과시하거나 자신을 뽐내는 사람이 있다면, 주변 사람들은 자연스럽게 부러움이나 시기감을 느끼게 되겠지요. 이러한 관계에서는 휘게적인 분위기를 유지하기 어렵습니다. 그래서 덴마크에서는 휘게를 유지하기 위해서는 사회적 관계 속에서 지속적으로 평등을 지켜야 한다는 강한 압박이 존재합니다. 즉, "불평등을 피함으로써 평등주의적 이상을 유지해야 한다"는 규범이 작동하는 것입니다. 휘게는 허세나 자랑, 신분지향적인 행동들이 철저히 배제되어야 하고, 단순히 소박함을 넘어 관계의 모든 면에서 평등함을 강요하는 규범이 되어버렸습니다. 이로 인해 덴마크에서는 휘겔리함을 표현하지 못하면 적절한 사회적 상호작용을 할 수 없는 사회가 되어버렸습니다. 이러한 평등주의적 규범은 겸손함을 강제하는 사회적 압력으로 작용합니다. 이는 덴마크계 노르웨이 작가 악셀 산데모사Aksel Sandemose가

1930년대 발표한 한 소설에서, 허구의 작은 덴마크 마을인 얀테Jante를 묘사하면서 알려진 이른바 '얀테의 법칙'과도 일맥상통합니다.

1. 당신이 특별하다고 생각하지 마라.
2. 당신이 남들보다 좋은 사람이라고 생각하지 마라.
3. 당신이 남들보다 똑똑하다고 생각하지 마라.
4. 당신이 남들보다 낫다고 생각하지 마라.
5. 당신이 남들보다 많이 안다고 생각하지 마라.
6. 당신이 남들보다 중요하다고 생각하지 마라.
7. 당신이 모든 일을 잘한다고 생각하지 마라.
8. 남들을 비웃지 마라.
9. 누군가 당신을 걱정하리라 생각하지 마라.
10. 남들에게 무엇이든 가르칠 수 있으리라 생각하지 마라.

"너는 특별하지 않다"는 메시지를 반복적으로 강요하며, 개인의 자아를 억누르고 집단의 평등을 유지하려는 문화적 압박을 날카롭게 풍자했습니다. 결국 휘게라는 평온한 삶의 철학은, 덴마크 사회에서 사회적 통제 장치로 작용하며 사람들의 행동을 규범화하고 있다는 점에서 그 이면에 숨겨진 어두운 그림자가 존재한다고 할 수 있습니다. 그렇다면 만약 덴마크 사회에서 누군가가 휘게적인 분위기를 만들어내지 못하거나, 그 규범을 벗어난 행동을 한다면 사람들은 어떻게 반응할까요? 휘게를 실천하지 못하거나, 휘게의 분위기를 깨뜨리는 사람들에게는 부정적인 선입견이 적용되기 시작합니다.

영국의 저널리스트 마이클 부스Michael Booth는 덴마크를 비롯한 북유럽 지역에 거주하면서 직접 경험한 휘게의 어두운 면모를 《거의 완벽한 사람들The Almost Nearly Perfect People》에서 생생하게 묘사합니다. 부스가 소개한 사례들은 휘게의 이상이 어떻게 사회적 압력으로 작용하는지를 잘 보여줍니다. 벤츠 자동차를 산 자신의 친구는 가족에게 비아냥을 듣고, 또 다른 친구는 원하는 집을 찾아도 수영장이 딸려 있다는 이유로 구매를 포기하는가 하면, 또 다른 친구는 덴마크 친구들에게 자신의 아들이 학교에서 좋은 성적을 받았다고 자랑하자 따가운 눈총을 받기도 합니다. 비싼 자동차를 수집하던 스웨덴의 한 기업가가 파산하자 덴마크 언론은 조롱 섞인 기사를 쏟아내며 그를 비난합니다.

덴마크 사회에서 평민성과 평등주의를 강조했던 폴켈리드 개념이 대대적인 평민 교육을 통해 깊이 뿌리내리면서, 휘게는 또 다른 측면을 드러내기 시작했습니다. 덴마크 농민 계층은 모두가 평등하다는 그룬트비의 가르침에 크게 고무되었지만, 이는 한편으로는 모두가 동일한 삶의 방식과 규칙을 따르길 기대하고 요구하는 분위기를 형성했습니다. 덴마크 사회에서는 누군가가 행운을 얻어 사회적 지위가 상승하거나, 자신을 돋보이게 하는 행동을 할 경우 이를 경계하고 억제하는 문화가 자리 잡게 된 것이지요. 이러한 문화적 분위기 속에서 '휘게'의 범주에 맞지 않는 사람들은 자연스럽게 배제되거나 비판의 대상이 되었습니다. 신분을 과시하거나 사치스러운 생활을 하는 사람들, 편안하고 소박한 휘게적 분위기를 만들어내지 못하는 사람들, 갈등을 일으키거나 지나치게 자기 주장을 내세우는 사람들 등은 '휘게적이지 않은' 사람들로 바라보게 되었습니다.

린네트 박사는 "휘게의 내부에 있는 사람들은 낭만화되는 반면 그 밖의 사람들은 도덕적으로 열등한 존재로 간주된다"고 지적합니다. 결국 휘게는 단순히 따뜻하고 소박한 행복을 추구하는 삶의 태도에서 벗어나, 사회적 규범이자 통제의 도구로 작용하게 되었습니다. 휘게를 만들어낼 수 없는 사람들, 즉 휘게의 범주에서 벗어난 사람들은 자연스럽게 사회적 배제와 비난의 대상이 되는 것입니다. 결국 평민성과 평등주의를 강조하고, 소박한 삶의 방식을 중시하는 휘게는 덴마크 사회에 깊숙이 자리 잡아 강압적인 사회적 규범으로 변질된 셈입니다.

평민의 나라에서 탄생한 제노포비아

한때 광대한 영토를 다스렸지만, 긴 역사 속에서 수차례 폭력적인 영토 상실을 겪은 덴마크는 행복한 선진국으로 거듭났습니다. 이렇게 역사의 아픔을 함께 겪고 이를 극복해 나라를 부흥시킨 '공통의 기억'이 있는 사람들이 만든 '휘게'이기에, 이 휘게의 틀 안에 있는 사람들끼리는 더욱 결속하고 신뢰할 수밖에 없습니다. 그리고 그러한 사회적 신뢰는 우리가 앞서 살펴본 덴마크의 압도적인 사회적 신뢰 지표나 행복지수 등에서 증명되었지요. 그렇다면 그룬트비가 강조한 평민성, 즉 같은 언어와 역사, 관습, 문화를 공유하는 범주의 밖에 있는 사람들은 어떨까요? 덴마크 내에서 진정한 '휘게'를 공유할 수 없는 사람들은 어떨까요?

2018년, 덴마크는 '평행사회'를 피한다는 명목으로 '안티 게토Anti Ghetto' 법을 제정했습니다. 평행사회란, 특정 이주 집단이 주류 사회와 접촉하거나 통합되지 않고, 사회문화적 평행선을 그리듯 고립된 '외딴 섬'을 형성하는 현상을 지칭합니다. 이는 사회적 갈등의 책임을 이주 집단에게 돌리고 그들을 고립적이고 통합의지가 없는 집단으로 부정적인 이미지를 씌우는 기능을 합니다. 덴마크는 1960년대 고속성장기를 맞아 제조업이 확장되면서 튀르키예, 유고슬라비아, 파키스탄 등에서 많은 비서구권 노동자들이 이주해 왔습니다. 2019년 기준으로 덴마크 내 비유럽권 이민자와 그들의 후손은 전체 인구의 8.9%에 이릅니다.

덴마크 정부는 비서구권 인구 비율이 50% 이상인 지역 중에서 실업률, 교육 수준, 범죄율, 소득 수준이 일정 기준에 미달하는 지역을 '게토Ghetto'로 지정하고, 2030년까지 이를 해체하겠다는 목표를 세웠습니다. 2021년에는 '게토'라는 용어를 폐지하고, 공동주택 내 비서구권 인구를 30% 이하로 줄이겠다는 정책으로 전환했으나, 그 결과 많은 이민자 출신 시민들이 삶의 터전에서 쫓겨나는 일이 벌어졌습니다. 황당하게도 2022년, 정부는 이 주택들에 우크라이나 난민을 수용하도록 정책을 수정했지만, 백인 중심의 수용이라는 이유로 인종차별 비판을 받았고 결국 유럽사법재판소에 기소되었습니다.

이와 같은 상황에서 더욱 심각한 문제는, 덴마크 사회에서 휘게 문화가 인종차별적인 문제를 묵인하거나 축소시키는 역할을 한다는 점입니다. 이 문화 안에서는 제2차 세계대전 당시 나치 군대의 제스처나, 흑인을 비하하는 단어인 'N-word'조차도 단순한 농담이나 즐거움으로 치부되곤 합니다. 이러한 인종차별적인 요소마저도 휘게라는 이름 아래 다루어지는 현상은 유독 덴마크에서 두드러지며 이는 '휘게 레이시즘hygge-racism'이라는 용어로 불리기도 합니다. 이 현상은 문제 제기 자체를 회피하거나 억제하면서, 사회적 갈등을 억누르고 편안한 분위기를 유지하려는 문화적 관습이 인종차별을 방관하는 기제로 작용한 결과입니다. 덴마크의 역사학자 마티아스 단볼트Mathias Danbolt는 이러한 덴마크 사회의 휘게 레이시즘을 비판하며 이렇게 말했습니다.

> "문제를 지적하면 문제를 일으키는 사람으로 프레임이 씌워지고 곧 그 사람이 문제가 된다."

이와 비슷한 맥락에서, 제2차 세계대전 당시 덴마크는 침략해오는 나치 독일에 대해 무력 저항 없이 항복했습니다. 이를 두고 덴마크의 한 평론가는 "우리는 휘게 모델을 선택했다"고 표현했다는 일화가 있습니다. 이는 덴마크가 휘게라는 이름 아래, 강력한 결단과 저항이 필요한 순간에도 갈등을 회피하고 편안함을 선택한 사례로 해석할 수 있습니다. 단볼트가 한 표현은 이와 비슷한 맥락이라고 할 수 있지요. 갈등을 피하고 편안함을 추구하려는 '휘게'가, 때로는 강력한 결단과 행동이 필요한 상황에서 덴마크를 어떤 모습으로 만들어버릴 수 있는지를 날카롭게 지적하고 있는 것입니다.

그렇다면 휘게가 갈등 회피의 수단으로 작용하는 덴마크 사회에서 국기를 흔드는 행위는 어떻게 해석할 수 있을까요? 겉으로는 생일 케이크 위에 단네브로를 꽂으며 축제와 행복을 상징하는 행위처럼 보입니다. 소셜 커뮤니티 레딧에 올라온 덴마크인들의 답변처럼, 그들은 이를 민족주의나 애국주의와는 별개로 단순히 축하와 기쁨의 표현으로 여긴다고 합니다. 그러나 그 이면을 들여다보면 조금 다른 해석이 가능해집니다. 영국의 사회학자 리처드 젠킨스Richard Jenkins는 그의 논문에서 흥미로운 관점을 제시합니다. 그는 덴마크인들이 가장 오래된 국기인 단네브로와 유럽에서 가장 오래된 왕조의 역사를 부각시키면서도, 겸손하고 절제된 태도로 자신들이 민족성을 표현하는 방식을 주목했습니다. 그는 이를 두고 "우리가 최고라는 사실을 알고 있기 때문에 굳이 자랑할 필요가 없다"는 '겸손한 자기주장'으로 해석했습니다. 이러한 태도는 겉으로는 휘게적 평등주의와 겸손함을 강조하면서도, 내부적으로는 은밀한 민족주의와 자부심을 표현하는 방식일 수 있습니다. 젠킨스는 이를 두고 "덴마크 민족주의의 특징이란 결국 스스로 민족주의라고 인식하길 거부하는 것"이라고 지적했습니다. 결국 덴마크 사회의 휘게와 민족주의는 겉으로는 평온하고 소박한 편안함을 지향하지만, 그 이면에는 억압된 갈등과 배타성이 공존할 수 있는 양면성을 내포하고 있는 것입니다.

* * *

덴마크는 한 때 거대한 왕국이었지만, 여러 역사적 사건을 통해 작은 국가로 전락하는 아픔을 겪었습니다. 이러한 상처는 폴켈리드와 휘게라는 개념을 탄생시키며, 공동체의 결속과 평등주의를 강조하는 문화적 정체성을 형성했습니다. 덴마크는 이 두 가지 개념을 통해 민주적이고 평등하며 행복한 나라로 자리매김하게 되었습니다. 그러나 이 과정에서 덴마크인들은 자신들의 상처를 '행복한 나라'라는 타이틀 안에서 봉합하고 위로하려는 강박적인 집착을 가지게 된 것은 아닐까요?

함께 아픔을 이겨낸 '우리'는 가장 행복해야 한다는 집단적 서사는 덴마크인들의 자부심을 결속시키는 힘이 되었지만, 동시에 서사에서 배제된 사람들, 즉 외부인 혹은 덴마크의 '우리'에 속하지 않는 사람들에게는 냉혹한 배척의 신호로 작용할 수도 있습니다. 그렇다면 덴마크가 강조하는 행복과 평등, 휘게는 모두를 위한 것일까요? 아니면 함께 고통을 나눈 일부 사람들만을 위한 배타적인 연대의 도구가 되어버린 것은 아닐까요?

초경쟁사회의 민낯,
싱가포르

"싱가포르 뉴스는 왜 매일 무례한 시민을 보도할까?"

싱가포르에서 벌어지는 무례한 행동들

　싱가포르에서 가장 많은 독자를 보유해 국민적 신문으로 알려진 매체는 더 스트레이츠 타임스입니다. 이 신문을 발행하는 SPH 유한회사는 싱가포르 내에서 신문, 라디오 채널, 잡지 브랜드 등을 아우르는 대형 미디어 그룹으로, 다민족 국가의 특성에 맞게 영어, 중국어, 말레이어, 타밀어 등 다양한 언어로 신문을 발행하고 있습니다. 그러나 SPH의 최대주주가 정부 소유의 투자회사라는 점에서, 사실상 정부의 지배와 통제를 받고 있다는 비판도 제기됩니다. 이러한 영향으로 스트레이츠 타임스를 비롯한 싱가포르의 주요 언론에서는 자극적이거나 정부를 비판하는 보도를 쉽게 찾아보기 어렵습니다. 이로 인해 싱가포르는 높은 경제력과 국제적 위상에도 불구하고, 언론 자유도 측면에서는 상대적으로 낮은 평가를 받고 있는 나라에 속합니다.

　그런 가운데 싱가포르의 언론 속에서 유독 눈에 띄는 플랫폼이 하나 있습니다. 바로 SPH가 운영하는 STOMP입니다. STOMP는 'Straits Times Online Mobile Print'의 앞 글자를 따서 만든 이름으로, 사용자가 직접 제작한 콘텐츠를 공유하는 온라인 플랫폼입니다. 일종의 소셜미디어형 웹사이트로, 시민들이 직접 취재와 보도에 참여하는 구조이며, 현재 싱가포르에서 상당한 인기를 얻고 있습니다. 이런 STOMP와 같은 형태의 보도 방식을 시민저널리즘이라고 부릅니다. 시민저널리즘은 1980년대 후반 미국에서 기존 언론의 구조적 문제에 대한 비판에서 비롯되었습니다. 당시 저널리즘은 대부분 전문 기자들에 의해 독점되었고, 이로 인해 보도 내용과 형식의 다양성이 떨어지며 시민들의 목소리를 충분히 담아내지 못하는 한계가 존재했지요. 이러한 문제를 극복하고자 등장한 것이 바로 시민저널리즘입니다. 뉴스의 수집과 보도 과정에 일반 시민들이 적극적으로 참여함으로써 저널리즘을 보다 민주적이고 포괄적으로 만들려는 움직임이었습니다.

　STOMP도 형태적으로는 이러한 시민저널리즘을 표방하는 웹사이트입니다. 물론 싱가포르의 미디어 시장을 독점하는 회사에 소속된 STOMP가 과연 독립성을 보장받는 제대로 된 시민저널리즘이라고 할 수 있을 지는 의문이지만, 효과는 분명히 있었습니다. 어떤 이유에서인지 STOMP는 다른 언론사들에 비해 규제 당국의 통제를 덜 받았고, 이 때문에 스트레이츠 타임스의 보조 플랫폼으로 시작된 STOMP에는 '따분한' 스트레이츠 타임스와 달리 기성 뉴스에서 잘 다루어지지 않던 콘텐츠들이 많이 올라오기 시작했습니다. 스트레이츠 타임스에 관심을 갖지 않던 젊은이들의 참여를 유도하는 소기의 성과를 거둔 것입니다. 흥미로운 것은 STOMP에서 다루는 콘텐츠는 주로 싱가포르 사람들의 사회적 에티켓을 고발하는 내용으로 구성된다는 점입니다. 만약 공공장소에서 무례하거나 이기적으로 행동하는 사람을 발견하면 영상이나 사진으로 찍어서 이를 고발하고 네티즌들은 댓글로 의견을 나눕니다. 이런 성향때문에 STOMP가 사회적인 에티켓에 있어서 사람들을 더욱 조심하도록 만드는 역할을 한다는 의견도 있습니다.

물론 이러한 시민 참여 기반의 플랫폼이 항상 긍정적인 평가만을 받는 것은 아닙니다. STOMP에 콘텐츠를 제공하는 사용자들은 일명 '스톰퍼stomper'라고 불리는데, 이들이 조작되거나 차별적이고 자극적인 게시물을 올린다는 비판이 종종 제기되었습니다. 대표적인 사례로, 2014년 STOMP 메인 화면에는 지하철에서 한 군인이 연로한 승객에게 자리를 양보하지 않고 앉아 있는 모습을 포착한 사진이 게재된 사건이 있었습니다. 그러나 이후 이 사진은 주변에 빈 좌석이 있음에도 이를 보이지 않도록 고의적으로 잘라낸 조작된 이미지라는 주장이 제기되며 논란이 확산되었습니다. 이에 대해 STOMP 측은 고의적 조작은 아니었다고 해명했지만, 사진의 편집이 부적절했다는 비판은 사그라들지 않았습니다. 실제로 약 2만 명에 달하는 시민들이 사이트 폐쇄를 요구하는 청원에 서명하는 사태로 이어졌습니다. 시민저널리즘의 보도가 가진 객관성이나 신뢰성, 품질의 결함이라는 한계를 보여준 셈이지요. 일부 시민들은 STOMP를 가치 있는 뉴스를 전하는 객관적인 뉴스 사이트보다는 가십 위주의 오락적인 사이트로 여기는 경향도 있습니다.

그러나 일부 참여자들의 조작된 콘텐츠와 지속적인 비판에도 불구하고, STOMP는 싱가포르 시민들의 지지를 받는 유용한 플랫폼으로 여겨지고 있습니다. 일상 속 사건들을 공유하고 그에 대해 사회적으로 중요한 질문을 던질 수 있는 장이 되면서, 시민 저널리즘의 역할을 실질적으로 수행하고 있다는 평가도 있습니다. 우리가 주목해야 할 점은 그것이 단순히 조회수를 노린 자극적인 보도이든, 혹은 실제적인 진실을 담고 있든 간에, 시민 저널리즘을 표방하는 STOMP의 주요 콘텐츠가 주로 공공예절을 어긴 시민의식 부족이나 이기적인 행동을 비판하는 데 초점을 맞추고 있다는 사실입니다.

여기서 두 가지 추론을 해볼 수 있습니다. 첫째, 싱가포르 사회는 문제 상황에 대해 직접 대면하여 항의하기보다는 사진을 찍어 인터넷에 올리는 식의 '수동적 공격성passive-aggression'을 내면화하고 있는 것은 아닐까 하는 점입니다. 둘째, 더 주목할 만한 점은 많은 싱가포르 시민들이 이미 "이 사회에는 이기적인 문화가 만연해 있다"는 인식을 공유하고 있다는 점입니다. 왜냐하면 이러한 문화를 비판적으로 다루는 것은 STOMP에만 국한되지 않기 때문입니다. SPH의 경쟁사인 미디어콥 소속의 뉴스포털인 투데이온라인을 포함해, 여러 싱가포르 언론들이 공공의식 결여나 자기중심적 행위에 대한 기사를 반복적으로 보도하고 있기 때문이지요. 더 나아가 이런 반복적 보도들은 단지 언론의 문제제기에 그치지 않고, 하나의 사회학적 현상으로 해석되기도 합니다. 그리고 이들이 지적하는 이기적인 행위란 구체적으로 다음과 같은 사례들을 포함합니다.

한 외국인 남성이 두 아이를 태운 유모차를 끌고 엘리베이터 앞에서 기다리고 있습니다. 엘리베이터의 표지판에는 분명 노약자나 유모차 우선을 명시하고 있는데, 엘리베이터 문 앞에는 건강한 일반인들이 아랑곳하지 않고 길을 막고 서 있습니다. 그리고 문이 열리자 이들은 너나 할 것 없이 먼저 엘리베이터에 탑승합니다. 또한 싱가포르 최대의 전시회장인 싱가포르 엑스포에서 의류 창고 세일 행사가 열렸습니다. 풀앤베어, 마시모 두띠와 같은 브랜드 의류를 싸게 판매하는 한 세일 행사에서는, 직원이 행거를 꺼내오자마자 이를 본 사람들은 무섭게 달려들어 무질서하게 옷을 집어갑니다. 직원이 잠시 기다려달라고 외치지만 잠깐 움찔할 뿐 아랑곳하지 않습니다. 뿐만 아니라, 증정 행사의 내용조차 모른 채 '무언가 놓칠 수 없다'는 심리에서 출발한 무작정 줄서기도 흔한 풍경입니다. 자신에게 필요가 없더라도 일단 줄을 서서 증정품을 받아야 합니다. 이런 행동들은 많은 이에게 이기적이고 사려 깊지 못한 것으로 보이지요. 그런데 이런 풍경이 다른 곳도 아닌 싱가포르에서 일어난다는 사실이 좀 의아합니다. 왜냐하면 싱가포르는 세계에서 가장 부유한 나라라고 불리는 나라 중 하나이기 때문입니다.

싱가포르의 위상과 키아수

싱가포르는 2025년 현재 세계에서 가장 부유한 국가 중 하나로 평가받고 있습니다. 2024년 세계은행World Bank 통계에 따르면, 싱가포르의 1인당 국민총소득GNI, Gross National Income은 구매력 기준으로 126,190달러에 달해 세계 최고 수준을 기록했습니다. 전 세계에서 카타르 다음으로 가장 높아 통계치만 놓고 보자면 '세계에서 가장 잘 사는 나라'라는 타이틀이 과장이 아니지요. 한 나라가 지속적인 수준의 번영과 성장을 달성할 수 있는 능력이 되는지를 평가하는 세계 경제 포럼의 세계 경쟁력 보고서에서 2010년부터 2019년까지 싱가포르는 3위권 밖으로 벗어난 적이 없었습니다. 경제력 외의 다른 지표는 어떨까요? 부패 인식 지수에서 아시아권에서는 유일하게 항상 최상위권에 포진될 만큼 청렴도도 높고, 건강과 보건 시스템 랭킹에서 세계 1위를 차지했지요. OECD 회원국의 학생들을 대상으로 학업성취도를 평가하는 국제학업성취도 평가에서 싱가포르는 2022년 읽기, 수학, 과학 모든 과목에서 1위를 차지했습니다.

게다가 스위스 국제경영개발 대학원에서 매년 디지털 기술에 대한 적응력 등을 여러 세부 지표로 측정해 국가별 순위를 매기는 세계 디지털 경쟁력 지수에서 싱가포르는 2023년 기준 3위로 아시아에서 가장 높습니다. 또한 2023년 세계 공항 순위와 항공사 순위에서는 싱가포르의 창이공항과 싱가포르 항공이 1위를 차지하고 세계 최고의 항

싱가포르의 상징 머라이어 분수

구에도 싱가포르항이 선정되는 등, 디지털과 교통 부문의 사회기반시설에서 싱가포르는 세계 최고의 수준을 자랑하고 있습니다. 이러한 디지털과 교통 인프라를 포함해 주택공급, 수방 시설, 상하수도 시스템, 재생에너지 인프라, 전기차 충전시설 등 개별적인 사회 인프라를 국민들이 얼마나 만족하는지에 대한 2023년 글로벌 리서치 기업인 입소스Ipsos의 한 조사에서도 싱가포르는 세계에서 가장 높은 만족도를 보이고 있지요. 이렇듯 경제뿐 아니라 청렴성, 교육, 건강 보건 시스템, 디지털 경쟁력, 사회 전반의 기반 시설이 세계 최고 수준을 자랑하며 국민들이 높은 만족도를 보이는 싱가포르는 당연히 외국인들에게도 방문하고 싶은 나라로 꼽힙니다.

물론 이렇게 완벽해 보이는 싱가포르도 선진국이라는 타이틀에 걸맞지 않게 언론의 자유나 정치 참여 권리에 있어서는 다소 폐쇄적인 모습을 보이기도 합니다. 언론 자유를 측정하는 가장 권위 있는 지표 중 하나인 국경 없는 기자회 RSF, Reporters Without Borders의 2024년 세계 언론자유지수에서 싱가포르는 180개국 중 126위를 기록하며 중하위권에 머물렀습니다. 또한 스웨덴 예테보리 대학교 산하의 V-Dem 민주주의 다양성 연구소가 발표한 '2024년 민주주의 보고서'에 따르면, 싱가포르는 179개국 중 107위에 위치해 있습니다. 이처럼 정치적 자유와 언론의 자율성 측면에서의 약점은 흔히 '사기 캐릭터'로 불릴 만큼 전반적인 국가 경쟁력을 자랑하는 싱가포르의 아킬레스건으로 지적되곤 합니다. 이렇게 민주주의가 희생된 선진국이라는 타이틀 때문인지, 중국의 주석 덩샤오핑은 싱가포르를 방문한 뒤 중국에 이같은 도시 1,000개를 세우는 게 자신의 꿈이라고 말했을 만큼 권위주의 나라들에겐 발전 모델로 여겨지기도 합니다. 그럼에도 불구하고 싱가포르는 경제 지표나 사회 인프라를 포함한 다양한 분야에서 모범적인 면이 많은 명실상부한 선진국임에는 틀림없습니다.

그런데 앞서 우리가 살펴본 이기적인 행동들은 싱가포르의 모범적인 위상과는 어울리지 않아 보입니다. 어떤 나라나 몰상식한 사람들은 있기 마련이고 소수 일부의 행동들로 한 사회를 일반화할 순 없지요. 당연히 싱가포르 역시 모든 사람이 이런 행동을 하는 것은 결코 아닐 테니 말입니다. 그런데 많은 사회학자들이 싱가포르 사회 내부의 이러한 이기적이고 욕심 많고 무례한 행동들을 싱가포르 사회의 두드러진 문화적 특징 중 하나로 분석하고 있다는 점을 주목할 필요가 있습니다. 심지어 싱가포르인들 스스로도 이런 행동들이 싱가포르 사회를 가장 잘 표현한다고 여기고 있기도 하지요. 이런 행동들을 설명하는 개념을 흔히 '키아수kiasu'라고 부릅니다.

 싱가포르의 대표적인 언론사 중 하나인 투데이는 과거 한 설문조사를 통해 "싱가포르의 정체성을 가장 잘 표현하는 단어가 무엇인지"를 물었습니다. 놀랍게도 가장 많은 응답자들이 선택한 단어는 바로 '키아수'였습니다. 본격적으로 키아수라는 개념을 살펴보기에 앞서, 먼저 시민의식에 대해 잠시 짚고 넘어가고자 합니다. 일반적으로 선진국의 기준을 논할 때 경제적 풍요만을 따지지는 않습니다. 경제력에 더해, 그에 상응하는 수준 높은 시민의식이 함께 갖춰져야 한다는 인식이 널리 퍼져 있지요. 하지만 시민의식이라는 말 자체는 다소 추상적이고 해석의 여지가 많습니다. 우리말샘에 따르면, 시민의식이란 '시민 사회의 구성원이 갖추어야 할 규범의식과 도덕의식'을 의미합니다. 그러나 문제는 여기서 말하는 규범과 도덕의 기준이 절대적이지 않다는 데 있습니다. 어떤 사회에서 시민의식을 평가할 때 적용하는 기준은 문화적, 역사적, 사회적 맥락에 따라 달라지기 때문에, 어느 정도를 성숙한 시민의식으로 간주할 것인지는 보는 관점에 따라 크게 달라질 수 있습니다.

 "어떤 조건이 갖춰져야 사회의 도덕적 의식이 성숙할 수 있을까?"라는 질문에 대해 생각해볼 수 있는 흥미로운 이론이 있습니다. 하버드

대학교 정치경제학과의 벤자민 M. 프리드먼Benjamin M. Friedman 교수는 저서 《경제 성장의 도덕적 결과The Moral Consequences of Economic Growth》에서 미국, 영국, 프랑스, 독일 등 서구 선진국들의 역사적 사례를 분석하며, 경제 성장이 단순한 물질적 풍요를 넘어서 사회의 도덕적 특성에도 영향을 미친다고 주장합니다. 프리드먼 교수에 따르면, 경제 성장으로 시민들의 생활 수준이 향상되면 이들은 자기 삶에 대해 더 긍정적인 인식을 갖게 되고, 타인과 사회 전반에 대해서도 보다 열린 자세와 포용적인 태도를 보일 가능성이 커집니다. 그 결과 계층 간 이동의 가능성이 열리고, 공정성에 대한 감수성이나 민주주의에 대한 지지가 함께 강화된다는 것입니다. 이러한 관점에서 보면, 전반적인 생활 수준이 높아진 사회일수록 시민들이 타인을 배려하고 공적 담론에 참여하며 사회 전체의 개방성과 포용성을 중시하는 성향을 가질 가능성이 높다고 볼 수 있습니다.

많은 사람이 싱가포르의 깨끗한 거리나 가혹할 정도로 엄격한 법에 따른 준법성 등을 칭찬하며 싱가포르가 높은 시민의식을 가졌다고 평가합니다. 실제로 싱가포르는 2021년 갤럽에서 조사한 준법의식 지수 순위에서 1위를 차지할 만큼 높은 준법정신, 안전한 치안, 법 집행에 대한 높은 신뢰 등을 자랑하지요. 경제적 성장으로 제도적인 인프라가 잘 갖추어지고 교양이나 교육 수준도 높아지면, 그에 따라 준법 정신 역시 그 사회의 전반적인 문화로 정착될 수 있다는 점을 짐작해볼 수 있습니다. 그런데 앞서 살펴본 '키아수'의 경우는 어떻게 설명해야 할까요?

싱가포르를 지배하는 심리

키아수는 중국 남부의 방언인 민난어閩語에서 유래된 표현입니다. 이 말은 '두려워하다'라는 뜻의 키아驚와 '지다' 또는 '잃다'는 의미의 수輸가 합쳐져 만들어졌습니다. 다시 말해 키아수는 '지는 것, 잃는 것에 대한 두려움'이라는 뜻을 담고 있습니다. 이는 단순한 심리 상태를 넘어 싱가포르 사회의 독특한 문화적 태도로 자리 잡고 있습니다. 그렇다면 이러한 '잃는 것에 대한 두려움'은 실제로 어떤 방식으로 사람들의 행동에 나타날까요?

싱가포르 난양이공대학의 올웬 베드포드Olwen Bedford 박사와 셰릴 추아Sheryl H. Chua 박사는 흥미로운 분석을 제시합니다. 두 연구자는 싱가포르 국적의 대학생 36명을 대상으로 각자가 경험한 '키아수적 행동'에 대해 심층 인터뷰를 진행하고, 그 내용을 범주화했습니다. 이 연구에서 소개된 키아수 행동의 대표적인 예시들은 다음과 같습니다.

> "헬로키티 무료 증정 행사에서 몇몇 할머니들이 줄을 서 있는 것을 봤어요. 그래서 그분들에게 물어보니 나중에 돈을 받고 팔거라고 하더군요. 저는 이것은 부정적인 의미의 키아수라고 생각합니다."
>
> "제 친구는 목발을 짚고 있었어요. 지하철에서 승강장 대기줄의 맨 앞에 서 있었는데 문이 열리자 빨리 움직일 수 없었죠. 모두가 그녀를 추월해 자리를 차지했고 결국 자리에 앉지 못해 서 있어야만 했습니다."

"도서관에 오후 2시쯤에 가면 자리가 없습니다. 그래서 오전 8시에 와서 일단 좌석을 선점하기 위해 가방을 책상에 올려놓고 다른 용무를 보러 간다던가, 친구를 시켜서 오전에 자리를 맡아달라고 하고 오후에 도서관에 들어오곤 하죠."

이렇게 어떤 행동이 키아수라고 정의되기 위해서는 타인보다 뒤처지거나 손해를 보지 않으려는 욕망에서 출발해야 합니다. 가지려고 했던 것을 얻지 못하게 되면 상실감을 느낍니다. 이런 심리는 스스로 원하지 않더라도 타인이 얻을 이익을 자신이 얻기 위해 노력하거나, 더 받을 자격이 있는 누군가를 희생시키더라도 자신이 그 이익을 취하려는 행동으로 나타납니다. 이러한 키아수는 단순히 개인적 습관이나 일탈이 아니라 싱가포르 사회의 지배적인 문화규범이라고 여겨집니다. 사회학자들은 "싱가포르인의 심리와 문화를 이해하기 위해서는 '키아수이즘'을 이해하는 것이 필수적이다"라고 까지 이야기할 정도입니다. 이렇게 사람들이 키아수를 싱가포르 사회를 상징적으로 나타내는 사회현상이라고 인식한다는 것은, 키아수가 단순히 최근에 나타난 현상이 아니라 수십년에 걸쳐 형성된 문화라는 것을 의미합니다.

흥미로운 제목의 만화가 있습니다. 1990년부터 출시되기 시작해 TV 시트콤으로도 제작된 토종 인기 만화 〈미스터 키아수Mr. Kiasu〉입니다. 이 작품은 현재 크리에이티브 디렉터로 활동 중인 조니 라우Johnny Lau의 작품으로 "전부 다 내가 원해", "전부 다 무조건 잡아야 해", "전부다 1등이어야 해" 등 키아수적 성향을 풍자적으로 담아낸 시리즈물로 구성되어 있습니다. 2018년까지도 연재가 이어질 정도로 대단한 인기를 끌었습니다. 〈미스터 키아수〉는 단순한 만화에 그치지 않고 TV 시트콤 제작, 머그컵과 시계 등의 캐릭터 상품, 심지어는 맥도날드가 키아수 버거라는 기획 상품을 출시하는 데까지 이어질 만큼 문화 전반에 깊이 영향을 미쳤습니다. 이 작품이 이토록 인기를 끌 수 있었던 이유는, 단순한 유머를 넘어서 키아수이즘이라는 싱가포르 특유의 문화적 구조를 매우 정확하게 포착했기 때문이라고 할 수 있습니다. 〈미스터 키아수〉 시리즈의 제목들에서 드러나듯, 키아수이즘은 자기중심성, 이해타산, 탐욕, 몰인정, 타인에 대한 무신경함과 밀접하게 연관된 개념입니다. 이런 속성이 장기간 축적되어 국제사회에 널리 알려질 경우, 싱가포르로서는 결코 바람직하지 않은 이미지로 이어질 수밖에 없지요.

실제로 1980년대 후반부터 외신과 국내 언론들은 싱가포르인의 공공 에티켓 부족이나 이기적인 태도 등을 지적하며 '어글리 싱가포리안'이라는 표현을 사용하기 시작했습니다. 이와 같은 부정적 인식은 국가 이미지의 훼손으로 이어질 수 있었기에, 싱가포르 정부는 이를 심각하게 받아들였습니다. 1993년, "가끔 우리 자신을 돌아볼 수만 있다면"이라는 슬로건을 내세우며 국가 친절 캠페인을 적극적으로 추진했습니다. 이 캠페인은 키아수적 행동을 줄이고 시민 간의 예절과 배려를 확산시키려는 노력의 일환이었습니다.

그럼에도 불구하고, 키아수 문화는 간단한 캠페인만으로 해소되기엔 뿌리가 너무 깊었습니다. 2000년대에 접어들어서도 이 문제는 꾸준히 정치권과 언론에서 지적되었습니다. 2012년 8월 스트레이츠 타임스는 리셴룽Lee Hsien Loong 총리가 국경일 연설에서 '어글리 싱가포리언' 문제를 공개적으로 언급한 사실을 보도했습니다. 그는 도로변을 개인 주차장처럼 점유하거나, 자기 동네에 노인 요양 시설이 들어서는 것을 반대하는 이기적인 행태를 구체적으로 비판했습니다. 2014년에는 BBC에서도 싱가포르인의 이기적인 행동과 관련된 칼럼을 실었습니다. 한 영국인 기자는 싱가포르에서 생활하면서 겪은 냉담한 반응과 공공장소에서의 무관심한 태도를 소개하며, 싱가포르가 왜 '행복하지 않은 나라'라는 평가를 받는지를 분석했습니다. 이처럼 키아수는 단순한 개별 행동양식을 넘어, 싱가포르 사회 전체에 강한 영향을 미치는 문화적 구조이자 사회적 정체성의 일면으로 자리 잡게 된 것입니다. 그렇다면 도대체 이 키아수는 어떤 배경 속에서 싱가포르 사회에 뿌리내리게 되었을까요?

키아수의 기원

〈미스터 키아수〉 작가인 조니 라우는 미국 유학을 마치고 싱가포르에 귀국해 국방의 의무를 수행하던 중 이 만화의 아이디어를 얻었다고 알려져 있습니다. 싱가포르의 군대는 중국계, 인도계, 말레이계 등 다

다양한 인종이 복무하는 싱가포르 군대

양한 인종과 언어적 배경을 지닌 이들이 함께 복무하는 다인종 공간입니다. 그들은 군대 내에서 사용하는 은어와 속어를 통해 서로 간의 언어적, 문화적 거리감을 좁히곤 하는데, 키아수 역시 그와 같은 맥락에서 1980년대 군대 내에서 유행하던 속어 중 하나였습니다. 이 단어는 무언가를 잘못하거나 실패할까 봐 지나치게 걱정하고 행동하는 병사를 묘사하는 말로 사용되었지요. 비록 키아수라는 표현이 이후 라우의 만화 시리즈를 통해 사회 전반에 널리 퍼지긴 했지만, 그 기원이 군대에서 사용되던 은어였다는 점은 싱가포르 사회 내 이 표현의 뿌리를 이해하는 데 의미 있는 단서가 됩니다.

한편 라우가 복무했던 싱가포르 군대처럼 이 나라 전체가 다양한 민족과 언어가 공존하는 다인종 사회로 형성된 데에는 식민지 시절의 역사적 배경이 깊게 작용합니다. 19세기 동남아시아는 유럽의 식민지 경쟁이 치열하게 전개되던 지역이었습니다. 당시 이 지역 대부분은 네덜란드가 지배하고 있었지만, 영국은 산업혁명 이후 아시아 무역을 강화하기 위한 거점 확보를 모색했습니다. 특히 중국과 인도를 잇는 무역항로에서 전략적으로 중요한 말라카 해협을 장악하는 것이 절실했지요. 이에 따라 영국 동인도회사의 총독 대리였던 스탬포드 래플즈Sir Stamford Raffles는 네덜란드의 영향력이 미치지 않았던, 말레이반도 남단의 조그만 섬 싱가포르에 주목했습니다. 그는 이곳에 영국의 해상기지를 건설하자는 계획을 세우고, 1819년 당시 싱가포르가 속한 조호르 술탄국과 조약을 맺어 실질적인 점령을 단행함으로써, 싱가포르는 영국의 동남아 진출을 위한 핵심 거점으로 자리매김하게 되었습니다.

말레이반도 끝쪽에 위치한 싱가포르는 본래 거의 무인도에 가까운 어촌이었습니다. 당시 싱가포르 섬의 인구 구성은 단출했지요. 1819년 래플즈 경이 싱가포르에 상륙했을 때의 인구는 고작 150여 명에 불과했고, 그 대부분은 말레이계 주민들이었습니다. 이들만 가지고서는 영국이 싱가포르항을 개발하기 위한 노동력이 턱없이 부족했습니다. 그래서 식민당국은 노동이민을 받아들이기 시작했습니다. 그러자 중국의 남부로부터 중국인들이 대규모로 유입되었습니다.

그런데 식민당국은 계속 수가 늘어나는 중국인들을 견제할 필요가 있었습니다. 그래서 인도 남부로부터 인도인들 또한 상당한 규모로 받

말레이 민족 중심 국가들 사이에 둘러싸인 싱가포르

아들이기 시작했습니다. 이러한 정책의 배경에는 식민당국이 말레이계 사람들을 차별적으로 인식한 시선이 자리하고 있었습니다. 식민당국은 말레이계 원주민들이 노동자로서 체질적으로 부적합할 뿐만 아니라, 자본 축적을 위한 협력에도 능동적이지 못하다고 판단한 것입니다. 어쨌든 싱가포르는 영국의 식민세력이 항구 건설에 필요한 노동력을 위해 마련한 이민 정책에 의해 빠르게 복합 사회가 만들어졌습니다. 그리고 이 과정에서 영국은 각 민족과 인종을 통합시키기보다는 의도적으로 그들간에 위계와 경계를 만들었습니다. 또 영국 스스로를 이러한 갈등의 중재자 역할로 자처하면서, 더욱 손쉽게 각 인종들이 그들에게 종속되도록 만들었지요. 말하자면 자신들의 지배 편의를 위해 싱가포르 사회를 분열시킨 것입니다.

이후 140여 년이라는 긴 시간의 영국 식민지배 동안 싱가포르는 동남아 최고 무역항으로 성장했습니다. 그런데 싱가포르에게 매우 난감한 일이 발생했습니다. 제2차 세계대전 말엽 일본의 식민지배를 거친 뒤 1965년에 이르자, 싱가포르는 자신들이 속해 있던 말레이시아 연방으로부터 추방당하는 신세가 되고 만 것입니다. 분열의 근본 원인은 식민지 시대부터 형성된 민족 간 긴장이었습니다. 1963년 현재의 말레이시아 연방이 수립되었을 때 우파 성향의 집권당인 통일말레이국민조직은 말레이계 중심의 우대 정책을 추진했습니다. 반면 싱가포르는 인구 구성상 중국계 비중이 높고, 경제적으로도 비교적 우위에 있었기 때문에 말레이시아 내 정치적 불균형을 야기할 수 있다는 우려를 불러일으켰습니다. 이러한 배경 속에서 1965년 말레이시아 연방의회는 싱가포르의 연방 탈퇴를 만장일치로 의결했고, 그 결과 싱가포르는 예기치 않게 독립국이 되었습니다.

독립 당시 싱가포르의 상황은 매우 불안정했습니다. 주변은 모두 이슬람 국가들이고, 싱가포르는 말레이 민족권에 둘러싸인 '말레이인의 바다a Sea of Malay people' 속의 고립된 도시국가였습니다. 국토는 작고, 천연자원은 전무했으며, 사회는 말레이계, 중국계, 인도계 등 다양한 인종과 언어가 혼재된 다민족 국가였습니다. 산업 기반도 부족하고, 단일한 민족 정체성이나 독립된 국가로서의 전통이 희박했던 싱가포르에게 국가의 존립 자체가 위태로웠던 셈입니다. 당시 지배정당이었던 인민행동당은 식민지 경험과 일본과의 전쟁 경험에 이어 이제 막 연방에서 축출당하는 경험을 겪은 데다, 주변엔 온통 말레이계 이슬람 국가들로 둘러싸인 상황에서 '포위에 대한 두려움'을 내면화하게 되었습니다. 이들이 이런 위기 상황으로부터 생존하기 위한 뚜렷한 이데올로기로서 채택한 것은 바로 '실용주의'와 '능력주의'였습니다. 분열되어 있던 싱가포르는 국가적 생존을 위해 무엇보다 인종 간의 결속이 반드시 필요했습니다. 평화로운 다인종주의를 위해서는 언어·종교·출신국가에 따라 대우가 달라지면 안 되었습니다. 대신 이를 위한 공정한 대안으로써 제시된 기준이 바로 '능력'이었습니다. 오직 능력에 따라서 국민들을 동등하게 대우한다는 것입니다. 이것은 곧 실력사회의 원칙으로 이어졌지요.

엎친 데 덮친 격으로 이웃국가들의 무력적 침략을 억제하는 역할을 하던 영국군이 1967년 철수를 결정하면서 싱가포르는 안보마저 위태로워졌습니다. 그래서 경제 발전과 더불어 강력한 국방력을 가진 군대를 조직하는 것 역시 필수적인 과제가 되었습니다. 그런데 마침 지도자들의 실용주의 정책을 빠른 기간 추진하고 그 결실을 볼 수 있는 곳으로서 바로 이 군대만한 곳이 없었습니다. 당시 총리였던 리콴유(Lee Kuan Yew)는 싱가포르 군대가 국가의 정체성을 만들 수 있는 '거대한 용광로'가 될 수 있다고 확신했지요. 18세 이상 남성이라면 무조건 군대에 복무해야 하는 징병제는 인종이나 종교적 배경과 상관없이 전국적으로 실시되었습니다. 또 군대 내의 승진과 지위는 부모가 어떤 직업이든,

인종과 무엇이든 상관없이 개인의 능력에 따른다는 철저한 능력주의가 자리 잡았습니다. 군대에서 이 원칙이 빠르게 자리 잡기 시작하자 능력주의는 싱가포르 국가 경영의 주요 원칙으로 서서히 확산되었습니다. 군대를 통해 싱가포르인의 정체성이 확립되기 시작한 것입니다.

실용주의와 능력주의 이데올로기는 싱가포르의 눈부신 경제성장을 이끈 기반이 되었습니다. 1960년대 세계 평균보다 낮았던 싱가포르의 1인당 국민소득이 2011년에 이르러 미국마저 추월해버릴 정도로 엄청난 경제성장을 이뤄냈습니다. 하지만 동시에 사회 전반에 경쟁 중심의 가치관을 심으며 부작용을 초래했습니다. 경쟁에서 뒤처지면 곧 패배라는 인식은 키아수 문화의 씨앗이 되었고, 이는 교육 시스템을 통해 어릴 때부터 내면화되어 사회 분위기로 자리 잡았습니다.

생존을 위해 희생된 인간성

싱가포르가 생존을 위해 선택한 실용주의 이데올로기는, 말하자면 목표 달성을 위해서 뭐가 됐든 가장 효율적이고 최적의 수단을 사용하는 것이었습니다. 가장 높은 능력치를 보이는 사람에게 가장 좋은 대우를 해주고, 이를 통해 경쟁을 부추겨 경제 발전을 이룩하는 것은 언뜻 보면 매우 합리적인 방법으로 보입니다. 그런데 이런 방식으로 목표를 달성하는 것을 두고 과연 가장 이상적이라고도 할 수 있을까요?

독일의 사회학자 막스 베버Max Weber는 인간의 사회적 행위를 '합리성'의 관점에서 이해하려고 했습니다. 그는 합리적인 행위란 명확하게 인식된 목적을 가장 적절한 수단을 통해 추구하는 것이라고 정의했습니다. 다시 말해, 신비적이고 설명 불가능한 믿음에 의존하지 않고, 이성적 판단에 따라 스스로 목표를 설정하고 그에 적합한 수단을 선택해 행동하는 것, 이것이 바로 베버가 말한 합리성입니다. 베버는 이러한 합리적인 행위를 두 가지 유형으로 나누었습니다. 첫째는 '가치합리적 행위'입니다. 이는 행위자가 어떤 신념이나 도덕적, 종교적, 혹은 철학적 가치를 실현하기 위해 수단을 선택하는 방식의 행위입니다. 여기서 중요한 것은 결과가 아니라, 행위 자체가 지닌 의미와 가치 실현이라는 점입니다.

둘째는 '목적합리적 행위'입니다. 이는 특정 목표를 가장 효율적으로 달성하기 위해 수단과 결과를 계산하고 선택하는 행동을 뜻합니다. 이 경우 행위 자체보다 목적의 달성 여부가 중요하며, 경제적 이익을 위한 투자 결정, 시험 합격을 위한 전략적 공부법 선택 등이 여기에 해당됩니다. 베버는 이러한 행위들을 '도구적 합리성'이라고도 불렀습니다. 베버는 근대 사회가 발전할수록 이러한 목적합리성 중심의 행동이 점점 우세해진다고 진단했습니다. 자본주의의 발달과 관료제의 확산, 과학기술의 진보 등은 개인이 가치 중심보다 수단과 결과를 중심으로 판단하고 행동하는 경향을 강화시켰다고 보았습니다. 즉, 근대화는 인간의 행위를 점점 더 계산 가능하고 효율적인 방향으로 몰아가며, 궁극적으로 인간 사회 전반이 가치보다는 성과를 우선시하는 방향으로 변화하게 된다는 것입니다.

하지만 만약 도달하고자 하는 목적과 결과만을 지나치게 중시하게 되면, 이른바 도구적 합리성은 오히려 인간 삶의 주객을 전도시키는 역설을 낳게 됩니다. 예를 들어, 돈벌이라는 행위를 단순히 물질적 생활 욕구를 충족시키기 위한 수단으로 여기는 것이 아니라, 그것이 그 자체로 삶의 목적이 되어버리는 상황을 상상해보겠습니다. 원래는 인간의 목적을 위해 존재했던 수단이 오히려 인간을 지배하게 되며, 인간이라는 주체와 영리 행위라는 객체의 위치가 뒤바뀌는 결과를 낳게 됩니다. 베버는 이러한 상황을 두고 '쇠우리stahlhartes Gehäuse'라는 표현을 사용했습니다. 베버가 말한 이 쇠우리는 목적 합리성에 기반한 규칙과 계산이 점점 더 단단하고 폐쇄적인 구조로 진화해, 개인이 자신이 만든 합리적 시스템 안에 갇혀버리는 상황을 의미합니다. 인간이 자유롭고 자율적인 존재가 아니라, 효율과 성과라는 기준에 의해 시스템의 부품처럼 움직이게 되는 사회적 구조, 그것이 바로 베버가 우려했던 합리화의 역설이지요.

싱가포르가 '생존'이라는 하나의 목표로 일관되게 펼친 실용주의는 핵심은 바로 이 도구적 합리성이었습니다. 목표를 달성하기 위해 가장 최적의 수단을 사용하는 것만이 강조될수록 베버가 지적한 것처럼 그 과정에서 인간성이 상실되는 위험에 빠지게 됩니다. 경제 성장에만 모든 관심을 집중했던 싱가포르의 인민행동당 정부는 싱가포르에서 유일하게 개발가능한 자원은 '인간자원'이고 이를 지속적으로 개발하고 향상시켜야 한다고 보았습니다. 여기서 인간을 '개발'의 대상인 '자원'으로 보는 시각을 눈여겨볼 필요가 있습니다. 이런 관점은 당연히 국가의 교육 철학에도 영향을 미쳤습니다. 그로 인해 싱가포르에서 교육은 '인간 자본에 대한 투자'로 여겨지게 되었지요. 능력주의라는 기치 아래 학생들 능력의 차이 수준을 어릴 때부터 경쟁적 시험을 통해 평가하기 시작했습니다. 그런데 그 결과, 싱가포르의 젊은이들은 치열한 경쟁으로 귀결되는 시험 문화 아래에서 엄청난 스트레스로 내몰리게 되었습니다. 국가의 생존이라는 목표를 이루기 위한 합리적이고 효율적인 수단으로써, 학생들의 인간성을 희생시키는 교육시스템은 이렇게 도구화된 것입니다.

경쟁, 평가와 생존만이 과도하게 강조되며 가치 합리성보다는 목적 합리성이 더 중요시되는 분위기 속에서는 물질만능주의적인 사고관이 싹틀 수밖에 없습니다. 이 때문에 실용주의를 극도로 추구하는 사회 속에 살아가는 싱가포르의 젊은이는 정치에 대해서는 무관심한 반면 돈에 대해서는 지나치게 중시하는 사람들이 되어버렸습니다. 반면 철학이나 지성적인 면은 등한시하는 분위기가 형성되었지요. 싱가포르가 생존을 위해 채택한 국가적 원칙인 능력주의는 사회적으로 성공의 여지가 좁다고 느끼게 만들어, 젊은이들 사이에서 이해타산적이고 자기중심적인 키아수 사고방식을 강화하는 결과를 낳고 말았습니다.

싱가포르의 이러한 초경쟁사회의 분위기는 초등학교 때부터 만들어지기 시작합니다. 싱가포르에서는 학교야말로 경쟁사회의 압축판이자 시험판입니다. 초등학교 6학년을 마치면 '초등학교 졸업자격시험PSLE, Primary School Leaving Examination'이라는 국가공인시험을 치러야 하는데, 이 시험으로 중등과정의 진로가 결정됩니다. 어떤 중학교에 입학하는지에 따라 그 후의 대학은 거의 결정되는 것이나 다름없기 때문에, 미래의 성공을 위해서는 초등학교 때부터의 성적이 매우 중요합니다. 그래서 싱가포르는 초등학교 고학년 때부터 이미 한국의 고3에 가까운 입시생활이 시작됩니다. 이때 더 높은 경쟁력을 갖추기 위해 사교육이 활발하게 이루어지고, 당연히 높은 사교육비를 감당할 수 있는 고소득층의 자녀들이 유리한 고지를 점하게 되지요.

그 결과 싱가포르의 학생들은 초등학생때부터 치열한 경쟁에서 생존하기 위해 여러 키아수적 행동들을 내면화하게 되었습니다. 앞서 살펴본 올웬 박사와 셰릴 박사의 논문에서 다뤄진 실증 연구에서는 유독 학업과 관련한 키아수적 행동들이 많이 발견됩니다. 교과서에 나오는 모든 문제의 답을 미리 다 공부해가는 선행학습은 물론, 친구들에게 일부러 공부를 하지 않았다고 거짓말로 안심시켰다가 남몰래 혼자 공부하는 이른바 샌드배깅sandbagging, 또 학습 정보를 절대 친구에게 공유하지 않는 행동 등 학창시절부터 다양한 키아수적 행동들이 나타났습니다. 그리고 이 모든 행동들의 동기는 단연 학업이라는 경주에서 남에게 뒤처지는 것에 대한 두려움이지요.

초경쟁사회에서 만들어지는 낮은 자존감

●

중학교 2학년인 탄지아원은 매주 월수금 오후 10시까지 학원과 온라인 모의고사로 하루를 마칩니다. 그는 PSLE에서 상위 5% 안에 들었지만, 동급생 샨위가 더 높은 점을 받았다는 사실이 머릿속을 떠나지 않았지요. 지아원의 목표는 '다음 시험에서 틀리지 않기'입니다. 수학 문제를 풀 때도 모르는 부분이 생기면 손을 들기보다 틀릴까 봐 선생님의 시선을 피했습니다. 집에 돌아오면 어머니는 "실수만 없으면 장학금은 당연히 따라온다"고 독려하지만, 그는 칭찬보다 '혹시라도' 실수를 지적받을까 늘 긴장합니다. 이런 일상은 지아원으로 하여금 학문적인 성취 자체에 초점을 맞추기보다는 뒤처지지 않아야 한다는 조급함에 초점을 맞추게 만들었고, 오직 성적이라는 기준을 지키는 것만이 존재 이유처럼 느끼게 만들었습니다.

실제로 그는 A를 받아도 만족하지 못하고, 다음 번에 밀려날 위험을 상상하며 스스로를 '운이 좋은 학생'이라고만 평가했지요. 지아원의 학습 목표는 지식의 확장이 아니라 상대적 우위를 확인하는 것에만 묶여, 프로젝트 과제처럼 답이 열려 있는 활동은 시간 낭비라며 피하게 만들었습니다. 주말마다 대형 학원에서 실시하는 '스피드 해법' 강좌에 등록했는데, 강사는 사고 과정보다 정답 암기를 강조합니다. 친구들이 방과후 특별활동으로 로봇 제작 동아리를 택해도, 지아원은 대회에서 입상하지 못할 가능성을 이유로 선택을 포기했습니다. 학년 말

설문에서 그는 '자신감'을 5점 만점 중 2점으로 체크했고, '새로운 도전을 즐긴다' 항목에도 1점을 남겼습니다. 하지만 자신이 왜 늘 초조한지는 설명하지 못합니다. 교사 상담 시간에도 그는 "괜찮아요"라고만 반복하며, 자신의 호기심이나 약점을 드러내지 않습니다. 불안은 계속 쌓여갑니다. '건강한' 경쟁은 성공의 중요한 동력이 됩니다. 그런데 경쟁에서 뒤처지길 두려워하는 키아수 심리의 문제점은 '성취'보다는 '방어'의 동기에서 출발한다는 것입니다. 그리고 이런 동기는 지아원 학생의 이야기처럼, 자존감에도 심각한 영향을 미치게 됩니다.

캐나다의 심리학자 토리 히긴스 E. Tory Higgins 교수는 인간이 목표를 추구하는 방식이 개인의 심리적 '초점'에 따라 달라진다고 보았습니다. 그는 이를 '조절초점이론 Regulatory Focus Theory'이라 명명했으며, 두 가지 유형의 목표 추구 방식을 제시했습니다. 하나는 '향상 초점'으로, 이는 긍정적인 결과에 초점을 맞추고 다소의 위험이 따르더라도 도전을 통해 성취를 추구하려는 접근입니다. 다른 하나는 '방어 초점'로, 실패나 손실과 같은 부정적인 결과를 피하고자 하는 동기로부터 행동을 시작하는 방식입니다. 이 이론에 따르면 향상 초점은 성장 지향적인 태도, 방어 초점은 안정과 책임을 중시하는 태도와 관련됩니다. 연구에 따르면 방어 초점이 강할수록 자존감이 낮아지고, 성과를 내더라도 만족을 느끼기 어렵습니다. 이는 끊임없는 비교와 불안으로 이어져 자존감 저하의 악순환을 낳습니다.

키아수와 낮은 자존감과의 관계는 학생이 목표를 대하는 성향과도 관련이 있습니다. 목표를 정할 때, 과제의 숙달이나 지식의 증진 등 학습활동 그 자체에 초점을 맞추는 학생이 있고, 지아원처럼 자신의 능력을 타인과 비교하는 데에 초점을 맞추는 학생이 있습니다. 교육심리학자 캐롤 에임스Carole Ames는 학생들이 목표를 설정하는 방식에 따라 두 가지 유형으로 나눕니다. 하나는 학습활동 자체, 즉 과제의 숙달이나 지식의 향상에 초점을 두는 '숙달목표 지향형', 또 하나는 자신의 능력을 타인과 비교하고 평가 결과에 더 큰 가치를 두는 '수행목표 지향형'입니다. 수행목표 성향을 가진 학생은 높은 점수나 상위 등수를 성공의 기준으로 보기 때문에, 실력 향상보다는 타인과의 비교에서 우위를 점하는 것에 몰두하게 됩니다. 이로 인해 실패나 실수를 강하게 회피하려는 경향이 나타나며, 결과적으로 위험이 낮은 쉬운 과제를 선호하고 도전적 과제를 기피하게 됩니다. 또한 자신의 능력이 낮게 보일까봐 타인의 도움을 요청하는 것도 꺼리는 경향을 보이며, 학습의 깊이보다는 피상적 성취에 집중하게 되지요.

이와 관련해 싱가포르 경영대학의 쉐일라 위Sheila Wee 박사는, 키아수적 태도가 수행목표 성향과 밀접하게 관련되어 있음을 강조합니다. 키아수는 뒤처지는 것 자체를 실패로 간주하기 때문에, 실패에 대한 두려움이 강하게 내면화되고, 이는 학생들의 창의성과 도전정신을 약화시키는 결과로 이어질 수 있다고 지적합니다. 실제로도 이러한 분석은 사회적 차원에서 공감대를 얻고 있습니다. 2016년 싱가포르 국회 예산 토론회에서 지명 국회의원 쿠익 샤오 옌Kuik Shiao-Yin은 싱가포르 사회의 낮은 혁신성과 창의성의 원인 중 하나로 키아수 문화를 언급하며, 과도한 실패 회피 문화가 창의적인 시도를 위축시키고 있다고 발언한 바 있습니다.

이처럼 위험을 회피하려는 성향은 개인의 행동을 보다 보수적으로 만들고, 사회적 규범에 대한 순응을 강화하는 악순환을 초래할 수 있습니다. 특히 타인과의 비교의식이 강한 키아수 문화에서는, 규범에 따르지 않았을 때 초래될 부정적인 결과에 대한 두려움이 오히려 개인을 더 강하게 규범에 종속시키는 방향으로 작용합니다. 그 대표적인 예가 학부모의 교육행동입니다. 자녀가 다른 아이들보다 뒤처질까 우려하는 부모들은, 다른 부모들이 택하고 있는 교육 방식, 예를 들어 심화반 학원 수강 등을 그대로 따르지 않으면 불안감을 느끼게 됩니다. 결국 집단행동을 따르지 않으면 손해를 입을 것이라는 두려움 때문에 본인의 교육철학이나 자녀의 성향과 관계없이 같은 방향으로 달려가게 되는 것이지요.

이러한 사회 분위기 속에서, 2018년 싱가포르 가정이 지출한 사교육비는 약 14억 싱가포르 달러, 우리 돈으로 약 1조 2천억 원에 달했습니다. 이는 경제적 부담뿐만 아니라, 심리적 측면에서도 부작용을 낳습니다. 개인의 내면적 신념이나 욕구와 실제 행동이 불일치할 경우 자존감과 주관적 안녕감이 저하되는 경향이 있다는 결과가 제시된 바 있습니다. 안타깝게도 이러한 키아수 문화가 만드는 낮은 자존감의 짐은 오롯이 어린 학생들이 짊어지게 됩니다.

2020년, 싱가포르의 비영리 사회단체 포커스온더패밀리 싱가포르는 10세에서 15세 사이의 청소년 약 1,050명을 대상으로 다양한 상황에 대한 불안 수준을 측정하는 설문조사를 실시했습니다. 당시 싱가포르는 코로나19 팬데믹이 한창 진행 중이던 시기였지만, 설문 결과는 다소 의외였습니다. 응답자의 약 60%가 코로나19에 대해 "침착하다" 혹은 "안정적이다"라고 응답하며 비교적 긍정적인 정서를 보인 반면, 시험에 대한 질문에서는 전혀 다른 반응이 나왔습니다. 시험이 다가올 때 "화가 난다", "걱정된다", "슬프다"는 등의 부정적 감정을 표현한 학생 비율이 약 70%에 달한 것입니다.

　이러한 결과는 싱가포르 청소년들이 전염병 상황보다도 시험과 성적에 훨씬 더 큰 심리적 압박을 받고 있다는 점을 보여줍니다. 이러한 불안은 단지 일시적인 정서 반응에 그치지 않고 청소년 정신건강에도 장기적으로 영향을 미치는 것으로 나타났습니다. 2023년 4월, 싱가포르 국립대학이 주도한 조사 결과에 따르면, 싱가포르 청소년 중 최소 12%가 진단 기준에 해당하는 정신건강 장애를 겪고 있다고 합니다.

　이듬해 로렌스 웡Lawrence Wong 당시 부총리는 국회 연설을 통해 청소년 정신건강 문제의 심각성을 공식적으로 언급하며 대응 방안을 발표했습니다. 싱가포르 사회에서 점점 더 많은 청소년이 정신적 스트레스와 심리적 압박에 시달리고 있다는 통계와 연구 결과들이 잇따르자, 정부 차원의 대책이 시급하다는 공감대가 형성된 배경이었습니다. 웡 부총리는 연설 후반부에서 다음과 같은 인상적인 발언을 남겼습니다.

"우리는 삶에서 성공을 바라보는 마인드셋을 바꿀 필요가 있습니다. 물론 열심히 일하는 것을 중시하고, 우수성을 장려하며, 모두가 더 나은 성과를 내기 위해 열망하고 노력하도록 장려하는 문화는 분명 긍정적인 요소입니다. 하지만 우리는 남보다 앞서기 위해 부지불식간에 극심한 생존 경쟁과 끝없는 비교에 빠져들어 사회가 더 나빠지는 결과를 초래해서는 안 됩니다."

웡 전 부총리가 말한 이 대목은 왠지 키아수로 상징되는 싱가포르 사회 문제의 핵심을 찌르는 것 같이 들립니다. 하지만 "성공에 대한 마인드셋을 바꿀 필요가 있다"며 내뱉은 허울 좋은 말들은, 이미 깊숙이 뿌리박힌 무한 경쟁사회를 살아가는 싱가포르 국민들에게는 그저 허공을 맴도는 말처럼 들리기도 합니다. 웡 전 부총리가 속해 있는 인민행동당이야말로 그런 무한 경쟁의 마인드셋을 싱가포르에 이식한 장본인들이니 말이지요.

* * *

싱가포르는 세계적으로도 모범적인 공공주택 정책을 통해 주택 문제를 성공적으로 해결한 국가입니다. 전체 인구의 약 80% 이상이 정부가 공급하는 주택에 거주하며, 이를 통해 대부분의 국민이 안정적인 주거 환경을 보장받습니다. 그럼에도 불구하고 2023년, 싱가포르는 사상 최저 수준의 출산율을 기록했습니다. 합계출산율이 1.0을 넘지 못하는 이 현상은, 전문가들 사이에서 주요한 사회적 과제로 떠오르며 다양한 원인 분석과 해결 방안에 대한 논의가 이어지고 있습니다.

하지만 이런 상황을 단순히 주거 안정성이나 경제 지표만으로 설명하기는 어렵습니다. 오히려 싱가포르의 저출산 현상은 키아수로 대표되는 초경쟁적 사회 분위기와 깊은 관련이 있을지도 모릅니다. 뒤처지는 것을 극도로 두려워하는 키아수를 만들어낸 초경쟁사회 속에서, 어린이 시절부터 막대한 사교육비를 들여야 하면서도 한편 극심한 생존 경쟁과 스트레스를 견뎌내며 살아가야 하는 삶을, 과연 부모들이 다음 세대에게 선뜻 내어줄 수 있을까요? 눈부신 경제적 성과와 훌륭한 사회기반시설을 만들어낸 최고 선진국 싱가포르가 그토록 낮은 출산율을 회복하지 못하는 이유는 키아수라는 현상 속에서 이미 설명되고 있는 것은 아닐까요?

청산되지 않은 과거,
미국

"왜 미국 남부 사람들은 유독 친절할까?"

유독 친절한 미국 남부

코미디의 형식 중에 스탠드업 코미디Stand-up comedy라는 장르가 있습니다. 스탠드업 코미디는 코미디언이 혼자 무대 위에 올라 마이크 하나만 의지해 관객을 웃기는 라이브 공연입니다. 우스갯소리를 계속 기대하는 관객들의 압박 속에서 입담 하나에 의지해 관중을 휘어잡아야 하는 만큼, 스탠드업 코미디는 자신의 독특한 개성은 물론 고도의 유머 감각과 순발력을 요하는 등 코미디언 입장에서는 난도가 여간 높은 일이 아닙니다. 그래서 미국이나 영국의 여러 예능인들은 스탠드업 코미디를 통해 대스타로 떠오르는 경우가 많지요. 데이비드 레터맨David Letterman과 같은 전설적인 심야 토크쇼 호스트는 물론, 우디 앨런Woody Allen과 같은 유명 영화감독, 케빈 하트Kevin Hart와 같은 배우에 이르기까지 수많은 예능인이 자신들의 커리어를 스탠드업 코미디로 시작했습니다.

안젤라 존슨Anjelah Johnson 역시 자신의 커리어를 스탠드업 코미디를 중심으로 활발히 펼쳐나가는 미국의 예능인 중 한 명입니다. 무대에서 일상적인 경험과 문화적 코드를 다양한 소재로 활용해 관객의 공감을 이끌어냅니다. 어느 날, 안젤라는 미국인이라면 누구나 공감할 수 있을 법한 흥미로운 경험담을 소개하며 관객들의 큰 반응을 얻었습니다. 그 이야기의 배경은 미국 남부 테네시Tennessee주의 내슈빌Nashville에서 겪은 이야기였습니다.

제가 LA에서 어떤 상점에 들어가면, 점원이 "뭐 찾으시는 거 있으세요?"라고 묻곤 해요. 그러면 저는 그냥 "괜찮아요, 고마워요" 정도로 답하고, 그걸로 끝이에요. 더 이상 대화가 이어지지 않죠. 그런데 이번엔 내슈빌에 갔어요. (관객들 웃음)
하루는 T.J. 맥스T.J. Maxx, 미국의 아울렛에 갔어요. 옆줄에 있던 여성 분들이 대화를 나누는 게 들렸어요.
"(친절하고 우스꽝스러운 목소리로) 뭐 필요하신 거 있으세요~~~?"
"어머, 괜찮아요~ 물어봐줘서 정말 고마워요!"
"어머, 물론이죠~ 오늘 날씨가 너무 좋지 않아요?"
"그쵸? 그런데 오늘 예보를 보니까 3시에 비가 온대요~ 차 막혀서 정신 없을 테니 그전에 꼭 집에 들어가세요."
"어머나, 고마워라~"
그걸 듣고 저는 생각했죠. '우와… 남부의 텐션에 내가 맞출 수 있을지

모르겠네.'

관객들은 박장대소했습니다. LA와는 사뭇 다른, 일견 과도해 보일 정도로 친절한 분위기에 미국인인 존슨조차 당황했을 경험을 유머로 풀어낸 이 이야기는, 많은 이에게 깊은 공감과 웃음을 자아냈습니다. 남부가 아닌 지역에 사는 사람들에게는 남부를 방문했을 때의 낯선 정서와 문화를 떠올리게 했고, 남부 출신의 관객들은 자신들의 문화를 정확히 포착해낸 타 지역인의 시선에 웃음을 터뜨렸던 것이지요. 그렇다면 왜 미국 남부에 대한 농담이 이렇게 널리 공감을 얻을 수 있었을까요? 아마도 대다수의 미국인들 사이에 '친절함'으로 대표되는 남부 사람들의 특징이 이미 보편적인 이미지이자 선입견으로 자리 잡고 있기 때문일 것입니다.

이런 인식은 실제로도 미국 남부 지역 사회에서 자주 목격되는 특징에 기반을 두고 있습니다. 이를 테면, 대화할 때 상대를 편안하게 해주면서도 재치 있는 농담을 곁들이는 화법, 연장자나 낯선 사람에게는 "ma'am(여성에 대한 존칭)"이나 "sir(남성에 대한 존칭)" 같은 호칭을 붙이는 언어 습관, 손님을 대접할 때 기름지고 푸짐한 음식을 대접하는 문화, 동네에서 차가 지나갈 때면 마주치는 사람끼리 자연스럽게 손을 들어 인사하는 모습, 공공장소에서 누군가 도움이 필요하면 기꺼이 나서 도와주는 태도 등은 남부 지역만의 고유한 정서로 널리 알려져 있습니다. 그리고 이것은 '남부의 환대', 즉 '서던 호스피탈리티 southern hospitality'라는 이름으로 불리고 있지요. 흥미롭게도 이런 남부 특유의 문화를 여행자들만 느꼈던 것은 아닙니다. 학자들 또한 이런 문화적 현상을 포착하고 연구했습니다.

메사추세츠 대학교의 영문학과 교수이자 《서던 호스피탈리티의 신화 Southern Hospitality Myth》의 저자인 앤서니 슈체시울 Anthony Szczesiul은 수업 중 자신의 학생들을 대상으로 흥미로운 조사를 진행했습니다. 메사추세츠주는 미국 동북부에 위치한 지역으로, 대체로 남부 문화와는 다소 거리가 있는 곳입니다. 대부분 메사추세츠주에서 나고 자란 학생들에게 슈체시울 교수는 '미국 남부'와 '남부 문학' 하면 무엇이 떠오르는지 종이에 적어보도록 요청했습니다. 그 결과는 매우 인상적이었습니다. 거의 모든 학생의 답변에서 '서던 호스피탈리티'가 공통적으로 등장한 것입니다. 학생들이 서던 호스피탈리티가 정확히 무엇인지를 논리적으로 설명하지는 못했지만, 남부에는 따뜻하고 환대적인 문화가 존재한다는 인식이 깊게 각인되어 있던 것입니다.

미국인들이 남부 지역에 대해 어떤 이미지를 가지고 있는지를 보다 체계적으로 탐구한 사회학자도 있습니다. 존 쉘튼 리드 John Shelton Reed 교수는 노스캐롤라이나 대학교 연구팀과 함께, "서던 호스피탈리티는 미국 남부를 정의하는 데 얼마나 중요한가?"라는 질문을 중심으로 대규모 설문조사를 진행했습니다. 이 조사는 1992년부터 2001년까지 약 10년에 걸쳐 진행된 '서던 포커스 폴 Southern Focus Poll'로, 미국 남부 문화와 정체성에 대해 가장 권위 있는 사회학적 연구 중 하나로 평가받습니다. 결과는 놀라웠습니다. 남부 출신 응답자의 91.5%, 비남부 출신의 89.5%가 서던 호스피달리티가 미국 남부를 상징하는 데 있어 매우 중요하다고 응답한 것입니다.

그렇다면 '친절하고 환대적인 문화'로 대표되는 미국의 남부 지역이란 정확히 어디를 의미하는 것일까요? 미국 인구조사국에 따르면 남부 지역은 미국 본토의 중남부에서부터 남동부에 이르는 총 16개 주로 공식 정의되어 있습니다. 가장 서쪽의 텍사스주에서부터 시작해 그 위의 오클라호마주, 아칸소주를 지나 동부의 델라웨어주에 이르기까지의 넓은 지역이 남부에 포함됩니다. 흥미로운 점은 이처럼 정부가 명확한 지리적 구분을 제시하고 있음에도 불구하고, 정작 많은 미국인들은 어디까지를 남부라고 불러야 할지 혼란스러워 한다는 것입니다. 실제로 학자들 사이에서도 남부의 경계를 어떻게 설정할 것인가에 대한 논의는 오랫동안 이어져 왔습니다. 단순한 지리적 구획만으로는 남부를 정의하기 어렵기 때문입니다. 이렇게 인구조사를 위한 공식적인 지리적 구분 기준이 분명 존재함에도 도대체 어디까지를 남부라고 인식해야하는지 혼란스러워하는 이유는, 바로 문화적인 이유 때문입니다.

어디까지가 미국의 남부인가?

•

리드 교수는 서던 포커스 폴을 설계하며 조사 대상에서 누구를 '남부인'으로 간주할 것인지에 대한 기준을 먼저 설정할 필요가 있었습니다. 그는 이 기준을 단순히 지리적 위치가 아니라, 주민 스스로가 '남부 정체성'을 느끼고 있는지의 여부로 정했습니다. 전통적으로 많은 학자는 미국 남부를 노예제 폐지에 반대하며 미국 연방을 탈퇴해 남북전쟁 당시 남부연합을 구성했던 11개 주—사우스캐롤라이나주, 미시시피주, 플로리다주, 앨라배마주, 조지아주, 루이지애나주, 텍사스주, 버지니아주, 아칸소주, 노스캐롤라이나주, 테네시주—로 한정해왔습니다. 그러나 리드 교수는 여기에 오클라호마주와 켄터키주를 추가하여 총 13개 주를 '문화적 남부'의 범주로 제시했습니다.

이 지역에 거주하는 주민들은 정도의 차이는 있지만, 대체로 스스로를 남부인으로 인식하고 남부 고유의 문화, 전통, 생활 방식에 대해 자부심을 느끼는 경향이 강하게 나타났습니다. 물론 면적이 켄터키주보다 작은 한국에서도 지역마다 문화가 다르듯, 광활한 영토를 지닌 미국 남부 또한 지역 간 문화적 다양성이 존재하는 것은 분명합니다. 그럼에도 불구하고 남부라는 이름으로 묶이는 지역은, 단순히 미국의 남쪽에 위치해 있다는 지리적 의미를 넘어 어떤 강력한 문화적 공통점을 가진 지역이라는 점을 알 수 있는 것이지요.

리드 교수가 이렇게 문화적 특징을 기반으로 미국의 남부 지역이라고 칭한 13개의 주는, 다른 지역과는 확연히 구분되는 별개의 정체성과 문화를 가지고 있어 많은 이의 연구의 대상이 되었습니다. 이 지역의 독특함은 단순한 환대 문화에 그치지 않고 언어, 요리, 예술, 음악,

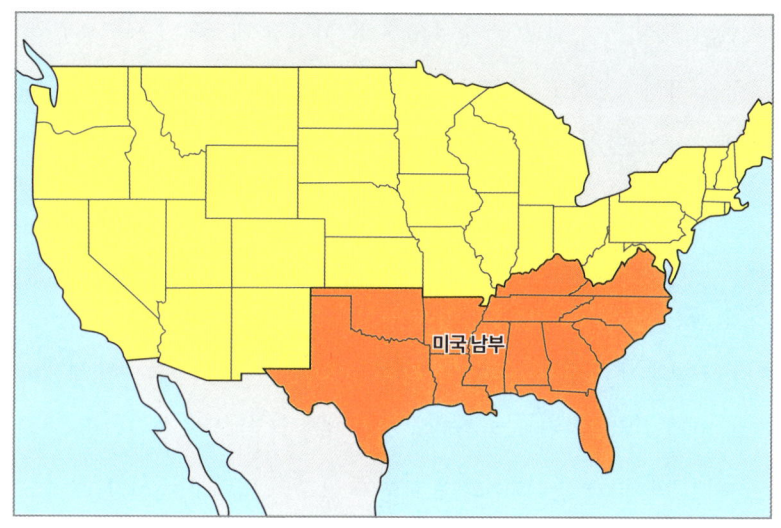

리드 교수가 분류한 남부의 구역

스포츠, 종교 등 사회문화 전반에 걸쳐 다양하게 나타납니다. 가장 눈에 띄는 특징 중 하나는 언어입니다. 미국 남부에서 사용하는 언어는 억양과 발음에서 확연히 다른 특색을 보여주며, 다른 지역 출신 미국인들도 금세 알아챌 수 있을 정도로 뚜렷한 악센트를 지니고 있습니다. 남부 지역의 식문화 또한 독특한데 옥수수로 만든 걸쭉한 죽 같은 그릿츠Grits나 콘브레드, 아이스티 등은 남부 레스토랑의 대표 음식으로 널리 알려져 있습니다. 음악적으로도 남부는 미국 대중음악의 뿌리가 되는 장르들의 발상지입니다. 블루스, 가스펠, 재즈 등은 아프리카계 미국인, 특히 노예 시절 흑인들의 음악적 전통과 결합해 발전해왔으며 그 시작은 대부분 남부 지역에 뿌리를 두고 있습니다. 또한 컨트리 음악 역시 미국 남부 문화적 상징 중 하나로 내슈빌이 세계적인 중심지로 자리매김하고 있습니다. 또한 남부는 미국 내에서도 복음주의 개신교가 가장 강한 영향을 미치는 지역으로 흔히 '바이블 벨트Bible belt'라고 불립니다. 가족 중심적인 가치관과 보수적인 사회관을 생활 전반에 걸쳐 깊게 내면화하고 있으며, 이러한 분위기는 교육, 정치, 여가, 공동체 생활 등 다양한 영역에 영향을 미치고 있습니다.

미국 남부가 가진 독특한 문화적 특징 외에 이 지역의 역사적 부끄러움과 정체성의 복잡함을 함축하는 다른 별명이 하나 더 있습니다. 그것은 바로 '딕시Dixie'입니다. 리드 교수가 남부의 범위를 정의할 때에도, 주요 도시에서 '딕시'라는 단어를 상호명에 사용하는 사업체의 수를 조사할 만큼, 이 단어는 미국 남부를 상징하는 문화적 코드로 널리 통용됩니다. 딕시라는 말의 유래에는 여러 설이 있지만, 가장 널리 알려진 설은 메이슨-딕슨 선Mason-Dixon Line에서 유래했다는 주장입니다.

1700년대 중반, 미국이 아직 유럽의 식민지였던 시기에 펜실베이니아와 메릴랜드 간의 영토 분쟁이 벌어졌습니다. 이를 해결하기 위해 영국인 천문학자이자 측량사였던 찰스 메이슨Charles Mason과 제레미야 딕슨Jeremiah Dixon이 4년에 걸쳐 경계 측량 작업을 실시했고, 그 결과 두 식민지 간의 정확한 경계선이 정해졌습니다. 이 선이 바로 '메이슨-딕슨 선'입니다. 당초 이 선은 단순한 식민지 간의 경계를 표시하기 위한 것이었지만, 시간이 흐르면서 이 경계선은 상징적인 의미를 갖게 되었습니다. 노예제를 반대하는 북부와 노예제를 찬성하는 남부

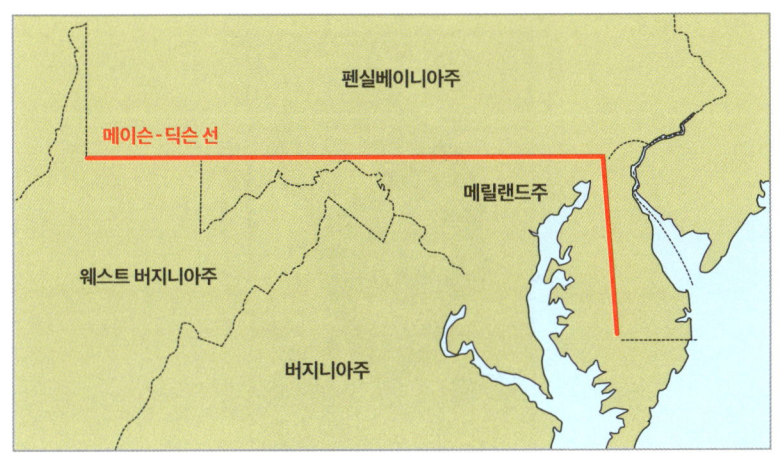

메이슨 딕슨 선

를 나누는 경계선으로 작용하게 된 것이지요. 이 경계선 남쪽에 위치한 주들은 점차 '딕시랜드Dixieland'라고 불렀고 줄여서 '딕시'라는 별명이 붙게 되었다는 것입니다.

딕시라는 단어가 남부의 별명으로 더욱 깊게 뿌리내리게 된 결정적인 계기는 다름 아닌 한 곡의 노래 때문이었습니다. 1859년, 미국의 백인 작곡가 다니엘 디케이터 에밋Daniel Decatur Emmett은 〈I Wish I Was In Dixie's Land(딕시의 땅에 있었으면 좋겠네)〉'라는 제목의 곡을 발표합니다. 제목이 길었던 탓에 사람들은 이 노래를 줄여서 그냥 "딕시"라고 불렀고, 이후 이 곡은 미국 전역에서 널리 불리며 '딕시'라는 단어 자체를 남부의 상징으로 각인시키는 데 결정적인 역할을 하게 됩니다. 이 노래는 당시 유행하던 '민스트렐 쇼Minstrel Show'라는 공연에 등장하면

백인이 흑인으로 분장하고 공연을 하던 한 민스트럴 쇼의 포스터

서 더욱 유명해졌습니다. 민스트럴 쇼는 백인 배우들이 얼굴에 검은 분장을 하고, 흑인을 희화화하며 연기와 노래를 펼쳤던 전형적인 인종 차별적 공연이었습니다. 이 공연은 흑인을 게으르고 멍청하며 유쾌한 농장 일꾼으로 묘사해, 인종 차별적 고정관념을 강화하는 데 강력한 영향을 끼쳤습니다. 민스트럴 쇼는 백인 청중들이 오페라와 같은 예술과는 달리 편하게 즐길 수 있는 대중적인 엔터테인먼트로 기능했지요 (이런 민스트럴 쇼는 이후 20세기 미국의 엔터테인먼트 산업과 음악 산업에도 큰 영향을 미쳤습니다). 이러한 쇼에서 소개되었던 만큼 딕시는, 미국 남부의 농장에서 노예로 일하는 흑인들의 시선에서 남부의 일상을 촌극처럼 묘사하며 흑인들을 희화화하는 인종차별적 인식이 가득 들어가

있던 곡이었습니다.

> 너무 먹으면 조금, 혹은 더 살찌는 메밀 떡과 인디언 반죽도 있네요. 보아라, 보아라, 딕시의 땅을! 괭이질을 하고 돌밭을 갈아요! 나는야 딕시의 땅으로 갈래요! 보아라, 보아라, 딕시의 땅을!

민스트렐 쇼에 소개된 이후 '딕시'는 미국 전역에서 빠르게 인기를 얻기 시작했습니다. 그러던 중, 남북전쟁이 발발하자 이 노래는 노예제 폐지에 반대하며 연방을 탈퇴한 남부연합의 비공식 국가로 자리매김합니다. 흑인을 희화화하고 멸시하는 가사를 담고 있던 이 노래가, 노예제 유지를 위해 무장 투쟁에 나선 남부의 주제가처럼 받아들여졌다는 사실은 '딕시'라는 단어가 얼마나 깊은 비인간성과 인종차별의 상징을 내포하고 있었는지를 여실히 보여줍니다. 이처럼 딕시는 단순히 미국 남부 지역을 가리키는 문화적 명칭에 그치지 않고, 남부의 인종차별적 역사와 이념을 상징하는 단어로 자리 잡았습니다. 바로 이러한 부정적인 역사성과 이미지 때문에, 21세기에 들어서면서 딕시라는 단어는 점차 공공영역에서 사라지기 시작했습니다. 문화 콘텐츠와 상호명, 브랜드 등에서 딕시는 인종차별의 상징어로 인식되어 점차 퇴출되었고, 그 자리는 보다 중립적이고 포괄적인 표현인 '서던 southern, 남부'이라는 단어가 대신하게 되었습니다.

인간의 존엄성에 반하는 노예제를 끝까지 고수했고, 흑인 노예들이

해방된 이후에도 오랜 시간 동안 끔찍한 린치lynch, 법적 절차 없이 가해지는 폭력과 살인가 성행했던 미국 남부, 이른바 딕시 지역에서, 오늘날 '친절하고 따뜻한 이미지'가 남부의 대표적인 특징으로 자리 잡았다는 사실은 실로 아이러니하게 느껴집니다. 도대체 이처럼 어두운 역사와 깊은 트라우마를 가진 남부가, 어떻게 현대 미국에서 가장 친근하고 환대적인 지역으로 인식되는 변화를 겪게 된 것일까요?

이 역설의 기원을 이해하기 위해서는, 먼저 서던 호스피탈리티라는 개념이 언제부터 등장했는지 그 역사적 사용 시점을 추적할 필요가 있습니다. 구글 도서Google Books에 등록된 방대한 문헌 기록을 분석한 통계에 따르면, 서던 호스피탈리티라는 표현이 미국 문헌에 처음 등장한 시점은 1820년대 중반경으로 추정됩니다. 주목할 점은 이 시기가 바로 미국의 남부와 북부 간의 노예제를 둘러싼 정치적 긴장과 적대감이 점차 고조되던 시기라는 점입니다. 남북전쟁이라는 미국 역사상 최대의 내전이 발생하기 불과 수십 년 전, 이미 서던 호스피탈리티라는 표현은 문헌 속에서 남부의 이미지를 형성하는 하나의 문화 코드로 자리 잡기 시작했던 것입니다.

흑인들을 착취했던 남부의 악랄함

1820년대 서던 호스피탈리티라는 표현이 등장하기 약 200년 전인

1619년 8월, 지금의 버지니아주에 위치한 영국의 첫 북미 식민지 제임스타운Jamestown에 화이트 라이언White Lion이라는 이름의 선박 한 척이 정박했습니다. 이 선박의 선장은 존 콜린 조프John Colyn Jope라는 인물이었습니다. 조프 선장은 자신의 배에 실린 '화물'을 식량과 교환하자며 제임스타운 식민 당국에 거래를 제안했습니다. 그러나 그가 말한 '화물'은 곡물이나 가축이 아니었습니다. 그것은 서아프리카 앙골라에서 강제로 실려온 20명의 흑인들이었습니다. 이들은 미국 대륙에 처음으로 도착한 아프리카계 흑인들로, 오늘날 아프리카계 미국인의 역사적 출발점으로 상징되는 사건입니다. 이처럼 인간이 식량과 교환되는 물물거래의 대상이 된 순간, 북미 식민지 사회는 흑인의 존재를 착취 가능한 자원으로 보는 시각을 제도화하기 시작했습니다. 이후 약 47만 명에 달하는 아프리카 출신 흑인들이 북미 대륙으로 강제 이송되며, 노예제는 점차 그 기반을 넓혀갔습니다.

최초에 북미에 도착한 흑인들은 법적으로 노예가 아니었습니다. 당시 이들은 '계약제 하인'이란 신분으로 간주되었고, 정해진 기간 동안 급여 없이 일한 후 자유인이 될 수 있는 조건이 있었습니다. 그러나 시간이 흐르면서 식민지 경제의 급격한 성장과 노동력에 대한 수요 증가로 인해, 식민 당국과 지주들은 흑인 노동자에게 영속적인 예속 상태를 강요하기 시작했습니다. 흑인은 점차 자유를 보장받지 못하는 방향으로 법적 지위를 상실했고, 보다 불평등한 조건 아래 묶이게 되었습니다. 17세기 중반에 이르자 메사추세츠주, 코네티컷주, 버지니아주,

메릴랜드주 등 여러 주에서 노예제를 공식적으로 명문화하기에 이릅니다. 이로써 흑인들은 어떤 보수도 필요 없는 영구적인 노예, 곧 자산이자 매매의 대상이 되었으며, 여성 노예에게서 태어난 자녀마저 자동으로 노예 신분을 물려받는 제도가 만들어졌습니다. 이러한 제도적 정착은 흑인을 단순한 노동자가 아닌 소유물로 전락시키는 법적 장치였고, 결국 미국 남부를 중심으로 한 식민지 사회 전체가 흑인 노예의 착취를 경제적 기반으로 삼는 구조로 전환되었음을 뜻합니다.

이러한 구조는 '백인의 아메리카'와 '흑인의 아메리카'로 분리했고, 인종에 따라 계급이 나뉘자 백인사회를 수평적으로 통합시키는 효과를 가져왔습니다. 그런데 역설적이게도 이런 사회적인 계급의 재편성이, "자유와 평등의 이념에 입각한 새로운 사회를 건설한다"는 미국의 이념적 초석이 되었습니다. 흑인을 노예로 만들어버림으로써 백인들 사이에서만 이룩된, 모순된 자유와 평등인 것이지요.

특히 미국 남부 지역은 흑인 노예에 대한 수요가 가장 급격히 증가한 곳이었습니다. 남부는 기후와 지형, 넓은 토지 등 여러 조건이 농업 생산, 특히 담배, 쌀, 목화와 같은 현금작물 재배에 적합한 환경을 갖추고 있었습니다. 이러한 작물은 노동집약적인 산업 구조를 갖고 있었기에 노동력이 필수적이었고, 농장의 규모가 커질수록 더 많은 인력을 필요로 했습니다. 이로 인해 1750년대에 이르면 북미 식민지 전체에 약 23만 5천 명의 흑인 노예가 존재했으며, 그중 85%가 남부 식민지에 거주하게 되었습니다. 특히 남부 지역에서 노예가 전체 인구에서 차지하는 비율은 약 40%에 달했으며, 이는 북부의 약 5% 수준과 비교해 훨씬 높은 수치였습니다.

19세기에 접어들면서 노예의 수는 급증했고 남부의 농장에서 이들에 대한 대우는 날이 갈수록 잔혹해졌습니다. 하루에 할당된 만큼의 수확을 하지 못할 경우에는 부족한 양만큼 채찍질을 당하곤 했습니다. 한 노예 경매에 참석한 백인 남성은, 경매에서 본 남성 노예의 3/4 이상이 등에 채찍으로 인한 상처가 가득했다고 증언하기도 했지요. 이러한 채찍질은 그나마 일상적인 것이었습니다. 족쇄, 구타, 화형, 신체 절단 등 말로 형언할 수 없는 비인간적인 처벌이 가해졌습니다. 반면에 주인은 노예를 죽였을 경우에도 제대로 된 형사 책임을 지지 않았습니다.

농장 주인들의 성향에 따라 드물게 인간적인 대우를 받는 노예들도 있긴 했지만, 많은 노예가 굶주림, 잔인한 신체적 폭력, 살해 등 비인간적인 대우와 생존의 위협에 노출되었고 이들을 구제할 만한 법적인 구제 수단은 만무했습니다. 이런 처벌들은 불복종이나 규칙을 위반했을 때 교정을 위한 즉각적인 목적이라고 포장했지만, 노예의 소유주나 감독관들이 자신의 권위를 재확인하고 강화하기 위해 대대적으로 이루어지는 측면도 있었습니다. 소유주나 감독관들의 강압에 의해 만들어진 권위는 노예들 스스로가 그런 폭력을 정당한 것으로 받아들이도록 만들었지요. 또 이런 권력 관계의 정당화는 노예들의 행동양식 전체에 스며들었습니다. 흑인은 백인 앞에서 절대 앉아 있을 수 없었고, 남성 노예는 권위 있는 사람과 이야기할 때 모자를 벗어야하고, 주인의 모든 제안에 무조건 동의해야 했으며, 호칭을 사용할 때는 'Sir'이나 'Miss'와 같은 존경어를 반드시 붙여서 사용해야만 했습니다.

노예에 대한 남부 지역의 백인들의 악랄함은 여성 노예에 대한 성적인 학대에서 더욱 드러났습니다. 백인 남성들은 여성 노예들을 '합법적으로' 강간할 수 있었습니다. 이런 충격적인 행태가 가능했던 이유는 노예들의 몸이 법적으로 주인의 소유였기 때문입니다. 이는 당시 남부 지역의 문화와도 연관이 있습니다. 보수적인 남부 지역에서는 백인 여성을 순수하고, 경건하며, 복종적이고, 의존적인 존재로 간주했습니다. 남부의 남성들은 이런 이론을 이용해 남성성을 정당화하고 폭력적인 방식으로 명예를 지키는 관례에 기반해 가부장제를 강화했습니다. 남부의 이러한 풍습 때문에 백인 여성은 우상화된 반면, 흑인 여성들은 착취의 대상에 처해졌습니다.

백인 여성들은 인종적 순수성을 유지해야 했기 때문에 순결을 강요받았습니다. 특히 흑인 남성들과 성관계를 맺는 일은 매우 부도덕하게 여겨졌을 뿐 아니라 남부 사회의 질서에 도전하는 것으로 여겼습니다. 백인 남성들은 자신들의 남성성과 명예를 곧 백인 여성들의 순결과 연결지은 것이지요. 반대로 백인 남성들은 흑인 여성들을 백인 여성의 정반대의 위치에 존재하는 것으로 인식했습니다. 이들은 법적인 보호 아래 흑인 여성들에 대한 성적 착취를 정당화했습니다. 많은 흑인 여성, 심지어 아이와 일부 흑인 남성까지도 주인의 성적 학대에 시달렸습니다. 성폭력과 강간에 그대로 노출된 흑인 여성들은 어떠한 법적 보호도 받을 수 없었지요. 이런 이중적인 남부의 성 규범으로 인해 미국은 수많은 혼혈이 탄생하는 결과를 낳게 되었습니다.

자가당착을 깬 독립혁명

　미국 남부의 노예제도가 더욱 악랄해지게 된 역사적 기원을 이해하기 위해서는, 미국의 독립전쟁 시기를 되짚어볼 필요가 있습니다. 18세기 중반, 영국은 북아메리카 대륙에서 벌어진 프렌치인디언 전쟁에서 프랑스와 그들의 원주민 동맹에 맞서 싸워 승리를 거두었습니다. 유럽에서는 이 전쟁을 7년 전쟁의 일부로 여겨졌으며, 영국은 이 승리를 통해 북미에서 프랑스를 사실상 몰아내는 데 성공했습니다. 하지만 막대한 전쟁 비용은 영국 재정에 큰 부담을 안겼고, 전쟁이 끝난 후 영국 정부는 이를 만회하기 위해 북미 식민지에 대한 조세 정책을 강화하기 시작했습니다. 그 첫 번째 조치로, 1765년 인지세법이 통과되었습니다. 이 법은 신문, 팜플렛, 법적 문서, 증명서 등 북미 식민지에서 유통되는 대부분의 인쇄물에 공인 인지를 부착하고, 그에 대한 세금을 부과하는 내용을 담았습니다. 이에 북미 식민지 주민들은 강하게 반발했습니다. 자신들은 영국 의회에 대표를 보내지 못하는 상황에서 과세만 강요당하고 있다며, 이는 합법적인 영국 시민으로서의 권리를 침해하는 것이라 주장했습니다. 이러한 반발이 최고조에 달한 사건이 바로

1770년의 보스턴 학살이었습니다. 당시 보스턴에서 발생한 시위 도중, 영국군 병사들이 군중에게 발포해 식민지 주민 5명이 사망하는 일이 벌어졌고, 이 사건은 영국에 대한 분노를 전 식민지로 확산시키는 결정적 계기가 되었습니다. 결국 이 모든 사건들은 북미 식민지에서 독립에 대한 열망을 본격적으로 불러일으켰습니다.

그러다 독립전쟁의 본격적인 불씨가 된 사건이 터졌습니다. 당시 북미 식민지에서는 영국처럼 차^{tea}를 즐기는 사람이 많았는데, 두 가지 종류의 차가 판매되었습니다. 영국의 동인도회사에서 정식으로 수입되는 차와 네덜란드 상인으로부터 밀수해오는 차, 이렇게 두 가지 종류였지요. 그런데 정식으로 수입되는 차는 관세를 매겨야 했기 때문에 북미 식민지의 밀수업자들은 상대적으로 차를 싸게 팔아 큰 이익을 보고 있었습니다. 동인도회사가 계속되는 적자에 시달리게 되자 영국 의회는 유통 구조를 바꾸고 '차법$^{Tea\ Act}$'을 통과시켜 관세를 없애는 조치를 취했습니다. 동인도회사가 중간상인을 거치지 않고 중국으로부터 바로 차를 들여와 밀수된 차들 보다 더 싸게 팔 수 있도록 한 것이지요. 상황이 이렇게 흘러가자 북미 식민지의 홍차 밀수상인들은 큰 불만을 품게 되었습니다. 인지세법 등 그간 영국 정부의 일방적인 징세가 부당하다고 생각해왔던 일부 북미 식민지의 사람들은 이렇게 자국의 상인들이 원치도 않는 세법으로 손해를 봐야하는 상황을 가만히 두고 볼 수 없었습니다. 자신들도 영국인과 동등한 권리를 가지고 있는데 자신들의 의견을 대변할 대표도 없이 영국이 자꾸 마음대로 세금과 관련된

법을 정하는 것은 더이상 참을 수 없었던 것이지요.

결국 북미 식민지 주민들은 이전과 차원이 다른 대범한 저항 행동을 결심합니다. 1773년 12월 16일, 이들은 아메리카 원주민처럼 위장한 채, 보스턴 항에 정박해 있던 영국 동인도회사의 무역선에 몰래 올라탔습니다. 그 선박에는 중국 푸젠성에서 생산된 고급 우이엔武夷巖차가 가득 실려 있었습니다. 저항자들은 화물칸에 침입해 도끼로 차 상자를 부수고, 300상자가 넘는 차를 바다에 던져버렸습니다. 오늘날 화폐 가치로 환산하면, 무려 20억 원이 넘는 거액의 손실이었습니다. 이 대담한 사건은 곧 '보스턴 차 사건'으로 미국 역사에 길이 남게 됩니다. 당시 이 행동을 주도한 이들은 자신들을 '자유의 아들들Sons of Liberty'이라 자칭했습니다. 미국 건국의 아버지라고 불리는 새뮤엘 애덤스Samuel Adams나 존 애덤스John Adams등은 이 사건을 옹호하고 중요한 역사적 사건으로 치켜세웠습니다.

보스턴 차 사건은 영국 정부를 경악하게 만들었습니다. 영국 의회는 법의 이름에서 마저 분노가 느껴지는, 북미 식민지 주민들의 권리를 규제하는 법인 이른바 '참을 수 없는 법Intolerable Acts'을 통과시켰습니다. 이 법에 의거해 영국은 동인도회사가 폐기된 차의 배상을 받을 때까지 보스턴 항구를 폐쇄하고 매사추세츠 자치정부를 강제로 해산시켜버렸습니다. 북미 식민지 주민들은 이 조치에 분노하며 집단으로 들고 일어났습니다. 그리고 결국 영국에 대한 미국의 역사적인 독립전쟁이 시작되었습니다. 당시 세계 최고의 강대국이었던 영국과 전쟁을 시작한 북미 식민지는 사람들로 하여금 독립에 대한 여론을 더욱 적극적으로 조성할 필요가 있었습니다.

그 역할을 했던 사람 중 한 명은 북미 식민지의 철학자인 토머스 페인Thomas Paine이었습니다. 그는 미국이 공화국으로서 독립을 통해 얻을 수 있는 이점과 독립에 대한 이념적, 도덕적 정당성을 담은 책《상식Common Sense》을 발간했습니다. 이 책은 첫해에만 10만 부가 팔리는 등 순식간에 베스트셀러가 되면서 북미 식민지 사람들에게 독립에 대한 열망을 불어넣었지요. 페인은 《상식》에서 봉건제와 군주제를 신랄하게 비판하며 인간의 평등권에 대해 다음과 같이 기술하고 있습니다.

"모든 사람은 본래 평등하기 때문에, 아무도 출생에 의해 자신의 가족을 영속적으로 다른 사람들보다 우월한 지위에 둘 권리를 영원히 지닐 수 없다."

페인의 사상은 북미 식민지 주민들의 여론을 형성하는 데 결정적인 영향을 끼쳤습니다. 그의 주장에 힘입어 많은 사람은 군주제를 따르는 영국과 완전히 결별하고, 인간의 기본적인 평등권을 수호하는 독립된 헌법과 민주주의 공화국의 수립이 필요하다고 굳게 믿게 되었습니다. 이러한 여론의 확산은 13개 식민지 주 대표들이 모인 대륙회의Continental Congress에서도 뚜렷하게 나타났습니다. 영국의 부당한 억압과 폭정에 항거해야 한다는 명분 아래, 대륙회의에서는 독립을 지지하는 목소리

13개 식민지 주 대표들이 모인 대륙회의

가 점차 힘을 얻었고, 마침내 1776년 7월 2일, 공식적으로 독립을 결의하게 됩니다. 그리고 7월 4일, 이 결의를 바탕으로 작성된 《미국 독립선언서 Declaration of Independence》가 발표되었습니다. 이 선언서에는 "모든 인간은 평등하게 태어났다"는 인간 기본권의 이념이 명확하게 담겨 있었고, 이는 이후 미국 민주주의의 핵심 정신이자 세계 역사에 큰 영향을 미친 선언으로 남게 됩니다.

"우리는 다음과 같은 사실을 자명한 진리로 받아들인다. 모든 사람은 평등하게 창조되었고, 창조주는 양도할 수 없는 몇 가지 권리를 부여했으며, 그 권리 중에는 생명과 자유와 행복의 추구가 있다."

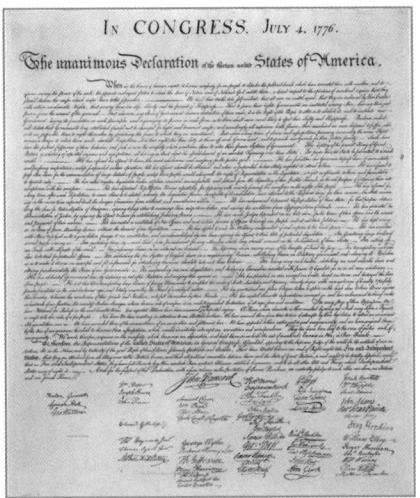

미국의 독립선언서

　인간은 태어나면서부터 자연적 권리를 가지고 있다는 '자연법' 이론과 정부는 개인의 권리를 보호하기 위해 존재하며, 이를 위반하면 국민은 정부를 바꿀 수 있다는 사상인 '사회계약설' 등의 철학이 고스란히 녹아들어 인권 사상의 발전에 큰 기여를 한 이 독립선언서를 작성한 건국의 아버지들은 당대 최고의 지식인들이었습니다. 하지만 여기엔 커다란 모순이 있었습니다. 이들의 삶은 정작 독립선언서의 이념과는 상당히 동떨어져 있었습니다. 미국의 3대 대통령인 토머스 제퍼슨Thomas Jefferson만 보더라도 자신의 농장에 200명에 가까운 노예가 있었고, 일생 600명 이상의 사람들을 노예로 삼았지요. 이 외에도 건국의 아버지들 상당수가 마찬가지로 많은 노예를 거느리고 있었습니다.

'모든 사람은 평등하게 창조되었다'라는 독립선언의 이상은 노예제를 유지하던 현실과 충돌했습니다. 따라서 많은 백인은 독립의 정당성에 내포된 자기모순을 직시하지 않을 수 없게 되었습니다. 영국의 압제에 맞선다면서 인간의 평등권을 논하며 전쟁을 정당화하면서도 대내적으로는 흑인을 억압하고 있는 자가당착. 이것을 벗어나기 위해서라도 일부 북미의 식민지 주들은 노예 폐지 운동에 적극적으로 나설 수밖에 없었던 것입니다.

두 갈래로 나뉜 시선과 한쪽의 끔찍한 정당화

영국에 맞서 싸운 미국의 독립전쟁은 점차 유럽의 여러 국가가 참전하는 국제전의 양상을 띠게 되었습니다. 특히 영국의 오랜 적대국이었던 프랑스는 미국을 지원하며 독립군에 힘을 실었습니다. 이러한 국제적 지원 속에서, 1781년 요크타운 전투에서 프랑스군과 미국 독립군의 연합 부대가 영국군의 주력부대를 결정적으로 격파하게 됩니다. 이 승리를 계기로 전세는 미국에 유리하게 기울었고, 1783년 체결된 파리조약Treaty of Paris을 통해 미국은 영국으로부터 공식적인 독립을 인정받았습니다. 이 독립전쟁에는 흑인 노예들도 다수 참전했습니다. 전쟁이 장기화되면서 미국은 병력 부족을 해소하기 위해, 전쟁에 참여하는 노예에게 전쟁 후 자유를 약속하며 입대를 허용했습니다. 이로 인해 약 2만 명에 가까운 흑인 노예들이 미국의 독립을 위해 싸우게 되었고, 이들 중 일부는 실제로 전쟁 이후 자유를 얻기도 했습니다. 그러나 많은 약속은 지켜지지 않았고, 해방은 제한적으로만 이루어졌습니다. 이러한 가운데, 노예제를 도덕적으로 문제 삼는 목소리가 점차 북부 지역에서 고개를 들기 시작했습니다.

특히 기독교 신앙에 기반한 도덕적 양심을 강조하던 종교인들이 노예제에 반대하는 데 앞장섰습니다. 1775년 필라델피아에서는 미국 최초의 노예제 폐지 협회가 창설되었는데, 이 단체는 개신교의 한 분파인 퀘이커quakers 교도들이 주도한 것이었습니다. 퀘이커들은 인간 평등과 비폭력, 박애를 중시하며 노예제를 신앙의 본질에 반하는 죄악으로 간주했지요. 이들과 뜻을 같이한 다른 청교도 계열의 종교인들 역시 노예제를 반대했습니다. 예컨대 존 애덤스와 새뮤얼 애덤스와 같은 당시 유력한 정치 지도자이자 청교도 신앙을 가진 인물들은 자발적으로 자신이 소유한 노예를 해방하기도 했습니다. 기독교 신앙에 기반한 반노예제 운동은 북부 여러 주에서 도덕적, 사회적 여론을 이끌며 큰 영향을 미쳤고, 이는 이후 북부 주들이 비교적 빠르게 노예제 폐지의 길로 나아가는 데 결정적인 역할을 하게 되었습니다. 1777년 버몬트주를 시작으로, 1780년 펜실베이니아주, 1783년 매사추세츠주와 뉴햄프셔주, 1784년 코네티컷주와 로드아일랜드주, 1799년 뉴욕주, 1803년 뉴저지주에 이르기까지, 대부분의 북부 주들은 순차적으로 노예제를 불법화하는 법을 통과시켰습니다. 그리고 1808년에는 노예 무역 자체를 금지하는 법안까지 연방 차원에서 제정되었습니다.

그렇다면 왜 노예제 폐지를 주장하는 도덕주의적 관점이 북부에서 더 쉽게 설득력을 가질 수 있었던 것일까요? 그 배경에는 남북 간 경제 구조의 뚜렷한 차이가 자리하고 있습니다. 북부 지역은 기후와 토양이 남부처럼 대규모 농장 운영에 적합하지 않았습니다. 대신 철, 구리 등 천연자원이 풍부하고, 유럽에서 유입되는 대규모 이민자 노동력 덕분에 산업과 제조업 중심의 경제가 발달했습니다. 이러한 경제 구조는 자연스럽게 도시화를 촉진했고, 농업 부문에서의 노동력 수요는 점점 감소하게 되었지요.

특히 19세기 중반에 이르면, 북부 주민의 1/4 이상이 도시 지역에 거주하게 되었고, 이민자 노동자들이 노예 노동을 대체하는 역할을 하게 됩니다. 실제로 이민자의 약 87%가 제조업 노동을 위해 북부 도시로 정착했다는 분석도 있습니다. 이런 큰 구조적 흐름은 노예제 폐지를 주장하며 도덕성에 호소하는 목소리들을 큰 거부감없이 받아들일 수 있는 바탕이 되었습니다. 물론 그렇다고 북부 주에서 노예제 폐지의 거대한 흐름에 따라 흑인 노예를 동등한 존재로 받아들인 것은 결코 아니었습니다. 기본적으로 북부 역시 흑인은 백인에 비해 인종적으로 열등하다는 인식이 파다했지요. 그럼에도 불구하고 북부에서 노예제도는 최소한 제도적으로는 사라지게 되었던 것입니다.

반면, 남부는 북부와는 전혀 다른 경제 구조와 상황에 놓여 있었습니다. 남부는 비옥한 토양과 따뜻한 기후 덕분에 농업 수익성이 매우 높았으며, 이러한 조건 위에 대규모 농장 체제인 플랜테이션plantation이 자리 잡고 있었습니다. 전체 노동력의 약 80%가 이 플랜테이션에서 일할 정도로, 농업은 남부 경제의 절대적인 축이었고, 이에 따라 산업 발전에 대한 필요성은 거의 느끼지 못하는 구조였습니다. 이러한 남부의 경제 구조는 1793년, 하나의 혁신적인 발명품으로 인해 더욱 고착화되었는데, 그것이 바로 일라이 휘트니Eli Whitney가 발명한 조면기였습니다. 매사추세츠 출신의 휘트니는 조지아주의 한 농장을 방문했다가, 흑인 노예들이 목화솜에서 씨앗을 손으로 일일이 제거하느라 손에 피가 맺힐 정도로 고된 노동을 하는 모습을 보고 충격을 받았습니다. 그는 노예들의 고된 노동을 줄이고, 나아가 노예제의 종말을 앞당기길 바라는 마음으로 조면기를 고안하게 됩니다.

조면기는 목화에서 씨앗을 자동으로 분리해주는 기계로 기존보다 훨씬 빠르고 효율적으로 작업을 처리하고 작업 비용을 급감시켰습니다. 그러나 휘트니의 의도와는 달리 조면기의 발명은 면화 산업의 생산성과 수익성을 폭발적으로 증가시켰고, 이에 따라 남부에서는 더 넓은 면적에 더 많은 면화를 재배하게 되면서, 오히려 노예 노동에 대한 수요가 더욱 급증하는 역설적인 결과를 낳게 되었습니다. 결과적으로 19세기 초에 들어서며 남부의 노예제는 급격히 확산되었고, 노예 노동은 남부 경제에서 떼려야 뗄 수 없는 필수 조건으로 자리 잡게 됩니다. 1860년에는 면화가 미국 전체 수출의 65%를 차지할 정도로 중요해졌고, 남부인들에게는 노예제 없이는 경제적 번영이 불가능하

면화 따는 흑인 가정

다는 인식이 뿌리내렸습니다. 이처럼 휘트니가 노예제 완화를 기대하며 개발한 조면기는 오히려 노예제를 강화시키는 도구가 되어버렸고, 결과적으로 남부는 도덕이나 인권보다도 경제적 필요에 따라 노예제를 더욱 강력하게 옹호하는 방향으로 나아가게 되었습니다.

이렇게 남부 지역이 농업 중심의 경제기반으로 더욱 고착화되자 도시화는 지지부진해졌습니다. 주민의 1/10만이 도시 지역에 거주했고, 농업 이외의 산업 발달은 지체되었지요. 그리고 더 큰 문제는, 이렇게 농업에 치우친 경제 시스템 때문에 사회의 구조가 더욱 계층화되어버렸다는 것입니다. 토지 소유자의 6%가 총 소득의 1/3 이상을 차지할 만큼 부의 불평등이 심해졌고, 결과적으로 토지를 소유한 주인 계층,

소작농 계층, 가난한 백인, 노예 계층으로 철저한 계급화가 이루어졌습니다. 그리고 노예제는 어느덧 남부 사회구조를 이루는 핵심이 되어 노예제가 없이는 사회가 유지될 수 없는 수준까지 이르게 되었지요. 사회가 철저히 계급화되다보니, 당연히 이민자들은 남부로의 이주를 꺼리게 되었습니다. 아메리칸 드림을 꿈꾸는 이민자들은 기회가 부족하고 귀족적인 문화가 있는 남부보다 평등한 사회구조를 가진 북부를 선호했습니다. 이런 이유로 남부는 인구와 산업화 면에서 모두 북부에게 압도되고 말았습니다. 1860년의 인구조사를 바탕으로 계산한 한 통계치를 따르면, 미국 전체 인구 중 북부와 남부의 비율은 1790년 50.4% 대 49.6%로 대등했으나, 1860년에 이르면 60.5% 대 39.5%로 크게 벌어지게 되지요. 이렇게 남부에서 노예제가 사회적 경제적 중심 특징이 되면서 북부와의 격차와 갈등이 심화되던 시기를 '안테벨룸 antebellum' 시기라고 부릅니다.

남부 주민들은 북부보다 뒤처진 인구와 경제력으로 정치적 영향력이 약해질 것을 우려하며 위기감을 느꼈고, 이는 정체성의 위기로까지 번졌습니다. 노예제에 의존한 계급 구조는 남부 사회를 궁지로 몰았고, 특히 플랜테이션 지주층은 기득권 유지를 위해 노예제를 정당화하려 했습니다. 노예제는 그들에게 단순한 제도가 아닌 정체성과 부의 근간이었습니다. 점점 거세지는 노예제 저항과 도망, 반란의 불안 속에서 오히려 통제는 더욱 강화되었습니다.

무엇보다도 가장 악랄했던 정당화 방식은 종교를 통한 노예제의 옹호였습니다. 남부의 많은 교회와 목회자들은 성경의 내용을 왜곡해 노예제에 정당성을 부여하려고 했고, 이는 미국 남부 백인 사회에 깊이 뿌리내린 논리로 자리 잡게 되었습니다. 구약성경 창세기 9장에는 노아가 자신의 세 아들인 셈, 함, 야벳 중 자신의 나체를 본 함의 아들(가나안)을 저주하는 내용이 등장합니다. 남부 지역 백인 교회들은 이 내용을 왜곡해 함이 저주를 받은 것이고 그가 흑인의 조상이라는 해석을 펼쳤습니다. 함이 저주를 받았으므로 그의 자손인 흑인이 노예가 되는 것은 하나님이 정한 질서라는 것입니다. 본문의 문학적 의도나 역사적 사실과도 전혀 맞지 않는 이런 해석은 리처드 퍼먼Richard Furman이나 제임스 손웰James H. Thornwell과 같은 남부 지역 목회자들을 통해 백인 사회에서 기정 사실처럼 받아들여지기 시작했습니다. '흑인들은 노예로 살아가야 하는 운명'이라는 그들의 믿음을 신학적으로 뒷받침하는 근거로 사용한 것이지요. 남부 침례교 협회의 회장이기도 한 퍼먼 목사는 "노예를 보유할 권리가 계명에 명확하게 확립되어 있다"는 성경의 본질과는 전혀 다른 주장을 펼치면서, 많은 남부인이 종교적 신념에 따라 노예제가 정당하다고 믿게 되는 끔찍한 결과를 낳게 되었습니다.

 이런 왜곡된 이념을 설파했던 건 남부의 종교지도자들 뿐만이 아니었습니다. 미국 남부 사우스캐롤라이나주의 주지사였던 제임스 해먼드James H. Hammond는 노예제가 있어야만 사회가 진보할 수 있다는 논리를 펼쳤습니다. 그는 1858년 3월 4일 미국 상원 연설에서 '토대이론Mudsill Theory'이라는 악명 높은 주장을 펼쳤습니다. 한 사회가 진보하고 문명화되기 위해서는 반드시 그 아래에서 무거운 짐을 떠맡는 계급이 존재해야 한다며, 노예 계급은 마치 건축물의 토대처럼 필수 불가결한 존재라고 주장했습니다. 당시 남부의 사회 이론가이자 노골적인 인종주의자였던 조지 피츠휴George Fitzhugh는 해먼드보다 한층 더 극단적인 논리를 내세웠습니다. 그는 흑인이 태생적으로 아이 같은 존재라고 묘사하며, 선천적으로 게으르고 지적 능력이 부족하며 충동적이기 때문에 법과 자유를 감당할 수 없는 존재라고 주장했습니다.

이처럼 터무니없는 주장을 거리낌 없이 펼칠 수 있었던 데에는, 19세기 당시 미국과 유럽에서 유행하던 골상학骨相學이라는 유사과학의 영향도 컸습니다. 골상학은 인종마다 서로 다른 두개골의 크기와 구조가 인간의 성격, 지능, 행동양식에 영향을 준다는 주장을 내세운 이론으로, 현재는 전혀 과학적 근거가 없는 것으로 판명된 사이비 학문입니다. 그럼에도 불구하고 당시 수많은 의사와 인류학자들이 골상학을 근거로, 흑인이 백인보다 도덕성과 지적 능력이 떨어진다는 주장을 정당화하는 데 활용했습니다. 이러한 골상학은 노예제를 옹호하던 미국 남부 지식인들과 정치인들에게 일종의 '과학적 정당성'을 부여하는 도구로 이용되었고, 피츠휴와 같은 인종주의자들이 노예제를 당연하고 필연적인 사회 질서로 받아들이도록 만드는 데 일조했습니다.

그 결과, 노예제는 종교적, 인종주의적, '과학적' 논리에 의해 삼중으로 정당화되면서 그 잔혹함 또한 극단적으로 심화되었습니다. 백인은 본질적으로 우월하고 흑인은 열등하다는 믿음이 사회 전반에 퍼지면서, 농장주 – 빈곤 백인 – 흑인 노예로 이어지는 철저한 위계질서는 정당한 것으로 여겨졌습니다. 이와 같은 질서 속에서 흑인들에게 가해지는 폭력, 고문, 성적 학대는 단지 잔혹한 행위가 아니라, 질서를 유지하기 위한 필수 요소처럼 인식되기까지 했습니다. 그 결과 흑인 노예들은 전방위적 억압에 놓이게 되었고, 남부 주의 일부 도시에서는 1800년대 중반 해마다 노예 인구의 10%가 사망했다는 기록이 있을 만큼 극심한 피해를 입었습니다. 한편 이렇게 노예제는 점차 악랄해지는 가운데, 남부의 더럽혀진 도덕적 이미지를 긍정적으로 세탁하려는 움직임들도 보이기 시작했습니다. 마침내 서던 호스피탈리티의 '만들어진' 신화가 시작된 것입니다.

위기의식 속에 포장된 친절함의 이미지

앞서 살펴본 것처럼, 서던 호스피탈리티라는 표현이 미국 문헌에 본격적으로 등장하기 시작한 것은 1820년대 중반부터였습니다. 이 시기는 남부와 북부 간의 인구와 경제력의 격차가 점차 벌어지기 시작하던 시점이자, 북부에서는 노예제 폐지 운동이 본격화되고, 남부에서는 법적으로는 물론 도덕적으로까지 노예제의 정당성을 적극적으로 방어하던 시기이기도 합니다. 다시 말해, 노예제를 둘러싼 남북 간의 갈등이 첨예해지던 시기였던 것이지요. 하지만 양측의 갈등이 커졌다고 해서, 연방을 유지하려는 정치적 노력까지 사라지지는 않았습니다. 실제로 남북의 정치 지도자들은 연방을 유지하기 위한 여러 타협안을 추진해왔습니다. 적어도 연방 자체를 깨뜨릴 수는 없는 노릇이었기 때문에, 1820년의 미주리 타협, 1850년 타협과 같은 일련의 타협 조치들을 취해가며 대척점에 있는 서로의 입장에도 불구하고 아슬아슬하게 통합과 세력 균형을 유지하고 있었지요.

이처럼 정치적 갈등이 첨예해지고, 노예제를 둘러싼 도덕적 논쟁이 전국을 휘몰아치던 1820~50년대, 공교롭게도 남부 엘리트 계층의 귀족적이고 화려한 환대 문화가 미국 전역에서 주목받기 시작합니다. 남부의 플랜테이션 소유주들은 자신들의 환대 문화를 과시하며, 자기들이 노예제 기반 위에 서 있음을 감추려는 이미지 전략을 구사하게 됩니다. 이 시기, 남부의 따뜻함과 고상한 매너를 칭송하는 문화적 서사가 형성되며 서던 호스피탈리티라는 개념이 대중화되기 시작한 것입니다. 슈체시울은 이 시기 남부의 환대문화 이미지가 어떻게 자리 잡을 수 있었는지 아주 설득력 있게 분석하고 있습니다.

전쟁 전 많은 남부의 백인들은 환대를 나그네에게 음식으로 대접하고 선을 행하는 미덕으로서, 성경의 가르침으로 생각했습니다. 더군다나 인구 밀집도가 높아 여행자와 여관이 흔했던 북부에 비해 농장들 간의 거리도 멀고 인구 밀집도가 낮아 여행자와 여관이 흔하지 않았던 남부에서는, 손님을 집으로 초대해 호화롭게 환대하는 문화가 농장 소유주 계층 사이에서 더욱 잘 정착되어 있었지요. 그런데 신앙이나 지리적 요소보다 더 중요한 점이 있었습니다. 북부와의 관계에 있어서 정치적 분위기가 격화되고 경제 및 사회적 조건이 변화하는 가운데 당시 남부의 상위 계층들이 처한 입장을 한번 생각해봅시다.

노예제도가 자신들의 사회적 기득권을 유지하는 필수 요소가 되었지만, 남부 상위 계층의 정치, 경제적 입지는 점점 궁지에 몰렸습니다. 이런 가운데 환대는 남부 사회에서 이들이 갖고 있는 지배력과 자존심을 보여주는 좋은 도구가 될 수 있었습니다. 손님을 집으로 초대하는 것은 자신의 부와 지배력, 권력을 과시할 기회이기도 했기 때문이지요. 그도 그럴 것이 남부의 많은 백인 남성들 사이에서 환대는 그들의 명예와도 깊이 연관되어 있습니다. 실제로 당시 환대나 상류계층 간의 선물 교환 등은 많은 경우 그 안에 경쟁의식과 강압적인 의무감 같은 감정들이 깃들어 있었지요. 한 역사가는 환대가 손님들에게 자신의 부를 공개적으로 보여줄 수 있다는 점에서, 농장과 집이 남부 남자들에게는 일종의 '자아의 확장'이라고 표현하기까지 했습니다.

19세기 초중반이 지나면서, 남부의 환대 문화는 점차 잡지, 신문, 소설 같은 인쇄 매체를 통해 널리 퍼지고 재생산되기 시작했습니다. 그런데 이 문화는 부정적으로 묘사되기보다는, 따뜻하고 긍정적인 이미지로 미화되어 전달되었습니다. 예컨대 1826년, 뉴햄프셔의 한 신문에 실린 기사에서 기자 포스터[A. Foster]는 사우스캐롤라이나주의 한 대농장을 방문한 자신의 경험을 소개했습니다. 그는 며칠간 머무르며 본

농장의 모습을 우아하고 귀족적인 저택으로 묘사했고, 이곳에서 누릴 수 있었던 '원하는 모든 것'을 극찬했습니다. 여기서 말하는 '모든 것'에는 환대를 베푸는 주인의 소유물인 흑인 노예까지 포함되어 있었으며, 손님은 그 기간 동안 사실상 노예의 소유자가 된 것처럼 노예들을 부릴 수 있었습니다. 이 기사는 북부의 독자들에게, 그들이 직접 경험할 수 없는 남부만의 귀족적 환상과 매혹적인 일상에 대한 강한 인상을 남겼습니다.

1853년에는 북부의 대표적 여성 잡지인 고디의 레이디북Godey's Lady Book에 한 단편소설이 실렸습니다. 이 작품은 남부 출신의 부인이 북부 오하이오주에 사는 사촌 부부의 집을 방문하며 겪는 문화적 충돌을 중심으로 전개됩니다. 호화롭고 과시적인 환대에 익숙한 그녀는, 하인을 두는 것조차 낭비로 여겨지는 북부의 실용적이고 절제된 생활 방식에 당황하게 됩니다. 소설은 북부의 환대 문화를 차갑고 냉정한 것으로 묘사하면서, 남부의 환대는 고귀하고 풍요로운 전통으로 대조적으로 그려냅니다. 이처럼 남부의 환대는 점차 북부에서는 사라져가고 있는 미덕과 귀족적 유산의 상징으로 떠오르게 되었고, 인쇄 매체를 통해 그러한 이미지가 더욱 강하게 각인되어 갔습니다.

이 외에도 남부의 일상을 묘사한 많은 인쇄물이 지속적으로 퍼져나가자 남부는 특정한 이미지를 점차 형성해가게 되었습니다. 하필이면 북부의 경제발전에 따른 남북간의 격차와 노예제에 대한 첨예한 갈등이 심화되던 시기에 소개된 이런 인쇄물들은 독자들로 하여금 남부의 새로운 면모를 보도록 만들었습니다. 미국이 산업화되면서 점차 잃어버리고 있는 따뜻하고 관대한 환대에 대한 향수를 남부의 이미지를 통해 느끼도록 만든 것이지요. 북부의 산업화가 실용주의와 세속화 그리고 소비지향적인 문화를 상징하는 것처럼 되면서, 반대로 남부의 환대 문화는 이런 것들에 대항하는 대안으로 포장되었습니다. 동시에 남부 지역의 상위 계층 스스로에게도 이런 남부의 이미지는 정치적 대립 속에서 느끼는 자신들의 불안을 배출할 수 있는 통로였습니다. 나그네에게 아낌없이 베푸는 '상상 속의 남부'를 통해 이들은 스스로를 북부와 뚜렷하게 분리되는 우월한 문화의 구성원으로서 정의했습니다. 그럼으로써 북부의 백인들로 하여금 노예제로 더럽혀진 남부의 도덕적 이미지를 친절한 환대의 이미지로 덮어버림과 동시에 자신들의 예외주의와 우월성을 미묘하게 확인시킬 수 있다고 믿었던 것이지요.

링컨의 암살과 짐 크로우의 그림자

노예제를 둘러싼 남북 간의 대립은 끝내 봉합되지 못했습니다. 갈등이 최고조에 달하자, 이른바 딥사우스Deep South로 불리는 남부의 7개 주—사우스캐롤라이나주, 미시시피주, 플로리다주, 앨라배마주, 조지아주, 루이지애나주, 텍사스주—는 1860~61년에 걸쳐 연방을 탈퇴하고, 자신들만의 미승인국인 남부연합Confederate States of America을 수립했습니다. 이어 1861년 4월, 이 남부연합이 사우스캐롤라이나주 찰스턴 항에 위치한 연방 소속 군사 요충지 섬터 요새Fort Sumter를 공격하면서 남북전쟁이 발발하게 됩니다. 전쟁이 본격화되면서 추가로 버지니아주, 아칸소주, 노스캐롤라이나주, 테네시주 등 4개 주가 남부연합에 합류하여, 총 11개 주가 남부의 기치 아래 북부 연방정부에 맞서 싸우게 되었습니다. 이들이 사용한 남부연합기Confederate Flag는 오늘날까지도 인종차별과 분리주의의 상징으로 논란이 되고 있습니다.

전쟁이 장기화될수록 산업화와 인구 면에서 압도적인 우위를 지닌 북부의 전력을 남부가 뛰어넘기에는 역부족이었습니다. 특히 북부는 유럽 이민자들의 유입을 통해 지속적으로 병력을 충원했고, 전쟁 중 탈출한 약 18만 명에 이르는 흑인 노예들이 북부군에 자원입대하며 군사적 전력에서도 남부를 크게 앞섰습니다. 결국 4년 만에 남부는 패배하였고 남부연합은 해체되고 말았습니다. 남부의 패배와 함께 마침내 남부 사회의 질서를 견고하게 지탱하던 노예제 역시 붕괴되었지요. 1865년 전쟁의 종식과 더불어 수정 헌법 13조에는 노예제의 폐지가 명문화되었습니다. 이로써 노예들은 공식적으로 그들을 200년간 묶어 왔던 사슬에서 벗어나게 되었습니다.

남북전쟁 종전 직후, 노예제를 폐지하고 재건 정책을 본격적으로 추진하려던 링컨 정부는 예상치 못한 충격적인 사건을 맞이하게 됩니다. 노예제 폐지를 강력하게 반대하며 링컨에게 극렬한 분노를 가진 남부 출신의 배우 존 윌크스 부스John Wilkes Booth가 링컨 대통령을 총으로

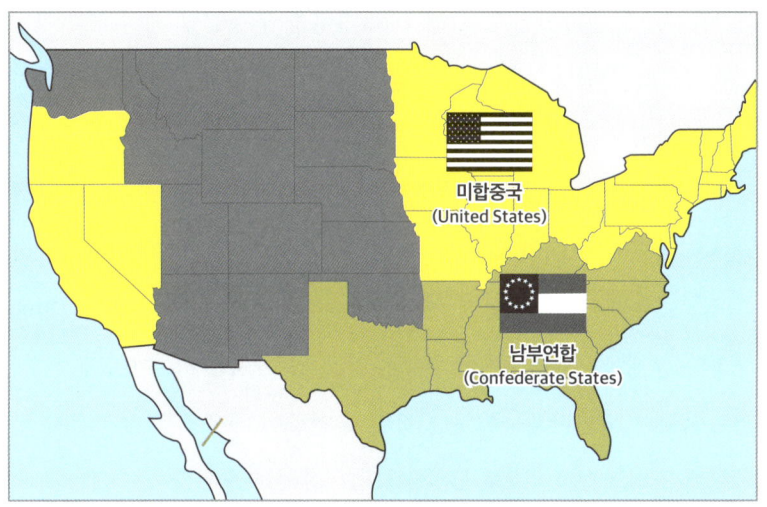

남북 전쟁 시, 미합중국과 남부연합 지도

쏴 암살하는 사건이 발생한 것입니다. 링컨 대통령이 암살되자 그 뒤를 남부 출신의 부통령 앤드루 존슨Andrew Johnson이 잇게 되었습니다.

하지만 그의 승계는 끝내 자유를 찾은 흑인들의 기대를 완전히 저버리는 방향으로 상황이 전개되었습니다. 노예 소유주이기도 했던 존슨 대통령은 공식적으로 자유민이 된 흑인들에 대해 여전히 가해지는 차별을 방치했습니다. 이런 정부의 성향에 편승해 남부는 흑인을 결코 동등한 자유민으로 대하지 않았습니다. 오히려 이들은 과거의 노예제도와 유사한 흑인단속법을 제정하려고 시도했습니다. 노예제 폐지를 주장하던 공화당 의원들은 깜짝 놀랐지요. 의회를 장악하고 있던 공화당 의원들은 흑인들의 시민권과 법적 보호를 보장하는 최초의 민권법을 1866년에 통과시켰고, 이어 1868년에는 수정헌법 제14조로 이를 헌법적으로 확립했습니다. 또 1870년에는 수정헌법 15조를 확정시켜 흑인의 투표권도 보장했습니다.

하지만 그 뿐이었습니다. 남부 지역 사람들은 그동안 노예제를 통해 쌓아온 흑인들에 대한 혐오와 백인들의 우월의식을 버리지 못했습니다. KKKKu Klux Klan, 백동백 기사단Knights of the White Camelia, 루이지애나 백인동맹White League of Louisiana과 같은 남부 지역을 기반으로 한 백인우월주의 비밀단체들이 준동하며 흑인들이 투표권을 행사하지 못하도록 조직적으로 위협하고, 폭행하고, 살해하는 일들이 벌어지기 시작한 것입니다. 안타깝게도 재건 시대 존슨 정부는 이런 일들이 자행되는 것들을 막지 못하고 사실상 방치하고 말았습니다. 남북전쟁 이후 황폐화된 남부를 재건하는 과정에서 지도자들의 관심은 국가적 화해와 재결합으로 초점이 맞춰졌습니다. 그리고 노예제를 옹호했던 남부연합 지도자들에 대한 대사면이 이루어지는 등 철저한 처벌은 이루어지지 않았습니다. 이 때문에 완전한 의미에서의 흑인 노예의 해방은 잠시 뒤로 밀려나게 되었지요. 정치적 화합을 이루는 대신 완벽히 꺼지지 못한 이 인종주의의 불씨는 남부 백인 사회에 그대로 남겨졌습니다. 이 불씨가 이후 미국 사회에 어떤 심각한 후폭풍으로 돌아올지 누구도 깨닫지 못한 채 말이지요.

공교롭게도 재건과 남북 간의 화해 분위기 속에서, 북부에서 남부로 향하는 여행자가 급증했습니다. 그 결과 많은 여행문학 작품들이 등장했지요. 이 시기에 쓰인 남부를 배경으로 한 여행문학은 남북전쟁을 일으킨 반역의 남부나 인종차별의 상징인 남부의 이미지를 지우고, 오히려 따뜻하고 낭만적인 남부를 새롭게 그려냈습니다. 에드워드 폴라드의 《버지니아 관광객The Virginia Tourist》은 남부의 목가적인 풍경과 남부인 특유의 환대를 강조했고, 존 프랭클린 코완의 《남부의 새로운 침략A New Invasion of the South》은 남북 간의 화해와 연대를 낙관적으로 묘사했습니다. 또한 토머스 넬슨 페이지의 《올드 버지니아의 사회생활Social Life in Old Virginia》은 남부 농장의 낭만화된 풍경, 자상한 백인 농장주와 '행복한 노예'라는 왜곡된 이미지를 통해 남부를 이상화했습니다. 하지만 정작 이 시기의 남부는 당시 유행하던 여행문학들 속에 그려진 따뜻한 남부의 모습과는 전혀 달랐습니다. KKK단의 불법적인 린치는 백인의 우월성을 존중하지 않는 흑인의 행동 전반으로 확대되었습니다. 남북전쟁이 끝난 이후 12년간 최소 2천 명 이상의 흑인이 남부 백인의 린치에 의해 살해되었지만 아주 극소수만 처벌받았지요.

불법적인 폭력으로 뿐 아니라 아예 법적으로 흑인들을 억압하는 작업도 시작되었습니다. 남부의 패배 이후 줄곧 남부에 주둔해오던 연방군이 1877년 철수하자마자 정치권력을 되찾은 백인들은 짐크로우법Jim Crow laws을 제정했습니다. 짐크로우라는 이름은 민스트렐쇼에서 흑인 분장을 한 백인 배우가 부른 〈점프 짐 크로우Jump Jim Crow〉라는 노래에서 따온 말이었지요. 짐크로우법 아래에서 흑인들은 노골적으로 온갖 차별과 수모를 겪게 됩니다. 문해력을 테스트한다는 명목으로

백인, 흑인이 분리된 식수대

터무니없이 어려운 문제를 낸 뒤 이를 통과하지 못한 흑인들은 투표권을 박탈당했습니다.

　반면 백인들에게는 문맹들이 봐도 알 수 있는 아주 쉬운 문제를 내서 투표권을 보장했지요. 남부에서 흑인 유권자가 사라지니 흑인들을 대변할 정치인들은 있을 리 만무했습니다. 결국 흑인들이 겪는 차별과 불이익은 자연스럽게 사회 시스템의 모든 면에서 가해졌습니다. '흑인과 백인을 분리하되 평등하게'라는 괴이한 논리로 흑인들은 공립학교, 공공장소, 대중교통, 화장실, 식당, 식수대 등에서 백인들과 철저히 분리되었습니다. 물론 분리된 곳은 당연히 훨씬 열악한 환경이었지요. 군대, 직장은 물론 주거지 선택에서도 흑인들은 분리되었습니다. 교육, 사회, 정치, 경제 모든 면에서 흑인들은 합법적으로 기회를 빼앗기고 배제된 것입니다. 짐크로우법 때문에 수많은 남부의 흑인들이 자유를 찾아 북동부와 중서부로 대대적인 이주를 떠났는데 그 수가 무려 600만 명이 넘었지요. 이 짐크로우법은 민권 운동과 인종주의자들의 저항 사이의 길고 치열한 접전 끝에, 제정된 지 약 90년이 지난 1965년에 이르러서야 무효화되었습니다.

여전히 남은 차별의 그림자

민권운동의 결실로, 인종차별을 법적으로 철폐한 역사적 전환점이 찾아왔습니다. 1964년, 연방 의회는 인종, 피부색, 종교, 성별, 출신 국가에 따른 차별을 금지하는 민권법을 제정하였고, 이듬해인 1965년에는 흑인 유권자에 대한 조직적인 억압을 막기 위한 투표권법도 통과되었습니다. 이 두 법안은 미국에서 오랫동안 제도화되어 있던 인종차별을 법적 차원에서 철폐하는 중대한 이정표가 되었지요. 그러나 법이 바뀌었다고 해서 사회의 인식이 곧바로 변화한 것은 아니었습니다. 미국 남부에서는 백인 우월주의적 사고방식과 흑인에 대한 미묘한 배제의 정서가 여전히 뿌리 깊게 남아 있었습니다. 많은 남부 백인들은 과거 노예제와 인종분리 정책에 대해 진심 어린 사과나 역사적 책임을 수용하는 데 소극적이었고, 제도 개혁과는 별개로 차별적인 태도가 문화와 관습 속에 지속되었던 것이 사실입니다.

그동안 여행문학이 남부를 따뜻한 향수의 고장으로 그려내면서 어느덧 관광업은 남부의 큰 수익 창출원으로 확고히 자리 잡게 되었습니다. 미국에서 가장 성공한 매거진 중 하나인《서던 리빙 Southern Living》은 음식과 접대, 정원 가꾸기, 여행 등 남부의 라이프스타일을 세련된 느낌으로 소개하고 포장했습니다. 하지만 각종 유혈사태가 일어나며 흑인 민권운동이 가장 활발하던 1960년대에 창간된 서던 리빙은, 남부에서 자행되고 있던 흑인들의 인권유린과 고통의 문제는 전혀 언급하지 않았습니다. 남부 백인사회의 아픈 과거에 대해서 철저히 외면한 대신 남부의 문화를 유쾌하고 현대적인 방식으로 다루었지요. 이런 서던 리빙은 빠르게 독자층을 늘려 남부 여성 5명 중 1명 꼴로 구독하는 남부의 전통이자 자부심으로 자리매김했습니다. 남부 중산층 백인들의 정체성이 된 것입니다.

이와 함께 여기서 소개되는 라이프스타일의 이미지들은 조금씩 미묘한 방식으로 백인들의 특권을 강화했습니다. 서던 리빙 발행 초기 잡지 속 흑인들의 이미지는 호텔직원, 가정부, 웨이터 등 백인들을 위한 서비스에 종사하는 등, 철저히 보조적인 역할로 채워졌습니다. 잡지를 발행하는 쪽에서 이렇게 흑인들을 교묘하게 배제하는 시도를 했다면 독자들 쪽에서는 노골적으로 인종적 우월의식을 드러내는 경우도 있었습니다. 잡지에 백인과 흑인이 함께 피크닉하는 장면이 나왔다는 이유로 5,000명이 구독을 취소하는 해프닝이 벌어지기도 했습니다.

남부의 이미지에서 흑인들이 소외되는 현실은 오늘날에도 여전히 지속되고 있습니다. 이를 잘 보여주는 사례 중 하나는 남부 지역의 관광지가 배포하는 홍보용 브로슈어에 나타나는 시각적 이미지들입니다. 2008년, 한 연구팀은 노스캐롤라이나주의 95번 고속도로에 위치한 관광안내센터에서 배포된 275개의 관광 브로슈어를 수집해 분석했습니다. 이들은 브로슈어에 실린 총 1,989장의 인물 사진을 검토했는데, 그중 흑인이 등장하는 사진은 단 8.2%에 불과했습니다. 나머지 대부분은 백인 인물 중심의 이미지였지요. 더욱 놀라운 점은 이러한 시각 자료가 지역의 실제 인구 구성을 전혀 반영하지 않았다는 사실입니다. 예를 들어, 분석 대상이 된 노스캐롤라이나주의 흑인 인구 비율은 약 22%에 달했으며, '남부 특유의 경험을 선사합니다'라는 슬로건을 내건 윌슨Wilson시는 인구의 약 48%가 흑인임에도 불구하고 브로슈어 이미지에서 흑인은 단 한 차례도 등장하지 않았습니다.

  관광 브로슈어의 이미지는 단순한 장식이 아니라, 여행객들에게 무엇을 보고 누구를 만나게 될지에 대한 기대를 형성하는 상징적 역할을 합니다. 그런데도 이들 홍보물에서는 주로 백인 가족이나 커플이 중심을 차지하며, 흑인의 존재는 거의 삭제된 채 남부의 이미지가 꾸며졌습니다. 이는 세련되고 향수 어린 이미지로 포장된 남부의 모습을 통해 방문자들로 하여금 불편한 역사적 현실, 특히 흑인의 인권이 억압되었던 남부의 어두운 과거를 잊도록 만드는 기능을 했습니다. 이러한 이미지 전략은 백인 관광객들에게 보다 안락하고 쾌적한 분위기를 제공하려는 의도 아래, 남부의 역사적 맥락을 의도적으로 배제하거나 희석시키는 역할을 해왔던 것입니다. 남부에서 행해진 억압의 역사를 드러내 철저히 청산하고 반성하기는 커녕 따뜻한 환대의 이미지로 그것을 덮어버림으로써, 부끄러운 인종주의의 역사와 그 잔재가 제대로 뿌리 뽑히지 못했다는 점입니다. 결국 백인 우월주의적 인식은 미국 사회에 그대로 남고 말았습니다. 그리고 오늘날 차별적인 정책을 은폐하고 정당화할 수 있도록 돕고 있지요.

꺼지지 못한 불씨와 민주주의의 위기

재건 시대에 국가를 통합하는 과정에서, 미국 남부의 이미지는 따뜻한 환대의 고향으로 '세탁'되었고 내란을 일으킨 백인 우월주의 세력의 불씨 역시 제대로 진압되지 않았습니다. 이러한 청산의 실패는 단지 미국의 흑인들뿐 아니라 결과적으로 미국 사회 전체에 상처를 입혔습니다. 부메랑처럼, 민주주의에 대한 위협으로 다시 돌아온 것이지요. 19세기에 흑인들에게 가해지던 린치나 20세기의 짐크로우법이 낳았던 '정치적 배제'의 전통은 21세기에 와서도 제도적으로 재현되고 있습니다. 1965년에 제정되었던 투표권법은 남부의 주들이 흑인이나 소수자를 투표에서 배제해온 관행을 끊기 위해 사전심사를 하도록 했습니다. 흑인 투표율이 50% 미만이면서 흑인 유권자들을 배제하기 위해 의도적으로 설계된 문해력 테스트를 했던 주들을 지정한 뒤, 이 주들이 만약 인종차별적 방식으로 투표방식을 변경하려하면 연방 판사에게 차별이 없다는 것을 사전에 증명해야 하는 제도였지요. 그런데 2010년에 남부의 앨라배마주에 있는 셸비 카운티 Shelby County가 "50년 전 수치를 근거로 계속 연방 감시를 받는 것은 주州의 평등주권을 해친다"며 소송을 제기했고, 2013년 6월 25일 연방대법원은 5:4로 이 사전심사 제도를 위헌이라고 판결했습니다.

이 위헌판결이 나자 남부의 텍사스주, 미시시피주, 앨라배마주는 기다렸다는 듯이 '엄격 사진 신분증 법 Strict Photo ID Law'를 시행하고, 지정된 신분증을 가진 사람만 유권자로 인정하게 했습니다. 유권자 사칭 사기를 막는다는 명목이었습니다. 하지만 이미 여러 연구를 통해 투표소에서 이런 사기가 발생할 확률이 백만분의 1 이하로 극히 드물다는 것이 나타났지요. 그럼에도 강행된 이 법은 사실 흑인들과 유색인종 이민자들의 투표율을 낮추기 위한 것이었습니다. 공식적인 신분증의 보유율이 낮은 흑인 유권자들은 투표하기가 매우 어려워졌습니다. 서류 발급절차를 잘 모르거나 관공서에서 발급받기 어려운 교통 취약지역에 사는 흑인 유권자들에겐 더욱 그러했지요.

이 판결 이후 10년간, 과거 해당 제도의 적용을 받았던 11개 주에서는 최소 29건의 투표권 제한 법안이 통과되었습니다. 이들 법안은 흑인과 라틴계 유권자들이 밀집한 지역의 투표소를 집중적으로 폐쇄하거나 접근을 어렵게 만들었고, 이에 따라 실질적인 투표 참여의 장벽이 크게 높아졌습니다. 한 분석에 따르면, 2012년부터 2020년까지 이들 주에서 흑인과 백인의 투표율 격차는 최대 20.9%까지 벌어졌습니다. 이처럼 사전심사 제도 폐지 이후 조성된 투표 장벽은 '선거 사기' 프레임과 결합해 2024년 대선에서 도널드 트럼프를 향한 백인 유권자들의 지지를 더욱 강화시키는 요인으로 작용했습니다. 트럼프 진영은 각종 보수 성향의 미디어와 교회를 통해 "불법 이민자가 선거를 망친다"는 주장을 끊임없이 퍼뜨렸습니다. 이 주장은 여러 언론사와 전문가들에 의해 근거 없는 허위 정보로 지적되었지만, 트럼프 캠프는 이를 선거 전략의 핵심 메시지로 활용했습니다.

이 같은 전략은 일부 백인 유권자들이 품고 있던 인종적 불안과 타인종에 대한 배타심을 강하게 자극했습니다. 특히 미국의 전통적 정체성을 백인 주도의 사회로 인식하는 이들에게는, 이 정체성이 위협받는다는 감각이 뿌리 깊은 불안으로 작용했습니다. 그 결과 남부를 중심으로 백인 유권자들은 대거 트럼프에게 결집했습니다. 2020년 대선 당시, 미시시피주에서는 백인 유권자의 81%가, 웨스트버지니아주에서는 71%가 트럼프에게 투표했으며, 남부의 다른 여러 주에서도 백인 유권자의 60~80%에 이르는 높은 지지율을 기록했습니다. 이러한 트럼프 행정부는 2016년 대선에 이어, 2024년 대선을 통해 한 번 더 집권하면서 백인 우월주의적 색채가 짙은 정책을 점진적으로 추진해나갔습니다. 그는 그의 두 번째 임기 취임 두 달 만에 "미국 선거의 무결성 보존 및 보호"라는 제목의 행정명령을 공포했는데, 이는 유권자 등록시 사진이 부착된 신분증처럼 시민권을 증명할 수 있는 서류 제출을 의무화하는 조치였습니다. 해당 명령을 따르지 않는 주정부에 대해서는 연방 정부의 재정 지원을 삭감하겠다고 경고함으로써, 사실상 전국적으로 강제성을 띠는 조치가 되었습니다. 물론 이는 법원 제동으로 전면 시행되지는 않았고 현재도 효력, 위헌성을 둘러싼 소송이 계속 중입니다. 하지만 이러한 조치가 신분증·서류 확보가 어려운 합법적인 유권자, 특히 소수인종의 투표권을 위축시킬 수 있다는 연구 보고가 축적되고 있습니다. 이로 인해 흑인은 물론 히스패닉, 아시아계 등 백인에 비해 공식 신분증 보유율이 상대적으로 낮은 유색인종 유권자들은 투표권 행사에 한층 더 어려움을 겪게 되었습니다. 미국은 한국의 주민등록법처럼 단일화된 신원증명제도가 없어, 운전면허증이나 여권이 가장 대표적인 신분증 역할을 합니다. 미국 유권자의 약 11% 정도가 이러한 신분증을 보유하지 않고 있는데, 저소득 흑인이나 라틴계 인구에서 비보유 비율이 더 높습니다. '엄격 사진 신분증 법' 시행 이후 텍사스주 정부는 "불법 투표를 막기 위한 최소한의 조치"라 주장했으나, 주정부 내부 추산만 해도 흑인과 라틴계 등록유권자 60만 명 이상이 해당 신분증을 보유하지 않았다는 사실이 공개되었습니다.

   이러한 정책은 '백인 인구 대체 음모론'과도 궤를 같이합니다. 이 음모론은 엘리트 집단이나 정부가 의도적으로 비백인 이민자들을 대규모로 유입시켜 백인 인구와 문화를 대체하려 한다는 주장을 골자로 하며, 미국 내 백인 우월주의자들과 극우 정치세력에 의해 반복적으로 제기되어 왔습니다. 물론 이 주장은 인구통계학적 현실에 대한 왜곡이며 인종차별적 허구라는 점에서 주류 학계와 언론으로부터 강하게 반박되고 있습니다. 그럼에도 불구하고 트럼프 행정부와 극우 진영은 불법 이민자들의 투표가 백인 유권자의 정치적 영향력을 약화시킨다는 프레임을 지속적으로 확산시켰습니다.

이런 담론은 20세기 초 흑인 유권자들의 권리를 조직적으로 박탈했던 짐크로우법을 연상케 합니다. 형식은 달라졌지만, 흑인과 비백인 유권자들을 배제하고 차별하려는 본질적인 시선은 여전히 유지되고 있는 셈입니다. 그리고 바로 이러한 음모론적 인종주의 사고에 기반해, 2021년 미국 국회의사당 폭동이나 2022년 뉴욕 버펄로의 총기 난사 사건과 같은 극단적 폭력 사태가 잇따라 벌어졌습니다. 2025년 6월에 발생한 LA 불법체류자 단속 반대 시위에 대해 트럼프 행정부가 군대를 동원해 매우 강경하게 진압한 것도, 이런 담론과 어느 정도 맥락을 같이 한다고 볼 수 있습니다. '비백인 이민자 = 위협'이라는 인식의 틀이 강화되면 이는 극도로 강경한 행정조치도 정당화될 수 있는 근거로 기능하게 되는 것입니다. 그 결과 미국은 표현의 자유, 권력 분립, 정치 참여의 평등, 사실에 기반한 공론 등 민주주의의 근간이 심각하게 흔들리는 위기를 맞이하게 되었습니다.

미국 재건 시대의 역사 연구에서 가장 권위 있는 학자 중 한 명으로 평가받는 에릭 포너Eric Foner는 남북전쟁 이후의 재건기를 '미완의 혁명'이라 명명했습니다. 그는 이 시기를 분석하며, 연방정부가 백인 우월주의 세력을 강력한 집행력으로 철저히 청산하지 못함으로써 흑인들의 시민권 보장이 좌절되었고, 그 결과로 백인 우월 체제가 다시 공고화되었다고 진단했습니다. 포너의 분석대로, 재건기의 실패는 단지 흑인들의 권리를 박탈하는 데 그치지 않았습니다. 백인 우월주의와 내란 세력의 불씨를 완전히 제거하지 못한 이 역사 청산의 미비는, 결과적으로 미국 사회 전체와 민주주의의 토대를 가장 위태롭게 만드는 핵심 원인이 되고 말았습니다.

* * *

다시 서던 호스피탈리티를 떠올려봅시다. 많은 이들이 미국 남부를 여행하면서 느끼는 따뜻하고 친절한 기운은, 어느 정도 남부 지역 사람들에게 실제로 내재된 것처럼 보입니다. 200년 전 일부 소수 농장 소유주의 환대 문화에서 시작된 서던 호스피탈리티는 오랜 시간 흑인을 탄압하고 희생시킨 역사를 통해 형성되었습니다. 우리는 이를 순수하게 따뜻하고 친절한 개념으로만 바라보기 어렵습니다. 아무리 새로운 이미지를 만들어 어두운 과거를 덮으려 해도 그 속에 잠재된 원죄는 쉽게 지워지지 않습니다. 그런 점에서 완전히 해결되지 못한 백인 우월주의라는 미국 남부의 원죄는, 오늘날 미국 민주주의의 심각한 위기라는 무거운 대가로 돌아오고 있는 것은 아닐까요? 남부의 어두운 과거를 바로잡지 못하는 이상 미국 사회가 앓는 병은 지속되지 않을까요?

2장

정체성의 경계에서

우리가 누구인지 묻는 질문들

타자화된 역사의 그림자, 아이슬란드

"아이슬란드에서 왜 맥도날드가 사라졌을까?"

맥도날드가 없는 아이슬란드

한국에서 가장 인기 있는 패스트푸드 브랜드는 무엇일까요? 국내 1인 가구 전문 미디어에서 구글, 네이버 등 주요 포털 트렌드 지수와 검색량을 종합하여 조사한 결과, 맥도날드는 2위인 맘스터치를 큰 격차로 앞서며 1위를 차지했습니다. 특히 '맥세권'이라는 신조어가 등장할 정도로, 맥도날드 매장이 생활 편의성을 상징하는 요소로 인식되고 있습니다. 이러한 인기는 국내에만 국한되지 않습니다. 2024년 기준, 맥도날드는 전 세계에서 약 4만 3천 개의 매장을 운영하며, 연간 259억 달러의 수익을 올리는 등 세계 최대의 프랜차이즈 브랜드로 자리매김합니다. 특히 미국(13,577개), 중국(6,820개), 일본(2,989개), 프랑스(1,588개), 캐나다(1,489개) 등 주요 국가에 광범위하게 진출해 있습니다.

그러나 맥도날드 매장이 아예 존재하지 않는 나라들도 있습니다. 소말리아, 에티오피아, 수단과 같은 아프리카 국가들, 시리아, 이란과 같은 중동 국가들, 네팔, 부탄, 미얀마, 캄보디아 등의 몇몇의 아시아 국가들은 아직까지 맥도날드가 진출하지 않았습니다. 또한 러시아와 벨라루스는 우크라이나와의 전쟁을 계기로 맥도날드가 철수하면서 현재 매장이 없는 상태입니다. 이러한 나라들을 살펴보면 정치적 불안정이나 경제적 여건이 맥도날드의 진출을 가로막는 주요 요인으로 작용하고 있음을 알 수 있습니다.

한편, 뉴욕 타임즈의 칼럼니스트인 토머스 프리드먼Thomas L. Friedman은 저서 《렉서스와 올리브나무The Lexus and the Olive Tree》에서 흥미로운 이론을 제시했습니다. 맥도날드의 로고인 M자형의 황금 아치Golden Arches가 들어선 국가들끼리는 전쟁을 하지 않는다는 '황금 아치 이론Golden Arches Theory'을 주장했지요. 그의 이론은 맥도날드가 들어설만큼 경제가 안정적이고 중산층이 두터워진 나라들은 서로 전쟁을 벌일 가능성이 낮다는 논리였습니다. 하지만 이 이론은 곧바로 현실에서 예외를 맞이하게 되었습니다. 1999년 코소보 전쟁 당시 NATO가 유고슬라비아를 폭격한 사건은 황금 아치 이론에 치명적인 반례가 되었습니다. 당시 유고슬라비아에는 맥도날드 매장이 존재했음에도 불구하고 전쟁이 발발한 것입니다.

물론 우크라이나 전쟁, 이스라엘과 하마스의 전쟁 등 세계 곳곳에서 전쟁이 발발하고 있는 현 국제 정세를 고려할 때, 현재의 시점에서 황금 아치 이론이 여전히 유효한지에 대해 의문이 제기될 수밖에 없습니다. 그러나 한 국가가 얼마나 세계화에 편입되었고, 경제적으로 안정적인지를 가늠할 때 맥도날드 매장의 유무가 여전히 중요한 상징으로 여겨지는 것은 사실입니다. 맥도날드는 단순히 패스트푸드 프랜차이즈를 넘어 세계화의 상징처럼 여겨지며, 이는 경제적 발전과 중산층의 형성을 나타내는 지표로 해석되기도 합니다.

그런데 이처럼 맥도날드가 세계 각국에 진출해 있는 상황에서, 특히 1인당 GDP 순위가 세계 최상위권에 속하는 북유럽 국가 중에서 유일하게 맥도날드가 없는 나라가 있습니다. 바로 아이슬란드입니다. 아이슬란드는 면적 면에서 한국과 비슷한 크기를 가지고 있는 나라입니다. 그러나 인구는 2025년 기준 389,444명으로, 인구 밀도가 매우 낮은 편입니다. 한국의 인구 밀도가 1㎢당 507명인 것에 비해, 아이슬란드의 인구 밀도는 1㎢당 3.66명에 불과합니다. 한국의 약 1/140 수준으로 아이슬란드가 얼마나 넓고 한산한 나라인지를 보여줍니다.

하지만 인구가 적고 경제 규모가 작음에도 불구하고, 아이슬란드는

아이슬란드와 대한민국의 영토 및 인구 비교

매우 부유한 나라로 꼽힙니다. 2025년 기준 1인당 국민소득은 세계 6위로, 북유럽 국가 중에는 노르웨이에 이어 두 번째로 높은 수치를 기록하고 있습니다. 경제적 지표뿐만 아니라 전반적인 삶의 질에서도 아이슬란드는 세계 최상위권에 속합니다. 2023년 인간개발지수 순위에서 아이슬란드는 1위에 올랐고, OECD의 '더 나은 삶 지수'에서는 삶의 만족도에서 핀란드에 이어 2위를 기록하기도 했습니다. 단순히 부유한 나라를 넘어, 국민들이 전반적으로 높은 삶의 질을 누리는 선진국입니다.

이러한 아이슬란드는 1993년 9월 9일, 맥도날드가 문을 연 67번째 나라였습니다. 당시 아이슬란드의 총리였던 다비드 오드손Davíð Oddsson이 오픈 첫날에 직접 방문해 빅맥을 먹었을 정도로 맥도날드 매장 개장은 아이슬란드에서 매우 상징적인 사건이었습니다. 아이슬란드의 인류학자 크리스틴 로프츠도티르Kristín Loftsdóttir 교수는 그의 논문에서 맥도날드가 문을 열었다는 것은 아이슬란드인들에겐 가난했던 과거를 극복하고 국제화된 현대 사회로 진입했음을 상징하는 것이었다고 말할 정도였으니까요.

하지만 2009년 10월 31일, 아이슬란드에서 맥도날드는 마지막으로 문을 닫았습니다. 세계화와 현대 사회의 상징으로 여겨졌던 맥도날드 매장이 한때 세계에서 가장 살고 싶은 나라로 꼽혔던 아이슬란드에서 모두 사라지게 된 것은 이상한 일이었습니다. 아이슬란드에서 세계적인 프랜차이즈 맥도날드가 종적을 감추게 된 이유는 무엇일까요? 이는 단순히 패스트푸드 체인의 실패로 치부할 수 없는, 보다 복합적인

레이캬비크에 첫 문을 연 맥도날드. ©Hinrik

배경을 내포하고 있습니다. 아이슬란드에서 맥도날드가 철수한 이야기 이면에는 오랜 시간 동안 외부의 지배를 받아온 역사에서 비롯된 불안감과 한순간에 국제 무대의 주인공이 되고자 하는 욕망이라는 상반된 요소가 공존하고 있습니다. 이러한 배경을 이해하려면, 먼저 유럽 북서쪽 끝에 자리 잡고 있는 아이슬란드의 국가적 정체성이 어디에서 출발했는지부터 살펴볼 필요가 있습니다.

덴마크의 수난이 가져다 준 독립

아이슬란드에 최초로 정착한 사람은 노르웨이에서 건너온 잉골퍼 아르나르손Ingólfur Arnarson과 그의 가족들이었습니다. 874년, 아르나르손은 현재 아이슬란드의 수도인 레이캬비크Reykjavik에 자신만의 정착지를 세우며 북유럽 북서쪽 끝의 혹독한 기후와 척박한 땅에 첫 발을 내디뎠습니다. 그의 정착을 계기로 많은 스칸디나비아인들이 아이슬란드로 이주하기 시작했고, 이러한 이주와 정착은 930년경까지 이어졌습니다. 이렇게 형성된 정착민 사회는 부족 연합체로서 아이슬란드 연방을 세우고, 자신들만의 의회제도인 알팅기Alþingi를 창설하게 됩니다. 알팅기는 세계에서 가장 오래된 의회 중 하나로, 당대에는 각 부족의 대소사를 논의하고 결정하는 중요한 정치 기구였습니다. 그러나 이 자주적인 의회제도는 오래가지 못했습니다. 1262년, 아이슬란드는 노르웨이의 지배 아래 들어가게 되면서 알팅기는 사실상 입법권을 상실하게 되었고, 이후 20세기 초까지 약 600년 동안 온전한 자주국가로 기능하지 못한 채 타국의 지배를 받아야 했습니다. 이러한 긴 세월 동안 아이슬란드는 정치적 자율성과 독립을 잃고 외세의 간섭에 종속된 상태로 머물렀습니다.

1397년, 아이슬란드는 노르웨이의 지배 아래 놓여 있었습니다. 그런데 이 해에 덴마크, 스웨덴, 노르웨이의 동군연합체인 칼마르동맹이 출범하면서, 당시 가장 강력한 국가였던 덴마크의 통치 아래 놓이게 되었습니다. 이로써 아이슬란드는 단순히 노르웨이의 지배를 넘어 덴마크 왕실의 직접적인 영향권에 들어가게 된 것입니다. 16세기, 덴마크는 종교개혁을 계기로 루터교로의 개종을 강력히 추진했습니다. 당시 가톨릭이 지배적이었던 아이슬란드에서 덴마크는 가톨릭 주교들을 추방하거나 참수하는 극단적인 조치를 취했습니다. 또한, 모든 가톨릭교회의 재산을 몰수하고 이를 덴마크 국왕의 재정 기반으로 삼았습니다. 이러한 종교적 탄압은 아이슬란드인들에게 강한 반감을 불러일으켰지요. 17세기에 이르러 덴마크는 아이슬란드를 완전히 식민지화했습니다. 덴마크 국왕은 아이슬란드의 무역을 독점하면서 덴마크 상인 외에는 다른 국가와의 교역을 전면 금지시켰습니다. 이는 아이슬란드 경제를 덴마크가 손아귀에 넣는 조치였고, 아이슬란드인들은 경제적 자율성을 완전히 잃고 덴마크의 지배에 종속되었습니다. 덴마크의 이러한 강압적인 통치는 19세기 초까지 지속되었습니다.

앞서 살펴본 바와 같이, 칼마르동맹에서 스웨덴이 독립한 이후 덴마크의 영향력은 크게 약화되었습니다. 1629년 30년 전쟁에서 패배한 덴마크는 강대국의 지위를 잃고 점차 쇠락의 길을 걷게 되었고, 1814년에는 나폴레옹 전쟁의 패배로 인해 노르웨이를 스웨덴에 할양해야 했습니다. 이로써 덴마크는 노르웨이마저 잃고, 광활한 영토를 지배하던 강대국의 위치에서 물러나게 되는 결정적인 전환점을 맞이하게 됩니다. 아이슬란드는 이 시기에도 여전히 덴마크의 식민지로 남아 있었습니다. 하지만 이들의 독립을 향한 열망은 점점 더 강해지고 있었지요.

나폴레옹 전쟁의 9번째 국면이었던 제6차 대^{對}프랑스 동맹 전쟁은 유럽 열강의 격돌 속에서 전개되었으며, 덴마크와 노르웨이는 프랑스 편에, 스웨덴은 동맹국 편에 섰습니다. 1813년 라이프치히 전투에서 프랑스가 결정적 패배를 당하자 스웨덴은 덴마크로부터 노르웨이를 얻을 기회를 포착했습니다. 이후 스웨덴은 연합군을 이끌고 덴마크를 침공했고, 덴마크는 끝내 저항에 실패해 1814년 킬 조약을 통해 노르웨이를 스웨덴에 넘겨야 했습니다. 이 조약으로 덴마크는 그린란드, 아이슬란드, 페로 제도만을 간신히 유지하게 되었고, 국력과 영향력은 크게 약화되었습니다. 한편 나폴레옹 전쟁은 자유주의와 민족주의를 유럽에 확산시켰으며, 이는 아이슬란드 지식인들에게도 영향을 주어 이후 독립운동의 씨앗이 되었습니다.

아이슬란드는 874년 아르나르손의 첫 정착 이후로부터 무려 천 년이 지난 1874년에 이르러서야 덴마크로부터 자치권을 부여받게 되었습니다. 1874년부터 아이슬란드는 일부 자치권을 부여받아 헌법을 제정할 권리를 갖게 되었고, 1904년에는 알팅기를 주관하며 주권 회복의 기반을 마련했습니다. 이어 1918년에는 덴마크로부터 독립을 인정받고 자체 국기를 제정하기에 이르렀습니다. 그러나 이는 아직 완전한 독립국가로서의 지위를 획득한 것은 아니었습니다. 왜냐하면 외교권은 여전히 덴마크의 손에 쥐어져 있었기 때문입니다. 그런데 공교롭게도 덴마크가 겪은 또 한번의 수난 덕분에 아이슬란드는 온전한 독립국가가 될 수 있었습니다.

제2차 세계대전 당시, 1940년 나치 독일은 중립국이었던 덴마크를 점령했습니다. 이로 인해 덴마크는 나치 독일의 통제하에 놓이게 됩니다. 이때 영국은 독일의 북대서양 진출을 견제하기 위해 아이슬란드를 점령했습니다. 1년 뒤, 영국군은 미군에게 아이슬란드의 주둔 임무를 넘겼고, 아이슬란드는 미군의 보호 아래 놓이게 됩니다. 영국군과 미군의 주둔은 중립을 고수해오던 아이슬란드에게 어떤 면에서 기회이기도 했습니다. 나치 독일의 침략을 저지하기 위해 영국과 미국이 구축한 도로, 병원, 공항, 교량 등 각종 사회기반시설은 아이슬란드 경제에도 영향을 미쳤기 때문입니다. 또한, 덴마크와의 정상적인 접촉이 불가능한 상황에서 아이슬란드의 알팅기는 1944년 국민투표를 거쳐 아이슬란드 독립 공화국으로 선언할 수 있었습니다. 이로써 덴마크 왕을 주군으로 삼았던 아이슬란드의 종속 역사는 제2차 세계대전이라는 국제적 혼란 속에서 마침내 종결된 것입니다.

그러나 독립을 이루었다고 해서 아이슬란드가 곧바로 안정된 국가로 자리 잡을 수 있었던 것은 아닙니다. 19세기부터 20세기 초까지 이어진 덴마크의 지배와 유럽 제국주의의 영향은 아이슬란드의 국가 정체성 형성에 큰 영향을 미쳤습니다. 이제 막 독립을 이룬 아이슬란드는 자신의 고유한 정체성을 확립해야 하는 과제에 직면하게 됩니다. 바로 덴마크의 지배를 받아 온 긴 역사와 더불어, 19세기 유럽의 제국주의로 인해 탄생한 아이슬란드의 정체성에 대한 문제였습니다.

인정받고 싶은 욕망의 출발

19세기 유럽은 제국주의 국가들이 세계 패권을 쥐고 아프리카와 아시아에 식민지를 차지하기 위해 치열하게 경쟁하던 시대였습니다. 이 시기에 유럽 중심의 오리엔탈리즘 세계관이 형성되었습니다. 이 세계관은 방향성에 기반한 특정한 선입견을 만들어냈습니다. 세계는 유럽을 중심으로 서양과 동양으로 양분되었고, 유럽은 '북쪽'과 '서쪽'에, 아프리카와 아시아는 '남쪽'과 '동쪽'에 위치한 것으로 간주되었습니다. 이러한 이분법적 인식 속에서 북과 서는 문명화와 진보를, 남과 동은 전통과 후진성을 상징하게 되었습니다. 그렇다면 유럽에서도 가장 북서쪽에 위치한 아이슬란드는 오리엔탈리즘적 세계관 속에서 어떻게 인식되었을까요?

역사학자 할프다나르손G. Hálfdanarson 교수는 19세기의 여행 문학 작품들을 통해 당시 유럽인들이 아이슬란드인들을 어떻게 인식했는지 살펴보았습니다. 놀랍게도 오스트리아나 프랑스 등 당시 유럽 제국주의 국가 출신의 대다수의 작가들은 아이슬란드를 장엄하고 신비로운 자연의 땅으로 여기면서도, 동시에 무례하고 더럽고 야만적이며 매우 후진적인 사람들이 거주하는 곳으로 주로 묘사하곤 했습니다. 또 덴마크의 식민지이자 하위주체로서 불행하고 불결한 사람들이 사는 곳으로 표현했지요. 이런 인식은 전형적인 오리엔탈리즘적인 세계관으로, 서양인이 동양인을 바라보는 관점과 매우 일치했습니다. 유럽인들에

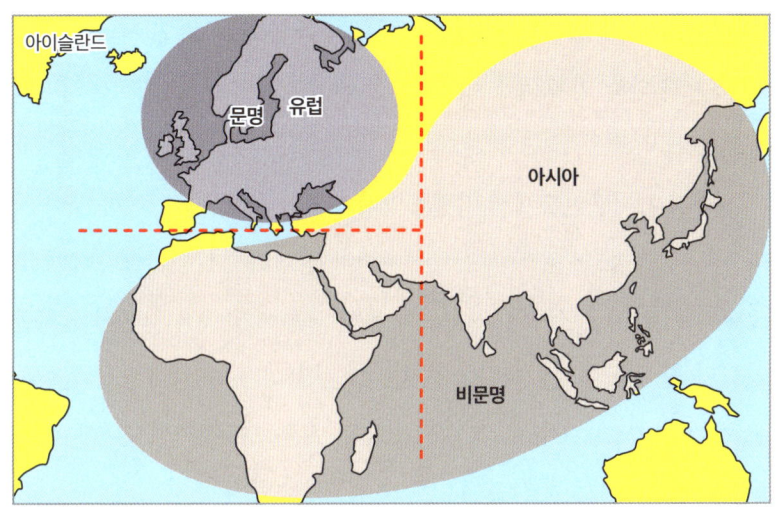

오리엔탈리즘 사고관을 반영한 지도

게 아이슬란드는 그들의 지리적 위치와는 관계없이, '문명화'된 '북서' 쪽의 '유럽'으로서 인정되지 않고 '타자화'되었던 것입니다.

  아이슬란드는 지리적으로 분명히 유럽에 속하는 나라입니다. 아이슬란드는 유럽인들로부터 끊임없이 문명화되지 못한 야만의 존재로 여겨졌지만, 인종적으로는 백인들로 구성된 특이한 위치에 놓여 있었습니다. 당시 유럽의 식민주의는 본질적으로 '백인 종족의 확장'을 목적으로 했는데, 이로 인해 아이슬란드는 아프리카, 아시아, 카리브 해의 식민지들과는 또 다른 시선으로 인식되었습니다. 그렇다면 도대체 아이슬란드는 유럽이 아니면 무엇인걸까요? 그렇다고 아이슬란드를 동양으로 봐야 하는 걸까요? 아이슬란드는 외부 유럽인들에 의해 이런 타자화와 낙인이 내재화되자, 이를 극복하고 '유럽인'이라는 그룹에 속하기 위해 민족주의 지식인들을 중심으로 부단히 애쓰기 시작했습니다.

19세기 아이슬란드에서 민주주의의 씨앗을 뿌린 인물 중 한 명이 시귀르뒤르 그뷔드문손Sigurður Guðmundsson입니다. 그는 예술가이자 고고학자로, 아이슬란드의 고대 문화 유산을 통해 민족적 자긍심을 되살리고자 한 인물이었습니다. 1863년, 그는 고대 유물 박물관을 설립하고 아이슬란드의 고유한 역사와 문화를 보존하고 전시했습니다. 이듬해인 1864년, 그는 한 신문에 이렇게 기고했습니다.

> "아이슬란드는 북유럽의 찬란한 전통을 간직한 나라입니다. 우리의 문화와 유산은 유럽의 그 어느 국가와 비교해도 손색이 없습니다. 우리 스스로를 미개하거나 야만적인 존재로 보아서는 안 됩니다."

아이슬란드는 외부 유럽인들의 부정적인 인식에 어떻게든 대응해야 했습니다. 그 방편으로 자신들만의 독자적인 문화를 적극적으로 내세우는 전략을 택했습니다. 이 과정에서 가장 대표적인 문화적 자산으로 활용된 것이 바로 '사가saga'입니다. 우리가 흔히 어떤 웅장한 역사 이야기를 일컬을 때 주로 쓰는 대명사인 사가는, 아이슬란드어로 '역사'를 뜻하는 단어입니다. 이 용어는 단순히 역사적 사건의 기록을 넘어 10~11세기 유력 가문을 중심으로 한 정착민들의 이야기를 문학적으로 재구성한 작품을 지칭하는 말이기도 합니다. 사가는 13세기부터 전해 내려오는 작자 미상의 문학작품들로 당대의 영웅담, 전설, 왕조 이야기 등을 서사적으로 풀어낸 것입니다. 이 사가를 자신들이 한때 '영광스러운 과거'를 지닌 민족임을 증명하는 자료로 활용하고, 더이상 덴마크의 변방이 아니라 오랜 전통을 지닌 독자적인 문화 공동체임을 주장하는 데 핵심적 역할을 하도록 했습니다.

아이슬란드는 사가에 쓰여진 아이슬란드어의 정체성을 지키기 위해 꾸준히 노력해왔습니다. 아이슬란드어는 오늘날에도 바이킹 시대의 고대 노르디어 특징을 거의 그대로 간직하고 있는 언어로, 현대에 이르기까지 큰 변화 없이 유지되고 있습니다. 아이슬란드는 단순히 언어를 넘어 문화적 자부심과 정체성의 상징이기도 합니다. 아이슬란드 정부는 외래어 유입을 적극적으로 차단하고, 새로운 개념이 등장할 때마다 기존의 아이슬란드어 어휘에 유래한 단어를 새로 만들어내거나, 고대 노르디어에서 비롯된 어휘를 부활시켜 사용하는 언어 순수주의 정책을 고수해왔습니다. 이러한 정책은 아이슬란드어를 다른 북유럽 언어들과 차별화시키는 중요한 요소가 되었습니다. 아이슬란드어가 이렇게 독자적인 길을 걷게 되면서 이웃한 덴마크어, 스웨덴어, 노르웨이어는 서로 어느 정도 의사소통이 가능한 반면, 아이슬란드어는 이웃 국가와의 의사소통이 거의 불가능하기도 합니다.

아이슬란드는 자신들만의 유구한 역사, 문학, 그리고 고유한 언어를 강조하며 덴마크를 비롯한 북유럽 국가들과의 문화적 차별성을 적극적으로 부각시키려고 했습니다. 이는 타자화의 상처를 극복하고, 민족적 자긍심을 회복하기 위한 중요한 전략이었습니다. 그러나 오리엔탈리즘적 세계관에 상처 입은 아이슬란드는 그 세계관을 내면화하고 재생산하는 역설적인 행보를 보이기 시작했습니다. 아이슬란드는 자신들이 당한 타자화를 이웃 민족에게 되돌려주기 시작한 것입니다. 아이슬란드는 페로 제도의 페로인, 그린란드의 원주민 이누이트 등 자신보다 열등한 '동양적 타자'로 규정하며 그들을 철저히 배제하려 했습니다. 이를 통해 자신들이 문명화된 유럽임을 강조하려 했던 것입니다. 이러한 흐름은 19세기 말에서 20세기 초까지 이어졌습니다. 당시 아이슬란드의 민족주의 작가들은 자신들의 작품 속에서 인종주의적 언어를 무비판적으로 차용하고, 오히려 더 강력한 제국주의적 서사를 담아내곤 했습니다.

1905년, 덴마크의 수도 코펜하겐에서 열린 덴마크의 식민지 박람회 Danish Colony Exhibition는 당시 덴마크의 식민지 주민들을 대상으로 삼았습니다. 이 박람회에서는 아이슬란드인, 덴마크령 서인도제도 원주민, 페로인이 나란히 서있는 사진이 전시되었습니다. 이 사건은 아이슬란드인들에게 깊은 충격을 안겨주었습니다. 당시 아이슬란드 학생들이 격렬히 항의했던 이유는 이 전시의 비인간성 때문이 아니었습니다. 아이슬란드인들은 자신들이 흑인이나 에스키모와 같은 식민지 피지배민족과 나란히 전시되었다는 사실에 분노한 것입니다. 그들의 분노는 식민주의적 인종 차별에 대한 비판이 아니라, 자신들이 유럽인으로

덴마크 식민지 박람회 사진. 아이슬란드인, 덴마크령 서인도제도 원주민, 페로인.

서 문명화된 국가의 구성원임을 부정당한 것에 대한 반발이었습니다.

아이슬란드의 민족주의는 유럽 열강에 의해 끊임없이 타자화되면서 형성되었습니다. 이는 단순히 독립국가로서의 주권을 확립하려는 열망과 더불어, 자신들이 유럽과 대등한 근대적 국가로 인정받고자 하는 갈망이 뒤섞인 형태였습니다. 지리적으로는 유럽에 속하지만, 오랜 덴마크의 식민 지배 경험과 문화적 타자화로 인해 유럽이 아닌 곳으로 여겨진 아이슬란드는 스스로 '근대적인 유럽'의 일원임을 증명해야 했습니다. 20세기에 접어 들면서 아이슬란드는 이러한 그들의 집착을 문화적 측면 뿐 아니라 또 다른 측면을 통해서도 실현하고자 했습니다. 그들이 진입해야 했던 그 '근대성'의 중요한 축으로 설정된 것은 아마도 '경제적 성장'이었을 것입니다.

생존의 방법, 청어에서 금융으로

20세기 중반, 독립국가가 된 아이슬란드의 현실은 그리 밝지 않았습니다. 인구는 14만 명에 불과했고, 유럽에서 가장 가난한 나라 중 하나였습니다. 전체 노동력의 2/3가 농업에 종사했습니다. 이처럼 경제적 기반이 취약한 상황에서 유럽의 다른 국가의 근대적이고 발전된 국가로 보이기에는 역부족이었습니다. 이러한 절박한 상황에서 아이슬란드가 경제적 성장을 이루기 위해 선택한 해결책은 바로 어업이었습니다. 아이슬란드의 내륙 지역은 무자비할 정도로 척박했습니다. 초기 정착민들이 이 땅에 발을 디딘 시절부터 해산물은 생존에 필수적인 자원이었습니다. 농업이 어려운 상황에서 어업은 대가족을 먹여 살릴 수 있는 거의 유일한 수단이었습니다. 해산물은 단순한 식량 이상의 의미를 지녔습니다. 긴 겨울밤을 밝히는 램프의 연료로는 생선 기름을 사용했고, 방수 효과가 뛰어난 물고기 가죽은 의복의 재료이자 종이 대용품으로 활용했습니다. 이처럼 해산물은 식생활은 물론 생활 전반에 걸쳐 중요한 자원이었습니다. 시간이 흐르면서 아이슬란드의 마을과 도시는 해안을 따라 형성되었습니다. 근대 이후 해산물이 경제의 핵심이 되면서 수출의 중심으로 자리 잡았고, 특히 1970~80년대 해산물 수출은 아이슬란드의 급격한 경제 성장을 이끌어 1인당 GDP가 독일과 영국을 추월할 정도였습니다. 해산물이 아이슬란드의 경제적 부흥을 이끄는 원동력이 된 셈이었지요.

아이슬란드 경제에서 해산물 수출은 1990년대까지도 GDP의 30% 이상을 차지할 정도로 중요한 비중을 차지했습니다. 하지만 이처럼 해산물에 지나치게 의존하는 수출 구조는 큰 위험 요소가 되기도 했습니다. 특히 국제 어획량의 변동이나 해산물 가격의 급등락은 아이슬란드 경제에 직접적인 타격을 줄 수 있는 요인이었습니다. 이러한 경제 구조에서 수출이 흔들릴 때마다 가장 민감하게 반응한 것은 물가price였습니다. 아이슬란드 경제의 역사에서 물가는 항상 중요한 변수로 작용했습니다. 특히 1970~80년대에 물가 상승률은 폭발적으로 증가했다가 90년대에 들어서야 안정세를 되찾게 됩니다. 그런데 이 시기에 물가가 급격하게 요동친 원인은 무엇이었을까요? 국제결제은행의 한 보고서는 이러한 아이슬란드의 급격한 인플레이션을 일으킨 외부 충격을 크게 두 가지로 설명하고 있습니다.

첫 번째 요인은 70년대와 80년대 두 차례에 걸친 오일쇼크입니다. 오일쇼크로 전 세계의 원유 가격이 급등하자, 원자재 가격이 치솟아 수입 물가 폭등했고 이는 소비자 물가를 급격히 끌어올리는 결과로 이어졌습니다. 원유를 비롯한 에너지 수입 의존도가 높았던 아이슬란드 경제는 특히나 이러한 국제 유가 상승에 취약할 수밖에 없었습니다.

여기서 흥미로운 점은 바로 두 번째 이유입니다. 아이슬란드의 성장을 이끌었던 청어가 사라진 사건입니다. 청어는 '바다의 은'이라는 별명처럼 역사적으로도 유럽 국가들의 패권을 좌지우지 할 만큼 아주 중요한 어종입니다. 중세 유럽의 막강한 세력이었던 한자동맹의 패권이 네덜란드로 넘어갈 때, 네덜란드가 해운업, 조선업, 나아가 금융업까지 발전시키며 강대국으로 발돋움을 할 수 있었던 이유도 바로 청어 무역 덕분이었지요. 재미있는 점은 네덜란드가 이 청어 무역의 주도권을 빼앗을 수 있게 되었던 이유가, 당시 발트해 연안에서 잡히던 청어가 갑자기 산란장소와 회유경로를 네덜란드와 가까운 북해로 바꾸었기 때문이라는 것입니다. 청어가 서식지를 옮겨간 일은 한자동맹에게는 몰락의 길을 걷게 한 사건이었지만, 반대로 네덜란드에게는 엄청난 행운이 되었던 것이지요. 이렇게 청어가 인간의 역사를 바꿨던 기가 막힌 일이 아이슬란드에게도 일어난 것입니다.

아이슬란드의 청어 산업은 1960년대 말까지 아이슬란드 수출에서 40% 이상의 비율을 차지할 만큼 경제적으로 중요한 자원이었습니다. 특히 시글뤼피외르뒤르Siglufjörður는 청어 어획의 중심지로 세계의 '청어 수도'라고 불리기도 했습니다. 이러한 대규모 어획이 가능했던 배경에는 잠수함 탐지기, 양망기와 같은 당시 수산 기술의 급격한 발전이 있었습니다. 청어 어업은 독립 이후 가난했던 아이슬란드가 급격하게 성장할 수 있었던 원동력이었지요. 하지만 1960년대 후반, 아이슬란드의 청어 어획량은 이상할 정도로 급격하게 감소했습니다. 기술의 발달로 인한 어린 청어의 남획이 청어들에게 본능적으로 서식지를 옮길 빌미를 주었던 것일까요? 청어의 산란량은 1950년대 1,400만 톤에서 1972년에는 겨우 2,000톤으로 수직 강하했습니다. 청어의 서식지가 아이슬란드 해안에서 거의 사라지게 된 것이지요.

남획 외에 또 다른 이유로 언급되는 것은 대염분이변Great Salinity Anomalies입니다. 1970년대에 북반구 바다에서 이 기이한 기후 현상이 발생했습니다. 원인을 알 수 없는 기후 변화로 북극해의 담수가 북대서양 북쪽에 대규모로 유입되었고, 이로 인해 해수의 염도와 수온이 동시에 급격히 하락했습니다. 이로 인해 식물성 플랑크톤과 청어의 주요 먹이인 요각동물이 급격히 감소했고, 결국 청어는 먹이 부족으로 서식지를 떠나고 만 것입니다.

청어가 사라진 일은 아이슬란드 경제와 사회에 큰 충격을 주었습니다. 세계 청어 잡이의 수도라 불리며 막대한 부를 쌓았던 시글뤼피외르뒤르는 청어 어획량이 급감하면서 실업과 파산이 늘어나고 마을의 인구는 급격히 줄기 시작했습니다. 청어는 한때 아이슬란드 수출의 40% 이상을 차지하며 국가 경제의 중요한 원동력이자 주요 외화 수입원이었습니다. 그러나 청어 어획량이 급감하자 수출은 급락했고, 외화 수입도 급격히 줄었습니다. 이는 아이슬란드 화폐인 크로나화의 가치 하락으로 이어졌습니다. 수출이 감소하니 크로나화에 비해 외화의 비중이 줄어들었고, 그 결과 수입품을 구매할 때 더 많은 크로나화가 필요하게 되었습니다. 여기에 오일쇼크로 인해 유가가 급등하면서 물가 상승은 더욱 심화되었습니다. 청어 어획의 몰락과 오일쇼크라는 이중

한때 '청어의 수도'라고 불렸지만 지금은 한적한 마을이 된 시글뤼피외르뒤르

악재는 아이슬란드 경제에 심각한 인플레이션을 불러일으켰고, 이는 아이슬란드 경제 구조의 취약성을 여실히 드러내는 계기가 되었습니다. 과도하게 어업에 의존했던 경제 구조가 얼마나 불안정했는지를 극명하게 보여준 사건이었습니다.

이로써 아이슬란드는 경제 구조의 광범위한 개혁이 필요하다는 공감대를 형성하게 되었습니다. 우선적으로 아이슬란드는 어업에 지나치게 집중된 수출 구조에서 벗어나기 위해 알루미늄 제련업에 대한 투자를 확대했습니다. 알루미늄은 아이슬란드의 풍부한 지열과 수력을 활용해 대규모 전력을 필요로 하는 산업으로, 이를 통해 아이슬란드는 어업에 대한 의존도를 줄이고 새로운 수출 기반을 확보하고자 했습니다. 그러나 이보다 훨씬 더 중요한 변화가 있었습니다. 아이슬란드는 신자유주의의 물결에 적극적으로 동참하며 금융시장의 자유화를 시작했습니다. 이는 단순히 경제 구조를 다변화하는 차원을 넘어 아이슬란드가 국제 무대에서 극대화된 세련된 이미지를 갖추고, '작고 가난한 어업국'에서 벗어나 새로운 정체성을 구축할 수 있는 재도약의 기회로 여겨졌습니다. 아이슬란드는 이 기회를 통해 '북유럽 금융 허브'라는 새로운 미래를 꿈꾸기 시작했습니다.

도취에 빠져버린 변질된 열망

1990년대에 접어들면서 세계는 본격적인 신자유주의 시대를 맞이하게 되었습니다. 1980년대 미국과 영국에서 각각 로널드 레이건Ronald Reagan과 마가렛 대처Margaret Thatcher가 집권하면서 신자유주의는 경제정책의 전면에 등장했습니다. 두 지도자 모두 정부 규제 완화, 민영화, 감세 등을 통해 시장의 자율성과 금융산업의 성장을 극대화하는 정책을 펼쳤고, 이는 세계 경제 전반에 큰 파장을 일으켰습니다. 공산주의가 몰락하고 냉전이 끝나면서 신자유주의는 대안이 없는 독보적인 이데올로기로 자리 잡았고, 제조업 중심의 산업 구조는 점차 금융업 중심으로 재편되었습니다. 금융자본주의 시대가 열리면서 전 세계적으로 활황을 맞이했고, 자본의 이동은 급속히 확대되었습니다.

이러한 세계적 흐름 속에서 아이슬란드 역시 신자유주의의 물결을 놓치지 않으려 했습니다. 금융업을 육성함으로서 세계화라는 트렌드에 편승하고, 현대화된 선진국의 이미지를 갖추고자 했던 것입니다. 아이슬란드는 1994년 유럽 경제 지역에 가입하면서 외국 자본의 유입을 제안하던 기존 규제를 철폐하고, 자본의 자유로운 이동을 허용하기 시작했습니다. 이후 1997년부터 아이슬란드 은행들의 민영화가 시작되었고, 2003년에는 3대 주요 은행들의 민영화가 모두 완료되었습니다. 이와 동시에 아이슬란드는 2001년 솅겐협약에 가입해 유럽 전역으로의 자본 이동을 더욱 자유롭게 만들었습니다. 또한, 자유변동환율제와 물가안정목표제를 도입하면서 국가 경제를 시장 친화적인 구조로 완전히 전환시켰습니다.

아이슬란드는 본격적으로 야망을 품기 시작했습니다. 주요 정치인들과 재계 인사들은 아이슬란드를 국제적인 금융 허브로 탈바꿈시키겠다는 비전을 강력히 주장했습니다. 2005년, 당시 총리였던 하들로르 아스그림손 Halldór Ásgrímsson 은 "아이슬란드가 글로벌 기업들에게 서비스를 제공하는 국제 금융의 중심지가 되겠다는 꿈을 가지고 있다"고 선언하며 국가적 야심을 공식화했습니다. 총리의 선언대로 금융업은 폭발적인 성장을 거듭했습니다. 1997년 GDP 대비 4%에 불과했던 금융산업은 2007년 GDP의 14%를 차지할 만큼 비약적인 성장을 이뤘습니다.

아이슬란드 금융업의 성장은 은행들을 중심으로 폭발적으로 이루어졌습니다. 2003년부터 2007년까지 불과 4년 사이에 아이슬란드 은행들의 자산은 무려 12배나 급증했습니다. 이러한 성장의 배경에는 높은 금리가 있었습니다. 은행들은 외국 자본을 유지하기 위해 금리를 대폭 인상했고, 이는 일본 엔화와 같은 저금리 통화로 돈을 빌려와 아이슬란드의 고금리에 투자하는 투자자들을 대거 끌어들였습니다. 대표적인 예로 3대 은행 중 하나인 란즈방키Landsbanki는 영국, 네덜란드 등 유럽 각지에 지점을 확장하며 해외 투자자들에게 저축 계좌를 열어주었습니다. 그 결과 영국 투자자들이 아이슬란드에 투자한 자금만 해도 300억 유로를 넘었습니다. 이렇게 막대한 외화가 유입되면서 아이슬란드의 크로나화 가치는 더욱 상승했고, 이는 아이슬란드인들의 구매력을 크게 높였습니다. 덕분에 대중들은 금융업을 통한 투자와 소비를 적극적으로 즐기게 되었고, 주식시장 역시 상승세를 이어갔습니다.

이 시기의 아이슬란드는 금융업의 폭발적인 성장 덕분에 국제 사회의 주목을 받기 시작했습니다. 특히, 2007년에는 1인당 GDP가 7만 375달러에 달하면서 세계 5위에 오르며 아이슬란드는 명실상부한 부유한 국가로 자리 잡았습니다. 이 순간은 20세기 초반 민족주의자들이 꿈꾸던 '근대적이고 부유한 국가'라는 목표를 비로소 달성한 것처럼 보였습니다. 그러나 이 엄청난 성장의 이면에는 감당할 수 없는 부채와 과잉 투자의 위험이 서서히 쌓여갔습니다. 이러한 위험 요소들이 실제 위협으로 현실화되는 순간이 점점 다가오고 있었던 것입니다.

아이슬란드의 경제 성장은 금융부문 엘리트들의 주도로 이루어졌습니다. 이들은 덴마크와 영국 등 유럽 각국의 기업을 인수하고 자산을 확장하며 세계 시장에 적극적으로 진출했습니다. 흥미로운 점은 아이슬란드의 언론이 이들의 공격적인 투자 행보에 마치 과거 바이킹들이 '정복'이나 '지배' 활동에 빗대어 표현하기 시작했다는 것입니다. 2007년, 아이슬란드의 주간지 마르카두린Markaðurinn은 란즈방키가 유럽 각국에 계좌를 개설했다는 소식을 전하면서 기사 제목을 "유럽 침공"이라고 붙였고, 같은 해, 비드스킵타블라디드Viðskiptablaðið는 아이슬란드 은행의 해외 인수 소식을 보도하면서 "전 세계가 아래에"라는 제목을 사용했습니다.

이러한 표현은 단순히 과장된 언론 보도에 그치지 않았습니다. 이는 과거 덴마크 통치 시절, '문명화되지 못한 야만인'으로 타자화되었던 아이슬란드의 역사와 연결되며, 세계 시장을 무대로 자신들의 존재를 증명하고자 했던 민족주의적 성향과 맞닿아 있습니다. 아이슬란드의 미디어는 금융 엘리트들의 성공적인 해외 진출을 마치 국가 전체의 성공으로 포장하며 '국가적 차원에서의 금융 정복'이라는 이미지를 부각시켰습니다. 이러한 미사여구는 금융업의 성공이 마치 국가 전체를 대표하는 것으로 비춰지도록 이미지를 형성해갔습니다.

아이슬란드의 폭발적인 경제 성장은 국가적 도취감과 맞물려 사회 전반에 강력한 자신감을 불어넣었습니다. 과거 제국주의 국가들로부터 '근대성'이 결여된 변방으로 여겨졌던 역사적 상처를 가진 아이슬란드에, 경제적 호황은 자신들이 마침내 근대화된 세계의 일원이 되었음을 증명해주는 상징적 사건처럼 여겨졌습니다. 이러한 배경 속에서 경제적 성장에 대한 비판 논의는 철저히 배제되었습니다. 심지어 2006년 덴마크의 단스케 은행이 아이슬란드 은행들의 부채와 경기 과열을 경고하는 보고서를 발표했을 때, 아이슬란드 정부는 이를 덴마크의 질투심에서 비롯된 것이라며 무시했습니다. 당시 외교부 장관대행은 보고서의 내용이 부자연스러우며 덴마크가 아이슬란드의 성공을 시샘하는 것이라고 일축했던 것입니다.

아이슬란드는 평등과 소박함을 중시하던 사회였지만, 언론은 금융 엘리트들의 호화로운 삶을 국가적 성공의 상징처럼 부각했습니다. 이들은 '비즈니스 바이킹'이라 불리며 해외 시장을 정복하는 인물로 묘사되었고, 정치인들과 어울리는 모습도 긍정적으로 보도되었습니다. 외국 애널리스트들 역시 아이슬란드의 경제기적을 칭송하며, 국민의 지도자와 금융 엘리트에 대한 신뢰를 성공 요인으로 평가했습니다.

아이슬란드의 경제는 급격한 성장 속에서 눈부신 성과를 보였지만, 그 이면에는 심각한 불안정성이 도사리고 있었습니다. 금융 부문이 GDP의 96%를 차지할 정도로 과도하고 팽창했음에도 불구하고, 아이슬란드 사회는 이 같은 경제 구조의 취약성에 대해 무감각했습니다. 2008년 2분기, 아이슬란드 3대은행의 자산은 1조 4,436억 크로나(한화 약 16조 원)에 달했습니다. 이는 아이슬란드 GDP의 10배에 이르는 규모였습니다. 금융업이 폭발적으로 성장하는 동안, 은행들은 기업과 개인에게 외화를 과도하게 대출하며 무분별한 자금 공급을 이어갔습니다. 이러한 대출 급증은 아이슬란드 내에서 엄청난 소비 붐을 일으켰습니다. 아이슬란드 사회는 점차 무절제에 도취되기 시작했지요.

아이슬란드의 경제적 호황이 절정에 달했던 시기, 아이슬란드의 기업가들은 유럽 각국의 대형 기업들을 대거 인수하며 국제 무대에서 강렬한 존재감을 드러냈습니다. 영국의 데벤헴스 백화점, 햄리스, 덴마크의 마가신 백화점, 로얄 유니브루와 같은 기업들이 아이슬란드 투자자들의 손에 넘어갔습니다. 심지어 영국 축구팀 웨스트햄 유나이티드마저 아이슬란드 투자자들의 인수 대상이 되었습니다. 삼스킵Samskip이라는 물류회사의 한 간부는 자신의 50번째 생일 파티에서 영국의 전설적인 뮤지션 엘튼 존을 축하 공연 게스트로 초청했습니다. 또한 카우프팅Kaupthing 은행 런던지점의 최고 책임자는 덴마크 역사 박물관을 통째로 빌려 대규모 파티를 열었고, 이 자리에는 영국의 유명 락밴드 듀란듀란이 축하 공연을 했습니다.

이 같은 사치와 과시는 국민들도 마찬가지였습니다. 많은 사람이 일본 엔화로 대출을 받고, 스위스 프랑으로 주택담보대출을 받고, 외제차를 구매했습니다. 포르쉐, 레인지로버와 같은 고급 차들이 도로를 점령했습니다. 이는 마치 평민적이고 소박한 북유럽적 가치를 보란 듯이 깨트리기라도 하는 듯한 모습이었습니다. 이러한 과소비와 부채는 아이슬란드가 더 이상 덴마크의 식민지나 북유럽의 변방이 아니라고 사방에 소리치기라도 하는 듯, 사치스럽고 호화로운 라이프스타일들이 아이슬란드를 잠식해갔습니다. 하지만 단기 대출에 의존한 이러한 거대한 경제적 거품은 곧 무너져내렸습니다. 급격히 팽창한 빚과 과잉

된 소비, 그리고 무분별한 해외 투자로 인해 아이슬란드 경제는 심각한 위험에 직면하게 되었습니다.

결국 폭발한 분노

모든 것을 한번에 무너뜨린 사건은 2008년에 일어났습니다. 위기의 발단은 미국 투자은행 리먼 브라더스의 파산이었습니다. 리먼 브라더스의 파산은 전 세계 금융 시장에 충격을 주었고, 이를 계기로 투자자들은 급격히 자금을 회수하기 시작했습니다. 이는 차입 축소 및 대출 회수를 의미하는 디레버리징deleveraging의 시작이었습니다. 이것은 아이슬란드에게는 엄청난 재앙으로 이어졌습니다. 이 과정에서 아이슬란드의 은행들에 대한 해외 채권자와 예금자들의 상환 요구가 폭발적으로 증가했습니다. 그러나 이미 GDP의 10배에 달하는 막대한 대외 부채를 지니고 있던 아이슬란드 은행들은 이러한 자금 인출 요구를 감당할 수 없었습니다. 아이슬란드에서 금융위기 전까지 영웅처럼 묘사되던 글리트니르, 카우프팅, 란즈방키 3대 은행은 연달아 파산했습니다. 은행들은 순식간에 지급불능 상태에 빠졌고, 정부는 구제하기 위해 개입했지만 이미 통제 불가능한 상황이었습니다. 크로나화의 가치가 폭락했고, 환율이 급등하면서 물가는 치솟았습니다. 아이슬란드의 경제는 금융 부문에 전적으로 의존했습니다. 제조업과 같은 다른 산업은 충분히 성장하지 못한 상태였고, 그동안 쉽게 빚을 지며 소비에 열을 올렸던 국민들은 수입 의존도가 높아진 상황에서 수입품의 가격이 급등하자 극심한 경제적 타격을 입었습니다. 경상수지 적자는 심각한 수준으로 악화되었고, 국민들은 경제적 혼란과 함께 실업률 급등, 빈곤율 증가 등 사회적 충격에 직면하게 되었습니다.

사회는 한순간에 혼란에 빠졌습니다. 실업률은 3배 이상 치솟았고, 많은 사람이 담보로 잡힌 집과 차량의 가치보다 훨씬 높은 수억 원의 빚을 떠안게 되었습니다. 평균 소득은 순식간에 반토막이 났습니다. 당시 아이슬란드에서는 레인지로버와 같은 고급 수입차가 유행처럼 번졌지만, 금융위기로 인해 채무를 갚지 못한 사람들은 극단적인 선택을 하기도 했습니다. 일부 주민들은 레인지로버 차량을 고의로 불태워 보험금을 타내려는 사기 행각을 벌였고, 이는 전국 곳곳에서 빈번히 발생했습니다. 이제 사람들은 이 모든 혼란이 탐욕과 부패에서 비롯되었다는 사실을 명확히 인식하기 시작했습니다. 더는 참을 수 없었던 시민들은 거리로 쏟아져나왔습니다. 평온하기만 했던 아이슬란드의 거리는 순식간에 분노한 군중들로 가득 찼습니다.

2008년에 시작된 아이슬란드의 경제 위기는 작곡자이자 시민 운동가인 회르뒤르 토르파손Hörður Torfason의 1인 시위로부터 본격화되었습니다. 그의 시위는 점차 많은 시민의 공감을 얻어냈고, 매주 토요일마다 시위 집회가 열리기 시작했습니다. 시민들의 분노가 더욱 격화된 계기는 알팅기가 영국과 네덜란드와 맺은 '아이스세이브Icesave' 협상의 결과였습니다. 란즈방키 은행이 해외에서 운영하던 계좌 상품인 '아이스세이브'에는 영국과 네덜란드의 투자자 34만 명이 총 67억 유로를 예치해두었습니다. 그러나 은행이 파산하면서 이 거액의 자금이 동결되자, 두 나라는 아이슬란드 정부에 이 돈을 갚으라고 강하게 압박했습니다. 결국 알팅기는 14년에 걸쳐 연 5.5%의 이자로 38억 유로를 영국과 네덜란드 예금자에게 갚겠다는 협상안을 제출했습니다.

그러나 이 협상안은 시민들에겐 매우 불쾌한 일이었습니다. 이는 은행의 탐욕과 무분별한 투자로 발생한 부채를 국민 세금으로 갚겠다는 내용이었고, 국민 한 사람당 약 1,600만 원의 부담을 떠안게 만드는 결정이었기 때문입니다. 시민들의 분노는 극에 달했고, 2008년 11월 15일, 알팅기 의사당 앞에는 수천 명의 시민들이 모여 거센 항의 시위를 벌이게 되었습니다.

아이슬란드 시민들의 분노는 날이 갈수록 커져갔습니다. 일부 시민들은 카우프팅 은행의 전 CEO인 흐레이다르 마르 시귀르드손 Hreiðar Már Sigurðsson의 집에 빨간 페인트를 던지며 무분별한 투자와 탐욕에 물든 금융계 인사들에 대한 분노를 직접적으로 표현하기도 했습니다. 경찰은 시위대를 해산시키기 위해 최루탄을 사용하며 강경 진압에 나섰지만, 이미 들끓기 시작한 민심은 쉽게 진정되지 않았습니다. 시민들은 현 정치를 엎고 즉각적인 투표를 할 것을 강력하게 요구했습니다. 그들의 요구는 곧 현실이 되었습니다. 2009년 4월 25일, 결국 알팅기는 조기 선거를 치르게 되었고, 당시 집권당이었던 독립당은 지지층의

2008년 11월 15일 의회 건물 앞에서 시위 중인 아이슬란드 시민들. ©Haukurth

1/3을 잃고 참패했습니다. 그 결과 아이슬란드 역사상 최초로 좌파 정부가 집권하게 되었습니다. 새 정부는 전 정부의 부실 경영에 대한 책임을 묻고, 금융위기의 원인과 그 과정에서의 부패를 철저히 조사하는 개혁을 단행했습니다. 한편 아이스세이브 분쟁과 관련해 영국과 네덜란드 예금자들에게 갚기로 했던 38억 유로의 협상안도 국민투표에 부쳐졌습니다. 결과는 압도적이었는데 전체 유권자의 93%가 정부의 협상안을 반대했고, 이로 인해 협상안은 무산되었습니다. 시민들이 주방용품을 두드리며 분노를 표출한 이 시위는 '주방용품 혁명' 또는 '후라이팬 혁명'으로 불리게 되었습니다.

맥도날드 폐점이 뼈 아픈 이유

이제 다시 맥도날드의 이야기로 돌아와보겠습니다. 앞서 언급했듯이, 총리가 맥도날드 개점식에 직접 방문해 축하했던 이유는 단순히 사람들이 빅맥을 먹을 수 있게 되었다는 기쁨 때문만은 아니었습니다. 당시 1990년대의 아이슬란드에서 맥도날드 매장의 개점은 곧 세계화와 현대화의 상징이자, 자신들이 '근대적인 국가'로 진입했음을 보여주는 상징적인 의미였습니다. 하지만 대대적인 금융위기로 모든 거품이 꺼지자 공교롭게도 '근대성으로의 진입'을 상징하던 아이슬란드의 맥도날드는 아이슬란드에서 영영 문을 닫게 되었습니다.

아이슬란드에서 맥도날드가 철수하게 된 배경에 대해 당시 맥도날드의 현지 운영사였던 리스트Lyst는 다음과 같은 이유를 들었습니다. 원래 오픈 당시에는 대부분의 원재료를 현지에서 조달했으나, 이후 육류의 수입처를 독일로 전환하면서 수입 비용이 급증했다는 것입니다. 금융위기로 인해 크로나화의 가치가 폭락하자, 수입 원재료의 가격이 치솟게 되었습니다. 예를 들어, 900g의 양파 가격이 몰트 위스키 한 병과 맞먹는 수준으로 급등했고, 빅맥 한 개의 가격이 무려 8,400원에 이르렀습니다. 이는 스위스와 노르웨이의 빅맥 가격을 추월하며 세계에서 가장 비싼 빅맥이 되어버린 것입니다. 이와 같은 상황에서 리스트는 맥도날드 본사가 여전히 해외에서 원재료를 수입하도록 요구하고 있어, 아이슬란드 내의 로컬 프랜차이즈와의 가격 경쟁을 할 수 없다고 해명했습니다. 결국 아이슬란드에서 맥도날드는 문을 닫을 수밖에 없다고 밝힌 것입니다.

그러나 운영사의 이러한 해명과는 상충되는 정황이 몇 가지 발견되었습니다. 당시 맥도날드는 여전히 아이슬란드 내에서 일부 원재료를 구매했던 것으로 드러났습니다. 또한, 한 아이슬란드 육류 생산 업체는 맥도날드 측의 기준을 충족했다는 사실을 입증하는 식품안전인증서를 공개하기도 했습니다. 왜 운영사가 앞서 본 것처럼 해명했는지는 아직도 정확히 알 수 없습니다. 흥미롭게도 미심적은 리스트의 해명과 함께 맥도날드가 문을 닫고 동일한 자리에 새롭게 오픈한 것은, '메트로Metro'라고 이름만 바꿨을 뿐 사실상 맥도날드와 거의 똑같은 컨셉을 가진 토종 프랜차이즈였습니다. 그리고 리스트는 2010년 메트로를 매각한 후 곧 파산하고 맙니다.

2009년 10월 31일, 아이슬란드에서 맥도날드가 16년 만에 문을 닫게 되었습니다. 폐점을 앞두고 수많은 아이슬란드인들이 마지막으로 맥도날드를 맛보기 위해 몰려들었습니다. 폐점 직전 일주일간 아이슬란드 전체 인구의 1/3에 해당하는 엄청난 인파가 방문했습니다. 맥도날드의 폐점 소식은 단순히 빅맥을 더 이상 먹을 수 없다는 아쉬움을 넘어섰습니다. 그것은 더 이상 빅맥을 먹지 못하게 된 것에 대한 상실감이 아니었지요. 아이슬란드의 한 시민은 맥도날드조차 유지하지 못하는 나라가 과연 은행을 제대로 운영할 수 있겠느냐며, 아이슬란드 역시 햄버거 가게 하나조차 감당하지 못하는 국가 중 하나라고 지적했

맥도날드가 있던 자리에 세워졌던 토종 프랜차이드 브랜드 메트로. ©Maria Magnea

습니다. 맥도날드가 아이슬란드를 떠난다는 것은 무엇을 의미할까요? 인류학자 크리스틴 로프츠도티르Kristín Loftsdóttir는 그의 논문에서 한 블로거가 썼던 글을 인용하며 아이슬란드인들이 느꼈던 상실감이 어떠했는지 소개했습니다.

"맥도날드가 이 나라를 떠난다는 것은 무엇을 의미할까요? 우리가 15년 전으로 되돌아간다는 의미일까요? 우리가 이 유명한 체인을 유지할 가치가 없는 세계의 작은 구석이라는 뜻일까요? 우리가 정말로 다른 세계로부터 더욱 고립되고 있는 걸까요?"

로프츠도티르는 맥도날드 폐점이 단순히 패스트푸드점 하나의 폐업이 아닌, 아이슬란드 사회가 글로벌 금융위기로 인해 경험한 경제적, 심리적 상실감을 집약적으로 보여주는 사건이라고 분석했습니다. 맥도날드가 떠났다는 사실은 아이슬란드가 세계화와 현대화에서 탈락당한 것을 상징하는 것만 같은 불안감의 인식이기도 했지요. 그 불안은 당연히 외국에 의해 주체화되었던 과거의 역사와 연결되어 있습니다. 그런 기억과 맞물려 맥도날드의 퇴장은 아이슬란드가 다시 예전의 '스스로 다스릴 수 없는 피지배자'로 되돌아가는 상징처럼 느껴지는 불안을 만들었고, 때문에 그것은 더 충격적일 수밖에 없었습니다. 바로 이런 점에서 그들이 잠시나마 신뢰했던 이 모든 비극을 만들어낸 정치인들, 금융계 엘리트들, 그리고 그들을 영웅화한 아이슬란드의 언론에 더 배신감을 느낄 수밖에 없었던 것이지요.

황금아치가 떠난 자리에 남겨진 선진국

아이슬란드의 크나큰 위기를 기점으로 엘리트 사회의 여러 부패가 수면 위로 드러났습니다. 1990년대 신자유주의적인 개혁을 추진하고 이를 바탕으로 아이슬란드가 세계의 정상에 우뚝 서게된 듯한 착각을 만들어낸, 정치인들과 은행가들의 민낯이 낱낱이 드러나기 시작한 것입니다. 알팅기는 금융위기의 원인을 조사하기 위해 특별조사위원회를 구성해, 2010년 4월 보고서를 발표했습니다. 보고서에 명시된 결론은 분명했습니다. "은행의 시스템이 국가 경제 규모를 넘어설 만큼 비정상적으로 커지는 동안, 정부가 이에 대응하기는 커녕 오히려 은행의 성장을 보장했다"고 결론을 내렸지요. 이렇게 정부가 은행의 뒷배를 봐주고, 언론에서는 왜곡된 보도를 할 수 있었던 것은 좁디좁은 아이슬란드 엘리트 사회의 특성 때문이었습니다. 아이슬란드의 정치인, 은행가, 언론계 엘리트들은 대부분 같은 출신이라는 공통점이 있습니다. 이들은 서로의 업종을 넘나들며 직책을 맡고 긴밀한 네트워크를 형성했습니다. 대표적인 예로, 은행 민영화를 주도했던 총리 오드손은 아이슬란드의 유력 언론사 중 하나인 모르귄블라디드Morgunblaðið의 편집장으로 활동했습니다. 모르귄블라디드는 우파 독립당의 대변지 역할을 할 만큼 정치적 성향이 강한 언론사입니다. 오드손 내각 당시 재무 장관을 지냈던 프리드릭 소푸손Friðrik Sophusson 역시 공교롭게도 같은 대학 출신으로, 재무장관 이후 국영 에너지 회사의 사장을 거쳐, 글리트니르 은행의 전신 아이슬란즈방키의 이사로도 활동했습니다.

아이슬란즈방키 은행의 최대 주주는 바우구르 그룹Baugur Group이라는 투자회사였는데, 이 회사의 CEO는 욘 아우스게이르 요하네손Jón Ásgeir Jóhannesson이었습니다. 그는 아이슬란드의 또 다른 대형 언론사인 프레타블라디드Fréttablaðið를 인수한 뒤 다른 민영 미디어들까지 소유하며 엄청난 정치적, 경제적 영향력을 행사했습니다. 정치계, 금융계, 언론계가 얽히고설킨 네트워크는 사실상 동문 네트워크를 통해 구축된 것이었습니다. 이러한 구조 속에서 언론은 사실상 비판적인 담론을 제기할 수 없는 환경에 놓였습니다. 은행과 언론, 정부가 촘촘히 얽혀 있었기 때문에 금융 정책에 대한 비판적 시각이 차단된 것이지요.

아이슬란드의 금융 붕괴 이후, 국민들은 책임자들에 대한 엄격한 처벌을 강력히 요구했습니다. 그 결과 전 총리를 포함한 여러 정치인과 은행 엘리트들이 사법적 처벌을 받게 되었습니다. 이는 전직 국가 수반이 경제 위기의 책임을 물어 법정에 서게 된 전례 없는 사건이었습니다. 한편, 새롭게 들어선 정권은 위기에 빠진 은행들에 막대한 세금을 투입해 구제하는 방식을 과감히 포기했습니다. 대신, 국민들의 부채를 탕감해주고, 고소득층과 기업의 법인세를 인상하는 등 파격적인 정책을 펼쳤습니다. 이러한 조치는 경제 위기 이전과는 전혀 다른 방향의 경제정책이었습니다. 이런 정책 이후 다행히 아이슬란드는 과도한 부채에서 점차 벗어나게 되었지요. 금융위기 이후 정상화된 화폐가치로 관광객들이 많이 몰려들었고, 수산업 등 수출 경쟁력도 살아나면서 아이슬란드의 경제는 이후 빠르게 회복되었습니다. 하지만 아이슬란드인들의 자존심과 함께 바닥에 떨어졌던 정치 시스템과 금융기관에 대한 신뢰가 회복되기까지는 상당히 많은 시간을 견뎌내야만 했습니다.

＊＊＊

다양한 지표에서 아이슬란드는 선진국으로서의 면모를 굳건히 지켜내고 있습니다. 맥도날드라는 프랜차이즈 하나가 없어졌다고 해서 이런 아이슬란드가 선진국에서 탈락되는 것도 아니지요. 그럼에도 불구하고 아이슬란드는 오랜 시간 지배당하며 타자화 되어온 역사와 더 강한 국가들로부터 인정받고자 하는 욕망이 맞물린 나머지 '맥도날드가 없는 국가들' 대열에 합류한 것에 불안과 상실을 느끼기도 했습니다. 아이슬란드의 맥도날드 부재를 바라보는 시선은 다소 아이러니합니다. 남반구의 여러 국가는 정치적 불안정, 경제적 빈곤, 부의 불평등으로 인해 여전히 맥도날드조차 들어서지 못하는 상황에 놓여 있습니다. 하지만 아이슬란드의 경우 그들의 느끼는 상실감은 이와 다릅니다. 이는 마치 과거 덴마크 식민지 박람회에서 타인종과 함께 전시된 아이슬란드 학생들이 분노했던 장면과도 비슷합니다. 열등감과 오만함이 뒤섞인 복합적인 감정이 다시금 표출된 것이지요.

 아이슬란드가 진정으로 극복해야 할 것은 단순히 맥도날드 부재에 대한 상실감이 아닙니다. 오히려 식민지 경험과 타자화된 역사에서 비롯된 왜곡된 자기 인식이야말로 더 근본적인 문제일 것입니다. 아이슬란드가 금융 호황기에 보여준 과도한 소비와 자신감은 자신들이 타자화되었던 과거의 열등감을 반작용적으로 보상받고자 했던 과시적 욕망의 산물일 수 있습니다. 결국 이 왜곡된 자기 인식이 부패를 용인하는 구조를 만들어냈습니다. 그런 점에서 아이슬란드가 이런 자기인식을 극복하지 않는다면, 혹시 영원히 남에게 인정받고자 하는 욕망의 망령에 사로잡힌 선진국, 그래서 역설적으로 진정한 의미의 선진국이 되지 못하는 나라인 것은 아닐까요?

콤플렉스의 거울,
일본

"일본 방송에서는 왜 서양인만 자주 보일까?"

이상한 일본의 국뽕 방송, "You는 뭐하러 일본에"

일본의 지상파 방송사 중 하나인 TV 도쿄에서는 10년 넘게 방영 중인 장수 예능 프로그램 〈YOU는 뭐하러 일본에?YOUは何しに日本へ？〉가 있습니다. 이 프로그램의 기본적인 구성은 제작진이 나리타 공항에서 대기하다가, 외국인 여행객을 발견하면 즉석에서 인터뷰를 요청합니다. 그들에게 일본 방문의 목적을 묻고, 흥미로운 사연이 있을 경우에는 일정 기간 동행 취재를 하며 일본에서 겪는 다양한 에피소드를 시청자에게 전달하는 형식입니다.

일본의 유명 코미디 듀오인 '바나나맨'이 MC를 맡아 VCR을 보며 여러 리액션을 가미하는데, 이것이 시청자들의 재미를 더욱 증폭시킵니다. 2012년 파일럿 쇼 형태로 첫 방송된 이후 크게 히트하자, 이 프로그램은 급기야 2013년부터 매주 월요일 황금시간대로 편성되었고 어느덧 10년이 넘게 장수하는 인기 프로그램이 되었습니다. 여러 방송사에서 자국을 찬양하는 방송들이 유행처럼 양산되고 이른바 지나친 '국뽕'을 조장하면서 일본 국내에서조차 질타의 목소리가 나오기도 했지만, 〈YOU는 뭐하러 일본에?〉의 경우 다른 국뽕 프로그램에 비해 억지스럽고 과장된 연출을 배제하고 주인공의 사연에 초점을 맞춤으로써 거부감이 상대적으로 덜했기 때문입니다. 외국인들의 사연이 펼쳐지는 공간은 일본이기 때문에 일본 문화에 대해 갖는 외국인들의 관심과 긍정적 시선을 자연스럽게 부각시키는 것은 어찌 보면 당연한 일이기도 하겠지요. 그런데 한 회 두 회 어떤 에피소드들이 있었는지 살펴보며 출연자들의 면면을 종합해보면 뭔가 이상한 점을 발견하게 됩니다.

2024년 상반기와 2023년 한 해 동안 방영된 〈YOU는 뭐하러 일본에?〉의 총 68개 방영 분을 분석해보았습니다. 그 결과 절반이 넘는 35개의 방영분이 미국 출신의 관광객을 주인공으로 한 에피소드였고, 그 다음 많은 출신지로는 캐나다, 프랑스, 독일, 스페인, 호주 순으로 주로 영미권을 비롯한 서유럽권의 나라들이 대부분이었습니다. 인종 별로 따져보면 더 놀라운데, 백인이 출연하는 방송분이 68개의 방영 분 중 52개로 무려 76%나 차지했습니다. 제작진이 공항에 대기하고 있다가 외국인을 즉석에서 인터뷰하는 것이 이 방송의 컨셉이지만, 실제로 일본에 방문하는 수많은 외국인 관광객들의 출신 국가 비율을 따져보면 위의 결과가 매우 흥미롭게 보이기 시작합니다.

일본정부관광국의 통계자료에 따르면, 2023년 한 해 동안 일본을 가장 많이 방문한 외국인은 단연 한국인이었습니다. 전체 외국인 관광객의 약 1/3이 한국인이었고, 그 뒤를 대만, 중국, 홍콩 등이 이었습니다. 미국인은 전체 방문객의 약 8% 수준으로 네 번째에 위치했을 뿐입니다. 하지만 흥미롭게도 〈YOU는 뭐하러 일본에?〉의 2023년 방영분 중 한국인이 주인공으로 등장한 에피소드는 단 한 편뿐이었습니다. 그마저도 '탈북자 출신 한국인'이라는 이례적인 배경을 중심으로 다룬 에피소드였습니다. 이는 방송의 즉석 인터뷰라는 표면적 형식에 비해, 실제 출연자 구성에는 어떤 선택적 기준이 작용하고 있다는 의심을 불러일으킵니다.

물론 나리타 공항 등에서 동아시아인 관광객들은 일본인과 외형상 쉽게 구별되지 않기 때문에 인터뷰 대상에서 제외되기 쉬운 구조적 한계가 있다는 반론도 가능할 것입니다. 그러나 전체 관광객의 다수가 한국, 중국, 대만 등 동아시아 출신이라는 점을 감안할 때, 출연자의 국적과 인종이 압도적으로 서구권, 특히 백인에 집중되어 있다는 사실은 단순한 우연으로 보기는 어렵습니다. 결국 이 프로그램이 '외국인이 바라보는 일본의 시선'을 보여주려는 의도를 갖고 있다면, 방송이 조명하고 싶은 '외국인'의 이미지가 이미 편향되어 있는 것 아닐까요? 방송이란 필연적으로 시청자들이 더 좋아할 만한 방향으로 꾸려지기 마련인 것을 생각해볼 때, 실제로 일본의 공항을 가장 많이 방문하고 있는 한국인보다는 미국을 비롯한 서유럽인, 특히 서양의 백인 관광객들이 일본에서 어떤 경험과 생각을 하는지가 일본 시청자들에게는 더 비중 있게 여겨지는 듯합니다.

미국 사회심리학을 일본에 도입하여 일본의 다양한 사회 현상에 담긴 심리를 분석해 크게 주목을 받았던 심리학자 미나미 히로시南博는 대표 저서 《일본인론》에서 일본인만큼 스스로 국민성을 논하기 좋아하는 국민은 없다고 언급했습니다. 국민성을 규정하기 위해서는 당연히 비교 대상, 즉 타자의 존재가 필요합니다. 그런 점에서 일본인의 자국 담론에는 '외부의 시선'에 대한 각별한 관심이 깔려 있다고 볼 수 있지요. 일본이 외부 세계, 특히 서양과의 비교를 통해 자신들의 특수성을 규명하려는 태도는 여러 문화 현상에서 반복적으로 확인됩니다. 일본인은 외부로부터 자신들이 '어떻게 인식되고 있는가'에 대해 유별나게 민감하다는 것입니다. 그리고 그 외부의 대표 격은 단연 '서양'입니다.

그렇다면 실제 서양 세계가 일본을 어떻게 인식하고 있을까요? 이를 살펴볼 수 있는 대표적 지표 중 하나가 바로 '국가 브랜드 지수'입니다. 이는 한 국가가 세계적으로 어떤 이미지를 갖고 있는지를 다차원적으로 수치화한 평가 도구입니다. 국가 브랜드 지수는 영국의 정책 고문 사이먼 안홀트Simon Anholt가 개발한 방식으로, 현재 전 세계적으로 가장 널리 쓰이고 있는 국가 이미지 평가 척도입니다. 이 지수는 6개 주요 항목 ① 수출품에 대한 호감도, ② 정부의 신뢰도, ③ 문화 콘텐츠(음악, 영화, 미술, 문학 등)의 매력, ④ 관광지로서의 매력도, ⑤ 국민의 친절성과 개방성, ⑥ 이민 및 유학 선호도를 기준으로, 20개국 18세 이상 성인 약 6만 명의 응답을 통해 산출됩니다. 2023년 발표된 최신 국가브랜드 지수에서 일본은 세계 1위를 차지하며 독일을 제치고 가장 호감도 높은 국가로 선정되었습니다.

매년 프랑스 파리에서 열리는 다양한 컨벤션 행사 중 가장 큰 규모를 자랑하는 것은 다름 아닌 재팬 엑스포Japan Expo입니다. 이는 일본 서브컬처의 글로벌한 영향력을 단적으로 보여주는 사례 중 하나입니다. 또 다른 예로, 미국의 도서 판매 통계 서비스인 서카나 북스캔Circana BookScan의 그래픽노블 부문 판매 순위를 살펴보면, 일본의 만화(망가)와 애니메이션 관련 서적들이 상위를 독식하고 있는 상황입니다. 이는 일본 콘텐츠가 서구의 젊은 세대에게 어떤 위력을 발휘하고 있는지를 잘 보여주는 지표입니다.

이러한 영향력은 단순히 만화나 캐릭터, 게임 등의 서브컬처에 국한되지 않습니다. 젠Zen 스타일로 대표되는 일본 특유의 미니멀리즘 미학은 건축, 인테리어, 디자인 전반에서 서구를 매혹시키고 있으며, 닌자나 사무라이, 게이샤, 사쿠라(벚꽃)와 같은 이미지들도 다양한 서구 창작물 속에서 고유명사 그대로 차용되며 자주 등장합니다. 이는 곧 일본적 전통문화가 '동양의 이미지' 속에서 압도적인 상징성을 차지하고 있다는 방증이기도 합니다. 영화 〈라스트 사무라이〉의 충직한 무사, 대중문화 속 의리와 은밀함의 대명사인 닌자, 동양 여성의 상징처럼 소비되는 기모노 차림의 게이샤, 그리고 봄마다 흩날리는 벚꽃은 이미 '일본' 하면 자동으로 연상되는 정서적 아이콘이 되었습니다.

이외에도 일본은 여러 전통 및 현대 문화 분야에서 세계적으로 강한 인상을 남기고 있습니다. 예컨대 프랑스 요리와 어깨를 나란히 하는

프랑스 파리에서 열린 재팬 엑스포 현장

고급 요리 문화로 자리 잡은 스시, 다카다 겐조高田賢三와 미야케 이세이三宅一生 같은 세계적인 패션 디자이너들, 건축계의 노벨상이라 불리는 프리츠커상을 무려 9명이나 수상한 건축계, 그리고 가와바타 야스나리川端康成, 오에 겐자부로大江健三郎 등 노벨 문학상 수상 작가들을 배출한 문학계 등에서 두드러진 성과를 보여왔습니다. 이러한 문화적 영향력과 함께 일본인은 '성실하고 친절하다'는 긍정적 고정관념도 세계적으로 널리 퍼져 있습니다. 위키피디아에는 '일본인에 대한 스테레오타입stereotype'이라는 별도 항목이 존재하는데, 이는 동아시아 3국 중 일본에만 해당하는 독특한 사례입니다. 이 항목에는 기술력, 가와이いかわいい, 문화, 스시, 부끄러움, 그리고 예의바름 등의 요소가 일본인의 전형적 이미지로 기술되어 있습니다.

 이쯤에서 되짚어볼 만한 사실이 있습니다. 일본은 불과 한 세기도 채 안되는 시간 전까지만 해도 미국과 영국을 비롯한 연합국 진영의 서방국가들과 참혹한 전쟁을 벌인 군국주의 국가였습니다. 현재 서구권에서 바라보는 '부드럽고 세련되며 고급스러운 민주주의 국가' 이미지와는 정말 극도로 상반된 모습인데, 제2차 세계대전 이후 이런 이미지가 구축되기까지는 불과 30년도 채 걸리지 않았다는 점은 놀라울 따름입니다. 일본이 단기간에 세계인에게 호감 있는 나라로 자리 잡을 수 있었던 데에는 분명한 이유가 있을 것입니다. 한때 전쟁을 벌이며 적대하던 나라의 사람들이 이제는 일본의 '국뽕' 방송에 출연해 일본 문화를 찬양합니다. 일본은 이들이 자신을 어떻게 바라보는지를 누구보다 궁금해합니다. 이렇게 자신들의 이미지를 미국을 중심으로 한 서양의 시선에서 정의하고 구성하려는 시도로 해석할 수 있으며, 그 현상에는 어떤 배경이 숨겨져 있는지 들여다볼 필요가 있습니다.

열등감 속에서 탄생한 '고유의 일본'

 시간을 약 1,700년 전으로 되돌려 동아시아를 조명해보겠습니다. 당시 중국은 위진남북조시기로, 전국이 여러 갈래로 나뉘어 끊임없는 혼란과 전쟁이 이어지던 시기였습니다. 한반도는 고구려, 백제, 신라가

각축을 벌이던 삼국시대였고, 일본 열도에는 오늘날 일본의 정치적 기원이 된 야마토 정권이 등장하며 고대 국가 형성의 초기 단계를 밟고 있었습니다. 비록 위진남북조는 분열의 시대였지만, 아이러니하게도 이 시기는 중국 문명이 동아시아 전역으로 확산되는 결정적 계기가 된 시기이기도 했습니다. 유교, 율령 체계, 불교, 과학 기술, 한자와 같은 중국의 제도와 문화는 이 시기를 거쳐 주변국으로 급속히 전파되었고, 이로써 고대 동아시아 세계는 점차 공통된 문화적 기반 위에서 서로 연결되기 시작했습니다.

일본 역시 이러한 문화적 확산의 주요 수혜자였습니다. 당시 일본은 문자가 존재하지 않았고, 정치 제도나 종교, 기술 등 여러 방면에서 한반도나 중국 본토에 비해 문화적으로 뒤처져 있던 것으로 평가됩니다. 이런 상황에서 일본이 본격적인 문명화를 시작할 수 있도록 결정적인 계기를 제공한 존재가 있었으니, 바로 백제 출신의 학자 왕인王仁입니다. 그는 일본에 공자와 제자들의 언행을 기록한《논어》와, 약 1,000개의 한자와 250구의 고시古詩로 구성된《천자문》을 전했다고 알려져 있습니다. 이러한 문화를 적극적으로 받아들인 중심에는 1984년까지 일본의 지폐에 등장했던 쇼토쿠 태자聖德太子라는 인물이 있습니다. 쇼토쿠 태자는 6세기 말에서 7세기 초 야마토 정권의 정치가였습니다. 그는 스이코 천황의 섭정으로서 문화와 정치를 급속도로 성장시켜 아스카시대를 연 인물로, 심지어 일본이라는 나라의 기틀을 세운 인물로까지 평가받기도 합니다. 쇼토쿠 태자가 아스카시대에 일본의 사회구조

일본 지폐에 등장하는 쇼토쿠 태자

와 정신세계를 한 단계 더 발전시킬 수 있었던 것은, 바다 건너 아시아 대륙의 문화를 적극적으로 받아들였기 때문이라고 할 수 있습니다.

  유년시절 고구려 승려인 혜자, 백제의 각가 등으로부터 불교와 유교를 배운 쇼토쿠 태자가 활약한 아스카시대는 불교 문화가 융성했는데, 백제를 통해 국가 운영에 필요한 이념과 문물을 어마어마하게 수입하는 과정에서 유교 역시 많은 영향력을 발휘하게 되었습니다. 7세기 초반이 되면 유교는 일본의 통치이념으로서 정착하기 시작합니다. 이를 확인할 수 있는 대표적인 사례는 '관위제도'입니다. 관위제도는 관리의 서열을 나타내는 위계제도를 말합니다. 일본이 약 7세기 경 부터 시작한 관위제도는 유교에 영향을 받아 인, 의, 예, 지 신이라는 유교 덕목에 기초해 6종류의 관을 대소大小로 구분하여 위계화시켰지요. 예를 들어 대인大仁, 소인小仁, 대의大義, 소의小義 이런 식으로 유교의 덕목을 관의 명칭으로 삼으면서 위계를 나누는 것입니다. 이렇게 나라의 통치를 위해 제정된 각종 제도와 규정이 유교에 기반을 두고 있었기 때문에 유교는 일본 사회에 고스란히 이어질 수밖에 없었습니다.

　이렇게 아시아 대륙의 문화를 적극적으로 수입하던 쇼토쿠 태자의 심리는 무엇이었을까요? 20년 이상 아시아 각지에서 특파원으로 활동한 저널리스트이자 작가인 패트릭 스미스Patrick Smith는 그의 저서《일본의 재구성Japan: A Reinterpretation》에서 중국과 한반도로부터 대대적인 문물을 유입했던 당시 일본의 상황을 두고 "자신들이 가진 문화의 불완전함을 인정했다는 뜻"이라고 평했습니다. 이런 분석은 마침 이 시기에 처음 등장했던 '일본'이라는 국호의 의미를 잘 생각해보면 상당히 일리 있는 통찰로 보입니다. 서기 607년, 쇼토쿠 태자가 수나라 수 양제에게 보낸 국서에서 "해 뜨는 곳의 천자가 해 지는 곳의 천자에게 문안을 올린다日出處天子致書日沒處天子無恙云云"라는 표현이 등장합니다. 여기서 '日出處(일출처)'라는 표현은 후일 일본이라는 국호로 정착하는 기초가 됩니다. 일본의 뜻은 말그대로 '해의 근원'이라는 뜻이지요. 해의 근원이라는 말만 보면 언뜻 일종의 자신감이 내비쳐집니다. 그런데 이들이 스스로를 '해가 뜨는 곳'이라고 말할 때 과연 어디를 기준으로 해가 뜬다고 규정했는지를 잘 생각해봅시다. 결국 일본이라는 국호 역시 한반도와 중국 대륙을 기준으로 삼고 있다는 점에서, 콤플렉스와 비슷한 묘한 심리를 엿볼 수 있습니다.

　아스카시대와 그 이후 나라 시대에 이르기까지 이어진 외래 문화의 대대적인 유입 속에서 일본은 스스로의 정체성에 대한 고민을 하지 않을 수 없었습니다. "바다 건너의 아시아 대륙으로부터 받아들인 선진

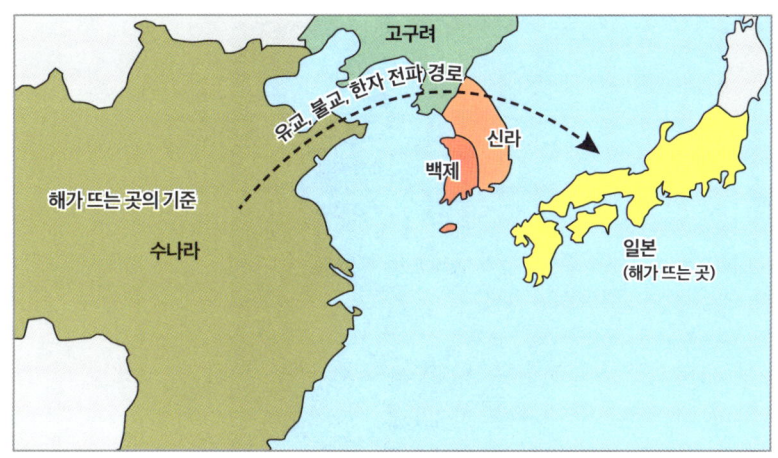

7세기 초 동아시아 지도

문화, 불교나 유교가 아닌 일본만의 고유의 것이 있지 않을까?" 이러한 자의식은 헤이안시대에 이르러 더욱 뚜렷하게 드러납니다. 헤이안시대는 중국의 영향에서 벗어나 자체적으로 발전시킨 '국풍国風'이라는 문화가 발달하기 시작한 시기입니다. 입었던 옷의 꾸밈새 또한 그 이전까지는 중국과 유사했던 모양에서 일본의 풍토에 맞게 변형되기도 하지요. 하지만 이런 것만으로는 부족했습니다. 보다 본질적인 것이 필요했습니다. 불교와 유교를 비롯해 그들이 받아들인 많은 외래 물질문화 이전부터 늘 자신들에게 존재해왔다고 믿을 수 있는 가장 상위의 개념, 즉 일본만이 가진 고유의 '정신' 말입니다.

이러한 일본 고유의 정신을 일컫는 단어가 최초로 등장한 것은 헤이안시대 중기입니다. 세계 최초의 장편 소설로 여겨지기도 하는《겐지

야마토 타케루의 인물화

모노가타리源氏物語》라는 문학작품에서 '야마토다마시大和魂'라는 말이 등장합니다. 직역하면 '야마토의 혼', 한자 독음상 한국어로는 '대화혼'이라 읽히는 이 말은, '일본'이라는 국호가 생겨나기 이전인 야마토 정권 때부터 존재해 왔다고 믿는 '일본인 본래의 정신'을 의미합니다. 야마토다마시는 시대에 따라 의미가 변화해왔지만, 특히 근세 이후에는 민족주의적 맥락에서 더 뚜렷한 의미로 재해석되기 시작합니다. 이 개념은 일본 민족 특유의 용기, 청렴함, 그리고 특히 주군이나 천황에 대한 충성심과 같은 도덕적 기질과 정신성을 뜻하는 말로 자리 잡았습니다.

야마토다마시라는 개념은 일본 신화 속 영웅인 야마토 타케루日本武尊와 같은 인물을 통해 미화되었습니다. 타케루는 일본에서 가장 오래된 역사서로 꼽히는 《일본서기》와 《고사기》에 등장하는 전설적 인물입니다. 《일본서기》는 '일본'이라는 국호나 '천황'이라는 명칭이 처음 사용되기 시작한 덴무 천황 시기에 편찬되었고, 《고사기》 역시 아스카시대의 마지막 여성 천황인 겐메이 천황 시기에 편찬되었습니다. 여기서 눈여겨볼 점은 일본 황실의 권위를 알리고 칭송해 결과적으로 일본 고유의 정신을 강조하기 위해 쓰여진 이 역사 책들이 편찬된 시점은 8세기로, 중국의 한자를 수용한 이후 다분히 중국 유교의 영향을 받은 시각에서 쓰여졌다는 점입니다. 이러한 야마토다마시는 헤이안시대에 접어들면서 일본의 정신(화혼)을 유지하면서 중국(한나라)의 기술(한재)을 받아들인다는 뜻인 '화혼한재和魂漢才'라는 개념과도 맞닿아 있습니다.

모순 덩어리가 되어버린 '일본 정신'

이제 시간을 19세기로 돌려보겠습니다. 1,000년이라는 세월이 흐르며 국제 정세는 완전히 바뀌었습니다. 세계는 서구 열강이 군사력과 과학기술을 바탕으로 패권을 장악한 서세동점西勢東漸의 시대로 접어들고 있었습니다. 일본은 그 사이 군주인 천황을 상징적인 존재로만 두고 실질적인 권력은 무사 출신인 쇼군이 대를 이어 세습하며 국가를 통치하는 막부 체제가 이어지고 있었습니다. 19세기는 이러한 막부 체제가 거의 끝을 보이는 에도 막부 시기였고, 에도 시대에는 약 200년 동안 외국과의 교역을 금지하는 쇄국정책을 펴고 있었습니다. 그런데 1853년, 이러한 쇄국의 단단한 장막을 깨트리는 일이 일어났습니다.

1853년 7월 8일, 미국 해군 제독 매슈 페리Matthew Perry가 이끄는 동인도 함대가 4척의 군함을 이끌고 일본 가나가와현 인근의 우라가항에 도착했습니다. 검은 선체와 증기기관에서 뿜어져 나오는 매연 때문에 일본인들은 이 군함들을 '흑선黑船'이라 불렀습니다. 당시 페리는 개국을 강력히 촉구하며, 당시 미국 대통령인 밀러드 필모어Millard Fillmore의 국서를 막부에 전달했습니다. 일본은 사전에 네덜란드 상인을 통해 미국 함대의 출항 사실을 접하고 있었기 때문에 완전히 기습적인 방문은 아니었으나, 실제로 거대한 군함이 항구 앞에 정박하며 무력 시위를 펼친 것은 매우 위협적인 사건이었습니다. 에도 막부는 즉각적인 결정을 피하고 시간을 벌기 위해, 페리 제독에게는 1년 후에 답변하겠다는 입장을 전달했습니다. 이에 페리는 일단 중국과 동남아시아를 거쳐 일시적으로 철수했습니다. 겉보기엔 위기를 넘긴 듯했지만, 막부 내부는 커다란 혼란에 빠졌습니다. 일본이 서구 열강과 마주하게 된 이 상황을 어떻게 대응할지를 놓고 막부 내에서는 논쟁이 벌어졌습니다.

일단 페리 제독이 돌아간 것은 다행이었습니다. 하지만 일본 내부는 혼란스러워졌습니다. 일본에 대해 불평등한 국제 관계를 강요하고자 하는 미국의 의지를 알고 있었기에 이를 어떻게 대응해야 할지 막부 내에서도 갑론을박이 벌어졌지요. 게다가 페리가 물러나고 약 한 달이 채 지나지 않아 당시의 쇼군이었던 도쿠가와 이에요시德川家慶가 사망하

매슈 페리가 이끄는 동인도 함대. 일본인들은 이 군함을 '흑선'이라 불렀다

는 일이 벌어지고, 심지어 후계자인 도쿠가와 이에사다德川家定는 병약해 혼란한 정국을 이끌 인물도 아니어서 정세는 더욱 어수선해졌습니다. 딱히 묘안도 없는 상태에서 외국을 배척하자는 양이론도 높아져 일본은 여러모로 골머리가 썩고 있는 상황이었습니다.

그러다가 1년 뒤에 온다고 했던 페리 일당이 불과 7개월만인 이듬해 2월 13일, 우라가항으로 다시 내항했습니다. 심지어 전에는 4척이었던 함대를 무려 9척으로 늘려서 데려왔습니다. 페리는 쇼군이었던 도쿠가와 이에요시의 사망 소식을 듣고 국정 혼란의 틈을 타 반년만에 돌아와 일본을 압박한 것입니다. 갑작스런 페리의 귀환에 막부는 매우 초조해졌습니다. 이 미국 측의 거센 압력에 더이상 저항할 힘이 부족했던 일본은 결국 1개월 간의 협상끝에 미국의 개국 요구를 받아들이게 됩니다. 1854년 3월 31일, 전체 12개의 조항을 담은 미일화친조약을 맺게 되었습니다. 200년 이상 이어진 에도 막부의 쇄국정책이 끝내 막을 내리도록 만든 이 조약은 당연히 일본 측에 매우 불평등한 조약이었습니다. 이 조약의 제9조에는 다음과 같은 말이 쓰여 있었습니다.

"제 9 조. 미국에 편무적片務的인 최혜국 대우를 준다."

'최혜국 대우'란, 일본이 다른 나라와 맺은 조약 가운데 가장 유리한 조건을 자동적으로 미국에도 동일하게 적용해야 한다는 내용입니다. 반면 미국은 일본에 대해 같은 조건을 적용할 의무가 없었기 때문에, 이 조항은 사실상 미국에게만 일방적으로 유리한 편무적 조약이었습니다. 하지만 여기서 끝이 아니었습니다. 일본은 그로부터 4년 뒤인 1858년, 미국과 미일수호통상조약을 체결하면서 더욱 불평등한 조약을 받아들이게 됩니다. 이 조약에는 치외법권(미국인이 일본에서 범죄를 저질러도 일본이 아닌 미국 영사가 재판함), 관세 자주권 상실, 그리고 에도, 요코하마, 나가사키 등 항구의 추가 개항 등이 포함되었습니다.

미국의 무력 압박에 굴복해 개항을 '당한' 쇼군의 무기력한 대응을 지켜본 하급 사무라이들은 큰 실망을 느꼈고, 막부 체제는 걷잡을 수 없는 혼란에 빠져들게 됩니다. 특히 막부와 불편한 관계에 있었던 지방 세력들은 천황의 허가 없이 굴욕적인 조약을 체결했다는 사실에 분노했습니다. 이들은 곧 "천황을 받들고 외세를 물리치자"는 뜻의 '존황양이尊皇攘夷' 사상으로 무장하며 반反막부 운동에 나섭니다. 이 세력의 중심에는 사쓰마번과 조슈번이 있었고, 이들은 실제로 제국주의 열강과 무력 충돌을 겪게 됩니다.

1862년 사쓰마번의 무사들이 영국인 상인을 사망하게 한 사건으로 인해 사쓰마번과 영국은 지금의 가고시마 인근에서 사쓰에이 전쟁을 벌이게 되었습니다. 사쓰마번은 이 전쟁을 계기로 서양 기술의 우수성을 깨닫고 개화를 해야한다는 쪽으로 입장을 바꾸게 됩니다. 조슈번도 마찬가지였습니다. 조슈번은 현재의 시모노세키 지역에서 미국, 프랑스 함대를 무차별적으로 공격했는데, 2번에 걸친 전투에서 4국의 연합군에게 완전히 궤멸당해 백기투항하게 되었지요. 존황양이를 외쳤던 두 번은 모두 겁없이 전쟁을 일으켰다가 서양의 군대에 큰코다치게 된 것입니다.

이들은 서양의 세력을 몰아내는 '양이'가 현실적으로 불가능함을 깨달았습니다. 오히려 서양의 문물을 적극적으로 받아들여야 한다는 쪽으로 태도를 전환하게 되지요. 이렇게 큰 전쟁을 겪고 같은 인식을 갖게 된 조슈번과 사쓰마번은 본래 앙숙관계였음에도 불구하고 서로 동맹을 맺고 힘을 합친 뒤, 막부의 정치 개혁이 불가능하다는 판단 아래 함께 에도 막부 체제를 타도하기에 이르렀습니다. 삿초동맹이라고 불린 이 동맹은 막부 세력을 군사적으로 제압했고, 결국 막부 체제는 기나긴 여정의 종지부를 찍고 역사 속으로 사라졌습니다. 그리고 그 뒤로 이어진 것이 바로 메이지유신의 시대였습니다. 일본이 근대화에 성공하며 강대국으로 부상할 발판을 만들어낸 시대였지요.

1850년대에 처음으로 맛본 외압과 불평등조약은 여러 측면에서 일본에게 잊을 수 없는 치욕이었습니다. 불평등조약을 체결한 당사자인 막부에게도, 이후 전쟁의 패배로 스스로의 약함을 깨달은 존황파 번들에게도 당시의 상황은 하루 빨리 산업적, 군사적으로 서구 제국과 동등한 위치에 올라야겠다는 강한 동기와 절박함을 부여한 중요한 계기가 되었습니다. 이 동기는 메이지유신이 시작되면서 어마어마한 서구 문물을 받아들이는 대대적인 사회 개혁으로 이어졌습니다. 철도, 우편제도, 공용화폐, 중앙은행 등 사회 간접자본들이 세워졌고, 서양에 파견되었던 사절단이 학교, 공장, 의회 등 여러 기관과 제도 등을 사찰한 뒤 귀국해 여러 서양식 기관과 시설을 도입했습니다. 많은 서구식 건축양식과 생활양식이 급격하게 보급될 뿐 아니라 헌법, 국회, 정당, 내각 등이 형성되었습니다.

과학기술 뿐 아니라 서구의 철학, 법 체계 등을 자신들의 사회에 이식하면서 새로운 단어들도 많이 생겨났습니다. 문화, 자연, 평등, 문명, 사회, 학교, 개인, 자유, 권리, 민주주의 등 근대적 인식 체계가 담긴 수많은 단어들도 새로 생겨났지요. 서구에서 건너온 개념을 사회에 빠르게 정착시키기 위해 정부 산하 번역국에서는 15년간 1,410권이 넘는 서양서적을 번역했습니다. 낯선 개념들이 이해된 후 새로운 단어로 창작되기까지 길게는 40년까지 걸리기도 했다고 합니다. 이렇게 일견 일본의 겉모습은 빠르게 근대화가 되어갔습니다.

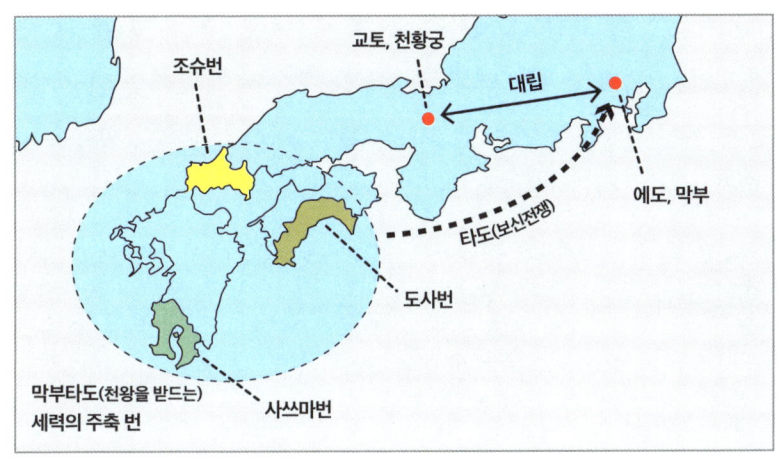
보신전쟁에서 막부타도 세력이 승리한 후 조슈번과 사쓰마번은 메이지유신의 주도 세력이 되었다

 이러한 흐름 속에서, 앞서 살펴본 고대 일본인들이 느꼈던 심리와 비슷한 상황이 한번 더 찾아왔습니다. 거대한 서구 문화의 소용돌이 속에서 일본은 또 다시 정체성의 혼란에 빠지게 된 것입니다. '일본 고유의 정신은 무엇일까?'라는 질문이 다시금 제기되었고, 고대 일본 사회에 쏟아지던 중국 문화의 범람 속에서 그랬던 것처럼 서양의 문화를 닥치는 대로 빨아들이던 일본사회 내에서는 일본 고유의 정신 야마토다마시를 다시 강조하고자 하는 목소리들이 생겨나기 시작했습니다.
 이러한 시대적 흐름 속에서 대표적으로 목소리를 낸 인물 중 하나가 바로 오카쿠라 텐신岡倉天心입니다. 그는 일본의 미학과 전통을 지켜야 한다고 주장하며, '탈아입구脫亞入歐'적 사조에 반대 입장을 분명히 했습니다. 서양 문물을 무비판적으로 수용하는 것이 아니라, 그것을 일본 고유의 정신 아래에서 통제하고 해석해야 한다는 주장이었습니다. 다시 말해, 기술과 체제는 받아들이되 정신은 지켜야 한다는 입장이지요. 이러한 사상적 흐름은 고대에 등장했던 '화혼한재' 즉, '일본의 정신'을 유지하면서도 중국의 기술을 받아들이자는 태도의 연장선상에 있다고 볼 수 있습니다. 근대에는 그 대상이 중국에서 서양으로 바뀌며, '화혼한재'는 '화혼양재和魂洋才'라는 개념으로 확장되었습니다. 그런데 여기 아주 흥미로운 부분이 있습니다.

메이지유신 이전의 에도 시대에는 전반적으로 유교적 가치관이 사회를 지배하던 시기였습니다. 에도 시대가 유교적인 사회가 될 수 있었던 것은 에도 시대가 수많은 세력으로 쪼개져 크고 작은 전쟁이 끊이지 않았던 전국시대를 수습하고 나타난 시대이기 때문입니다. 전국시대는 가문이나 신분보다 힘이 우선시되는 혼란스러운 시대라 하극상이 난무했던 시대였지요. 약육강식의 정글 같은 시대를 도쿠가와 막부가 수습하고 전쟁이 없는 평화시대가 되었지만, 이를 유지하기 위해서는 사회를 강력히 통제할 사상이 필요했습니다. 그들은 유교적 질서를 통해 무사의 무력 활동을 억제하고 문치 중심의 관료 체제로 이행시켰습니다.

한편 집권층이 실시한 엄격한 사회 통제로 인해 장기간 전쟁이 없어지자, 전투가 존재의 본질이었던 무사들에게는 그 존재의의가 사라졌고, 이들은 정체성의 혼란에 빠졌습니다. 이런 상황에서 이들이 스스로의 정체성을 새로 정립할 수 있었던 것은 유교의 '사농공상士農工商'이라는 신분질서였습니다. 사농공상의 '사±'에 과연 무사가 포함될 수 있는 것인지에 대해서는 의문이 들긴 하지만, 여하튼 무사들은 유교 덕분에 자신들이야말로 사농공상이라고 하는 신분 계층의 맨 위에 위치하여 다른 계층을 지도, 관리할 수 있다고 여길 수 있었습니다. 전투의 기회가 사라진 사무라이들은 대거 관료제로 흡수되었고, 유교는 상하 신분제를 합리화하는 하나의 정치적 이데올로기로서 공고해졌습니다.

사±	선비(무사)	농農	농민	공工	장인	상商	상인

이렇게 유교적 전통에 기반을 둔 에도 시대 무사들의 사상을 '무사도'라고 합니다. 메이지시대의 사상가인 니토베 이나조新渡戶稻造가 쓴 《무사도》에서는 이런 무사도의 사상이 어떤 덕목을 특징으로 하는지 쓰여져 있습니다. 의, 용기, 인, 예의, 진실과 성실, 명예와 충의, 극기 등으로 정리되는 이 덕목들을 자세히 살펴보면 언뜻 유교로 부터 많은 영향을 받았다는 것을 단번에 짐작할 수 있습니다. 그런데 유교의 인, 의, 예, 지, 신과는 다르게 무사도에서 가장 처음에 언급된 덕목이 '의'라는 점을 주목해볼 필요가 있습니다. 유교의 '인'은 인간다움, 인간의 따뜻한 마음, 남을 아끼는 마음으로 유교 윤리 중 가장 우선시되어야 하는 최고 덕목인데 반해, 무사도는 '의리'가 가장 중요한 도리로 여겨지고 있습니다. 의리가 가장 우선시되면, 지켜야 할 도리를 위해 죽음

까지 불사하는 것마저 당연한 것으로 여겨지게 됩니다. 무사도는 이렇듯 유교적 전통에 근간을 이루면서도 의리라는 책임과 의무를 유달리 강조하는 것으로 변화된 정신이기도 했습니다. 이러한 에도 시대의 무사도는 이후 '일본인 다움'으로서 일본에 널리 확산되었습니다.

메이지시대에 이르러 무사 출신의 근대 지배층은 '화혼양재'에서 말하는 일본 고유의 정신과 에도 시대의 무사 정신을 결합시켰습니다. 그런데 여기서 우리는 흥미로운 점을 발견할 수 있습니다. 원래 야마토다마시는 중국 유교 문화와의 차별성을 강조하며 형성된 개념이었지요. 하지만 메이지 시기에는 이것이 오히려 유교적 원리에 의해 지탱되는 형태로 등장한 것입니다. 메이지시대의 야마토다마시가 무사도로 선택된 것은 당시의 시대적인 배경도 큰 역할을 했습니다. 메이지유신 시기의 사절단이 귀국한 이후 제시한 의견 중 하나가 "국민 전원이 국방을 담당하자"는 개념인 '국민개병'이었는데, 징병제를 확대하고 학교 교육까지 군사화해가는 당시의 분위기 속에서 야마토다마시가 무사 정신으로 결부된 것은 어찌 보면 자연스러운 수순이었을지도 모르겠습니다.

일본은 근대화의 과정에서 서구의 문물을 외면적으로는 빠르게 받아들이면서도, 그것을 구성하는 원리가 되는 '주체적 개인'이라는 관념보다는 화혼양재라는 이름으로 '집단을 위한 자기 희생' 같은 상충된 이념을 정착시켰습니다. 이 시기 그들이 말한 '화혼和魂'이란, 개인보다는 집단을 중시하고 주인의 명령에 목숨을 다해 충성해야 하는 '무사 정신'과 밀접한 관련이 있었으므로 이는 필연적인 결과였겠지요. 일본은 겉으로는 근대화가 빠르게 완성되어갔지만, 일본 지배세력들은 국민들의 내면을 에도 시대의 숭고한 무사 정신으로 채워 충성과 희생으로 국가를 섬기도록 만들었습니다. 이러한 상황은 일본으로 하여금 자신의 정체성과 세계관 사이에서 깊은 균열을 경험하게 만드는 계기가 되었습니다.

오리엔탈리즘이 만들어낸 기형

하루빨리 서구의 외압에 대응하기 위해 일본은 아시아에서 가장 먼저 근대화를 이뤄낸 나라가 되었습니다. 앞서 살펴보았듯, 일본은 서구의 기술뿐만 아니라 철학과 사고방식, 제도 전반을 적극적으로 도입했고, 이 과정에서 서양의 세계관 역시 자연스럽게 흡수되었습니다. 그리고 그 세계관 중 하나가 바로 '오리엔탈리즘'이었습니다.

오리엔탈리즘은 팔레스타인 출신의 미국인 학자 에드워드 사이드가 체계화한 개념으로, 세계를 서양과 동양이라는 이분법으로 나눈 뒤, 동양을 서양과 대비되는 타자로 규정하며 열등하고 수동적인 존재로 일반화하는 서구 중심의 시각을 말합니다. 동양에 대한 인식은 실제에 기반한 것이 아니라, 유럽을 기준으로 동쪽의 지역 전체를 하나로 일반화하고 서양과 본질적으로 다르다는 선입견에서 비롯되었다는 것입니다. 이 시각에서는 서양이 동양보다 진보적이고 우월하다고 여겨집니다. 예를 들어 서양은 합리적·이성적이며 능동적인 반면, 동양은 비이성적이고 전통적 가치를 중시하며 수동적이라는 식입니다. 이러한 오리엔탈리즘적 세계관은 오늘날 우리 주변과 우리 자신 안에도 여전히 깊숙이 내재되어 있습니다.

 일본은 서구 열강의 강제적인 개항 요구, 즉 무력적 외압이라는 폭력적인 경험을 한 국가였습니다. 이러한 굴욕을 겪은 일본은 그 충격을 극복하고자 누구보다 빠르게 서구 문명을 수용하고 내재화하려 애썼습니다. 그러나 이 과정에서 단순히 서구의 기술이나 제도만 받아들인 것이 아니라, 서구가 동양을 바라보는 시각인 오리엔탈리즘적 세계관까지 함께 받아들이고 말았습니다. 문제는 일본 역시 본질적으로는 서구 담론에서 동양으로 분류되는 대상이지만, 다른 아시아 국가들로부터 자신을 구별하려는 자의식으로도 연결되었습니다. 일본이 자신을 동양의 일부로 보면서도 '다른 동양'과는 다르다는 태도를 갖기 시작한 것이지요. 이러한 의식은 일본 제국주의를 이론적으로 정당화한 대표적 사상가, 후쿠자와 유키치福澤諭吉의 글에서도 잘 드러납니다. 그는 1885년, 산케이 신문의 전신이던 시사신보時事新報에서 '탈아론脫亜論'이라는 사설을 실었는데 다음과 같은 대목이 들어가 있습니다.

> "옛것을 버리고 새로운 것을 얻는 과정에서 가장 핵심적인 것은 '아시아를 벗어나는 것脫亞'이다. 비록 일본이 이미 정신적으로는 아시아를 벗어났지만, 이웃의 두 나라(조선과 청나라)는 개혁을 생각조차 하지 못하고 있다. 이 나라들의 유교적 가르침은 모두 위선적이고 뻔뻔할 뿐이다. (…) 서구인들은 언제나 일본, 중국, 한국을 같은 문화를 가진 비슷한 나라들이라고 생각하는데, 이는 일본에게 걸림돌이 될 뿐이다. 나쁜 친구를 사귀는 사람은 다른 사람들에게 마찬가지로 나쁜 인상을 주기 때문에, 일본은 이웃의 나쁜 아시아 나라들과 관계를 끊어야 한다."

후쿠자와의 사설에서 엿볼 수 있는 것은 일본이 서양과 동양 사이에서 스스로의 위치를 어떻게 정립하고자 했는가에 대한 복합적인 자기 인식입니다. 그의 주장은 단순히 중국이나 조선을 비판한 것이 아니라, 일본이 서구 속에서 '좋은 이미지'를 유지해야 한다는 강박과도 연결되어 있습니다. 다시 말해, 일본이 '미개한' 아시아 국가들과 같이 '나쁜 친구'와 사귀면, 그 부정적인 인상이 고스란히 일본에게도 전이될 것이라는 불안이 작동하고 있었던 것입니다. 중요한 것은, 이 인상을 부여하는 주체로 상정된 이들이 서구인들이라는 점입니다. 이런 시각은 일본이 스스로를 동양에서 분리시키려 하면서도, 여전히 서구의 시선에 예속되어 있다는 점을 드러냅니다. 일본은 이미 오리엔탈리즘이라는 담론의 대상, 즉 서구가 상정한 동양의 일원임에도 불구하고, 그 열등한 범주에서 빠져나와야 한다는 자의식에 사로잡혀 있었습니다. 그러면서도 자신이 속했던 아시아 국가들을 오히려 깔보는 방향으로 그 열등감을 전가하려 한 것이지요.

서양의 지배 대상이 되는 오리엔탈리즘의 범주에서 벗어나면서도 '미개'한 아시아 국가들을 대신해 서구와 대등한 입장에 설 수 있는 일본이 되기 위해, 일본은 서구 제국을 그대로 모방하고 학습했습니다. 그중 하나는 침략과 식민지화의 정당성을 확보하기 위해 '지식'이 가진 권력을 선점하는 것이었습니다. 왜 지식은 권력을 가질까요?

제국주의 국가는 식민지를 효과적으로 지배하기 위해 먼저 해당 지역에 대한 방대한 정보를 수집합니다. 인구, 기후, 지형, 토지와 자원, 생활 풍습, 종교, 사회 조직 등 다양한 정보를 축적하고 체계화하는 것이지요. 이러한 정보의 수집과 분석은 단순한 관심 차원을 넘어 '지배를 위한 지식'으로 기능합니다. 특히 19세기 이후 서구에서 정립된 경제학, 정치학, 사회학, 인류학, 역사학 등의 학문들은 식민지를 이해하고 통치하는 데 핵심적인 도구로 활용되었습니다. 이 과정에서 제국주의 국가가 확보한 지식, 그리고 그 지식을 가짐으로써 필연적으로 얻어지는 권력에 따라 피식민지 지역은 열등한 지역으로 위치를 부여받게 됩니다. 이로써 제국의 지배는 당연시됩니다. 지식을 더 많이 가지고 있는 '문명' 국가가 지식이 부족한 '야만'적인 식민지를 통치하는 것이 '계몽'으로 정당화될 수 있는 것이지요. 그리고 이는 식민지화의 원인이 제국의 침략이 아니라 스스로 문명을 달성해내지 못한 자신들의 내부에 있다고 믿도록 만드는 결과를 가져오게 됩니다. 자신들보다 더 많은 것을 알고 있는 제국주의 국가의 침략을, 스스로 이룰 수 없었던 근대화를 달성하게 해주는 계기로 느끼도록 만드는 것이지요.

일본 역시 서구 제국주의 국가의 지식 기반 지배 전략을 모방했습니다. 일본 제국주의 시대의 대표적인 동양사학자 시라토리 구라키치白鳥庫吉는 조선, 만주, 중국 등 인접 국가들을 대상으로 '동양사'라는 학문 영역을 선점하고 체계적으로 연구를 수행했습니다. 그의 연구는 단순한 학문적 탐구를 넘어 일본이 동아시아의 여타 국가들과는 '역사적·언어학적으로 본질적으로 다르다'는 주장을 정당화하는 데 활용되었습니다. 일본은 동양의 일원이 아니라 동양 전체를 포괄하고 세계 문명의 장점을 흡수하는 중심국으로 자리매김했다고 생각했습니다. 이러한 사고는 점차 확대되어, 자신을 서양과 동등하거나 그 이상으로 보는 시각으로까지 이어졌습니다. 서양을 선망하던 태도는 점차 "서구가 과대평가되어 있다"는 인식으로 반전되었고, 일본 내부에서는 자기도취적 민족주의가 강화되기 시작합니다.

일본의 정치가인 고토 신페이後藤新平는 《일본팽창론日本膨脹論》이라는 책에서 "일본 민족은 세계의 민족 전람회에서 최우등상을 탈 만한 자격을 갖춘 민족이다"라고 주장하기도 했지요. '메이지시대에 엘리트들이 우려먹던 일본 정신'은 이러한 자기도취적인 민족주의와 융합되어 결국 '국체國體'라는 개념으로 진화하기에 이르렀습니다.

> "대일본제국은 만세일계의 천황 황조의 신칙을 받들어 영원히 통치하는 나라이다. 이것이, 우리의 만고불역의 국체이다. 그리고 이 대의에 입각해, 일대 가족 국가로서 억조일심성지億兆一心聖旨로 받들어 모시며, 충효의 미덕을 발휘한다. 이것이, 우리 국체의 정화精華이다.
> ― 국체의 본의 国体の本義

국체의 개념에 따라, 모든 국민은 '천황이 영원히 다스리는 가족 국가'를 위해 어떤 침략 전쟁에도 기꺼이 참여해야 한다는 이념이 정당화되었습니다. 화혼한재, 화혼양재, 그리고 국체로 이어지는 사상적 흐름은 서구에 대한 열등감을 극복하고자 자국의 고유성을 강조하면서 만들어낸 '일본 정신'이라는 허구를 점점 더 광적으로 확대해나간 과정이었습니다. 그 끝은 결국 다음과 같은 주장으로 귀결됩니다.

> "아시아 민족이 서양 세력의 식민지배로부터 해방되려면 일본을 중심으로 대동아공영권을 결성하여 서양 세력을 몰아내야 한다."

이 같은 이념은 침략의 정당화 논리로 작동했고, 마침내 태평양 전쟁으로까지 이어지게 되었습니다.

잠깐 찾아왔다가 사라져버린 민주주의

무사도 정신을 바탕으로 '천황을 위해 1억 총옥쇄'를 외치며 끝까지 항전을 이어가던 일본은, 1945년 8월 6일 히로시마, 8월 9일 나가사키에 투하된 두 차례의 핵폭탄을 맞고 마침내 8월 15일 항복을 선언합니다. 그동안 신적 존재로 여겨졌던 쇼와 천황은 힘없는 목소리로 라디오 방송을 통해 포츠담 선언 수용 의사를 밝혔고, 이로써 일본의 항복 사실이 전 세계에 전해졌습니다. 당시 일부 국민들은 큰 충격에 빠졌지만, 전쟁에서 살아남아 귀환한 병사들 중에는 안도감과 기쁨을 표하는 이들도 있었으며, 국민 다수는 예상 외로 침착하게 패전 소식을 받아들였습니다. 이어 9월 2일, 일본 외무대신 시게미츠 마모루重光 葵가 항복 문서에 공식 서명함으로써 제2차 세계대전은 완전히 종결되었습니다. 이와 함께, '천황이 영원히 다스리는 가족 국가'라는 개념으로 국민을 전쟁에 동원했던 일본의 국체 이념 역시 사실상 역사 속으로 사라졌습니다. 그로부터 불과 한 달 뒤인 10월, 일본은 연합군 최고사령부의 지배 아래에 들어가게 되었습니다. 불과 몇 개월 전까지만 해도 만세일계萬世一系의 천황이 통치하던 제국 일본은, 이제 미국의 주도 아래 새로운 일본으로의 재구성이 시작된 것입니다.

연합군 최고사령부는 일본 점령 초기, 제국주의와 군국주의에 깊이 관여했던 극우 전범들과 협력자들을 공직에서 대거 추방했습니다. 군국주의 체제에 협조하며 경제적 기득권을 형성해온 거대 재벌들에 대해서도 해체 조치가 이루어졌고, 특히 지주계급의 영향력을 약화시키기 위한 대규모 토지 개혁이 단행되었습니다. 정치적으로는 언론의 자유 보장, 좌익에 대한 탄압 금지, 민주주의적 선거 제도의 도입, 노동조합 활동의 인정 등 민주화를 핵심 목표로 한 개혁들이 추진되었습니다. 일본공산당도 합법화되었고, 이전에는 금지되었던 사회주의 정치 세력들 역시 자유롭게 활동할 수 있게 되었습니다. 또한, 일본이 다시는 전쟁을 일으키지 않도록 하기 위해 군사력 자체를 보유할 수 없도록 명시한 이른바 '평화 헌법'이 제정되었습니다.

무엇보다 일본제국 기간 동안 체화되어 있던 사상적 뿌리를 완전히 뽑아내야 할 필요가 있었습니다. 최고사령관이었던 더글라스 맥아더Douglas MacArthur는 일본 제국의 정신적 지주로 여겨졌던 문서인 '국체의 본의'의 유통을 금지하고 천황에 대한 충성을 교육시켰던 '교육칙어'를 폐지하는 등 각종 군국주의적 교육을 완전히 금지했습니다. 일본은 이렇게 미국에 의해 단행된 자유주의적 개혁으로, 이전의 어두웠던 모든 과거가 청산되고 새로운 출발을 할 수 있을 것만 같은 기대를 품었습니다. 하지만 그 기대는 슬프게도 잠시 뿐이었습니다.

제2차 세계대전 동안 연합국으로서 최소한의 협력관계만 유지하던 미국과 소련의 긴장감은 전쟁이 끝나자 조금씩 고조되고 있었습니다. 소련의 영향력이 세계적으로 점점 커져가고, 중국에서는 국민당과 공산당의 내전이 격화되고 있었지요. 소련을 주축으로 한 공산주의 세력에 대한 위기감이 돌고 있는 와중에 1946년 미국의 국회에서는 보수

세력인 공화당이 다수당으로 등극했고, 1947년에는 이런 위기감 끝에 미국의 해리 S. 트루먼Harry S. Truman 대통령이 상하원합동연설에서 트루먼 독트린Truman Doctrine을 발표합니다. 트루먼 독트린은 소련의 위협과 공산주의의 소요에 시달리는 그리스와 튀르키예(당시 터키)에 재정지원을 제공한다는 것이 기본적인 골자였습니다. 그런데 이는 사실상 유럽에서 공산주의에 대한 봉쇄정책을 시작하겠다는 뜻이나 마찬가지였고 더 나아가서는 미국이 소련을 적으로 돌리고 마침내 냉전의 시대에 돌입했음을 보여주는 중요한 사건이었습니다. 이를 뒤따라 나온 것이 바로 마셜 플랜Marshall Plan으로, 공산 진영에 서지 않는 자유 진영 국가들에 대한 미국의 대대적인 원조, 재건 정책이었지요. 이 마셜 플랜 덕분에 전후 서유럽과 북유럽 국가들은 빠르게 재건되어 전쟁 이전 보다도 훨씬 부유한 국가로 거듭날 수 있었고, 이들 국가에 대한 미국의 호감도 역시 함께 높아졌습니다.

 이런 트루먼 독트린으로 비롯된 변화는 당연히 일본에까지도 커다란 영향을 미쳤습니다. 냉전이 본격화되는 가운데 미국의 지원을 받던 중국의 국민당은 심각한 부패와 함께 국공내전에서 패색이 짙어지고 있었고 미국의 신뢰를 점차 잃어가고 있었습니다. 이런 상황이다보니 미국이 동아시아의 안보를 위해 기댈 수 있는 곳은 딱 한군데, 일본 밖에 남지 않게 되었습니다. 이제 일본이야말로 미국에게 있어 아시아에서 소련의 위협에 대응할 수 있는 보루로 인식되기 시작한 것입니다. 그러려면 일본이 과거 파시스트국가가 되었던 것처럼 공산화되어서는 안 될 노릇이었습니다. 이 때문에 그동안 일본에 대한 미국의 정책은 대대적인 변화가 일어났습니다. 사령부 요직을 반공주의자와 보수주의자로 대체하기 시작했고, 연합군최고사령부가 취해오던 정책들도 대거 철회되었습니다. 이렇게 일본에 대한 재건정책이 전방위적으로 반대로 수정된 변화, 즉 '역코스reverse course'가 시작되었습니다.

국공내전에서 국민당이 패배하면서 결국 공산주의 국가인 중화인민공화국이 수립되고 곧 이어 한국에서 6.25전쟁까지 발발하자, 일본 내에서 행해졌던 민주화와 개혁 중심의 정책은 공산주의 견제라는 이름 아래 하나둘씩 사라졌습니다. 우익 국가주의자들에 대한 제거가 중단되고 전쟁 물자를 공급했던 족벌 경영체제를 해체하는 계획도 무산되었습니다. 이러한 개혁적 조치들보다는 일단 빨리 일본의 경제를 회복시키는 것이 우선시되었기 때문이지요. 당시 일본이 겪던 인플레이션과 심각한 무역적자가 해결되지 않으면 공산주의의 위협과 그에 대응하는 미국의 부담이 증가할 수밖에 없는 상황이었는데, 일본 정부는 바로 이러한 약점을 파고 들었습니다.

일본은 전후 점령 체제의 유산과 냉전 체제의 변화 속에서 정치·사회 구조가 빠르게 재편되었습니다. 이 과정에서 총리 요시다 시게루吉田茂와 같은 보수 정치인의 주도로, 한때 군국주의에 협력했던 재벌들과 극우 정치 엘리트들이 다시 공직에 복귀할 수 있는 길이 열렸습니다. 반면 전쟁 직후 보장받던 언론·노동·사상의 자유는 급속히 위축되기 시작했습니다. 당시 미국 사회는 반공정서로 퍼진 공포감 때문에

시민과 학생, 노동자들이 주축이 된 안보투쟁

공산주의자를 색출하려는 이른바 매카시즘McCarthyism이 유행했는데, 수많은 무고한 사람이 공산주의자로 낙인찍혀 사회적 매장을 당하는 피해를 입었습니다. 이런 분위기가 일본에도 그대로 적용되었던 것이지요. 그러다 일본에 남아 있던 민주주의의 마지막 불씨마저 꺼트리는 사건이 일어났습니다. 우리가 흔히 아는 것처럼 일본은 시민 주도의 대규모 시위가 잘 일어나지 않는 것으로 유명하지요. 하지만 이러한 흐름에 대항하기 위해 일본에서는 시민과 학생, 노동자들이 주축이 된 대규모 시위운동이 일어났습니다. 그것은 바로 '안보투쟁'이라는 사건입니다.

역코스로 인해 과거 전쟁을 주도한 극우 엘리트들까지 대거 정계로 복귀한 후, 1957년 전범 출신인 기시 노부스케ᛮ信介가 총리가 되었습니다. 기시 노부스케는 1960년 1월, 일본을 미국 주도의 냉전에 가담시키는 미일안전보장조약을 갱신하는 데 서명합니다. 이 새로운 미일안전보장조약은 1951년에 체결했었던 양국 간의 조약을 다시 갱신하는 것이었는데, 이는 당시 미국의 군사전략에 일본을 편입시키는 것으로서 일본의 군비증강을 위한 새로운 의무를 규정하는 내용도 담고 있었습니다. 이것은 일본 내 많은 대중들을 불쾌하게 했습니다. 왜냐하면 사실 전쟁이 끝나고 일본의 일반 국민들 사이에서는 평화 헌법에 반영되어 있던 평화주의가 깊이 뿌리를 내리고 있었기 때문입니다.

국민들은 더 이상 전쟁에 휘말리고 싶지 않았습니다. 자기들이 평화 헌법을 만들어 비무장을 시켜놓고 냉전이 시작되자 다시 준군사조직이나 다름없는 경찰예비대를 창설시킨다던가, 전쟁 전의 극우 지배층들을 복권시켜 다시 예전의 모습으로 되돌리는 등 미국의 이런 역코스 정책에 대해 많은 국민들은 반감을 가질 수밖에 없었던 것입니다. 이런 상황에서 기시는 자신이 서명한 새로운 조약의 국회 비준동의를 위해 경찰을 동원해 반대파 의원들을 회의장에서 몰아낸 뒤, 이들을 빼고 표결에 부쳐 날치기로 통과시켜버렸습니다.

대중들은 이 사건이 가까스로 자리 잡았다고 생각했던 민주주의에 대한 도전이라고 받아들이고 분노했습니다. 그리고 수십만 명의 시위대가 국회의사당과 총리관저를 에워싸는 대규모 시위를 벌인, 안보투쟁이 시작된 것입니다. 격화된 시위 속에서 경찰에 의해 도쿄대의 한 여학생이 사망하는 일이 벌어지자 대중은 더욱 분노해 전국 대학의 교수들까지 가세하는 시위로 커져갔습니다. 우익 추종자들과 시위대간의 폭력 충돌이 곳곳에서 일어났고, 기시 노부스케는 심지어 야쿠자들에게까지 시위대 저지를 요청했습니다. 또 무력 진압을 위해 육상 자위대의 출동을 준비하기까지 했지요. 결국 거센 시위에도 불구하고 미일안보조약은 같은 해 6월 19일 자동 발효되고 말았습니다. 대신 그 후 기시 내각은 혼란을 수습하고 책임을 지겠다며 사퇴해버렸습니다. 총리가 사퇴해버리는 결정은 시위대가 시위를 시작했던 본래의 목적을 잃고 서서히 사그라들게 만들었습니다.

    이런 동요 속에서 정부는 일본 시민들의 관심을 경제 성장으로 교묘히 바꾸어 국면 전환을 시도합니다. 후임 이케다 하야토池田勇人 총리가 취임 후 '소득배증계획'을 발표한 것입니다. 국민 총생산을 10년내에 26조엔으로 끌어올려 생활수준을 서유럽 선진국 수준으로 만들겠다는 이 계획은, 민주주의를 되돌려놓으라고 외치던 국민들의 시선을 물질적 성장이라는 이슈에 완전히 돌려놓는 데 성공했지요. 안타깝게도 안보투쟁의 찜찜한 결말은 이제 더 이상 시민들이 사회의 문제에 큰 관심을 갖지 않도록 만들어버렸습니다. 일본의 국민들에겐 오로지 생존의 방식에만 관심을 집중하는 태도, 어떠한 정치적 사회적 담론에도 동요되지 않고 오로지 자신의 일상에만 집중하는 생활보수주의가 뿌리 내리게 되었습니다. 그리고 그렇게 반공의 이름으로 허무하게 사라진 민주주의 빈자리에 들어선 소득배증계획은 연평균 10%의 경이적인 경제 성장률, 7년 만에 평균 월급이 두 배로 오르는 엄청난 물질적 성장이라는 대성공을 거두게 되었습니다. 일본은 이렇게 냉전 시대 미국의 비호 아래에서 시민사회의 성숙은 멈춰버린 채 생산과 소비가 주가 되는 기업사회, 경영사회가 만들어졌습니다.

미국이 조작해낸 '평화로운 민주국가' 일본

미국은 냉전 시기 일본을 공산주의 확산을 저지하는 동아시아의 전략적 거점으로 삼는 동시에, 반공주의의 모범 국가로 부각시키고자 했습니다. 이를 위해 미국 정부는 과거 일본 제국주의와 군국주의에 대한 부정적인 인식을 불식시키고, 새로운 이미지로 재구성할 필요를 느꼈습니다. 드와이트 D. 아이젠하워Dwight D. Eisenhower 행정부 당시 국무장관이었던 존 포스터 덜레스John Foster Dulles는 이러한 목적을 위해 일본에 대한 긍정적이고 우호적인 담론을 생산할 수 있도록 학자들의 연구를 우호적인 분위기로 조성했습니다. 이러한 흐름 속에서 일본에 대한 새로운 해석은 학계의 논문, 교과서, 교양서적은 물론, 신문, 광고, 영화 등을 통해 점차 미국 사회의 주류 시각으로 자리 잡았습니다.

대표적인 인물이 바로 하버드 대학교의 일본사 교수이자, 존 F. 케네디 대통령의 지명으로 1961년부터 1966년까지 주일 미국 대사를 지낸 에드윈 라이샤워Edwin O. Reischauer였습니다. 일본에서 태어나 일본인

아내를 둔 라이샤워는 일본 문화에 깊은 이해를 바탕으로, 일본에 대한 온건하고 긍정적인 이미지를 미국 내에 확산시키는 데 중요한 역할을 했습니다. 그의 시각은 이른바 정통주의 해석이라 불리며, 일본을 민주주의적이고 평화적인 국가로 묘사하는 경향이 강했습니다. 이러한 해석은 냉전기 미국의 아시아 전략과 부합하며, 일본을 이상적인 반공 동맹국으로 부각시키는 데 기여했습니다. 이후 라이샤워와 같은 일본 전문가들을 중심으로 한 일련의 학자 그룹은 '국화클럽'이라 불리며, 일본의 우호적인 이미지를 국제적으로 확산시키는 데 일정한 영향력을 행사했습니다.

이러한 정통주의 해석을 요약하자면, "일본은 원래 평화를 사랑하는 나라인데 광기에 휩싸인 군부가 천황의 뜻을 어겨 침략 전쟁을 자행한 것이고, 이후 미국이 그것을 '정상상태'로 교정해주었다"라는 것입니다. 일본의 군국주의는 기나긴 일본의 역사 중 일시적인 '일탈' 혹은 잠시의 '비극'에 지나지 않았다는 것이지요. 라이샤워는 연합군최고사령부의 점령기간 동안 일본은 민주주의가 완성되었기에 역코스라는 것은 존재하지 않고 약간의 정책적 수정만 있었던 것이며, 전쟁 시기의 지도자들에 대한 숙청도 완료되었다고 주장했습니다. 반면 메이지 시기의 일본에서는 이미 의회정치가 다양하게 시도되어 민주주의를 향한 발전이 진행되고 있었다고 하면서 이러한 '전통'들로 인해 이제는 민주주의가 무사히 뿌리내릴 수 있었다고 보았지요. 라이샤워가 쓴 저서 《일본의 오늘 The Japanese Today》에서는 일본인의 국민성에 대해 조화를 중시하는 태도, 일본의 지도자는 따뜻한 인성과 배려심이 있어야 한다, 일본 사회는 부정부패가 적고, 행복한 사회의 전형을 보여준다는 등의 평가가 반복적으로 등장합니다. 이러한 묘사들은 일본을 부드럽고 조화로운 전통을 가진 아름다운 국가로 포장하는 데 기여했습니다.

미국이 만들어낸 일본은 잠시 광기에 휩싸였을 뿐, 본래의 평화로운 나라로 돌아왔다는 식의 논조는 과연 일본에게 행운이었을까요, 아니면 일종의 저주였을까요? 분명한 것은, 이러한 담론이 일본으로 하여금 제국주의적 야망과 군국주의, 그리고 과거에 자행했던 폭력적 만행들에 대해 정면으로 마주하고 반성할 기회를 사라지게 만들었다는 점입니다. 역사적으로 실재했던 수많은 진실들이 아름다운 전통이라는 이름으로 포장되었고, 그 결과 전후 일본의 성공은 마치 바람직한 역사적 토양 위에서 자연스럽게 달성된 것처럼 보이게 되었습니다.

이러한 흐름 속에서 하버드대학교의 사회학자 에즈라 보겔Ezra Vogel은 저서《재팬 애즈 넘버 원Japan as Number One》을 통해 일본의 경제 성공을 극찬했습니다. 부제부터가 "미국을 위한 교훈Lessons for America"인 이 책은 라이샤워와 마찬가지로 회사와 노동자간 합의와 대의를 중시하는 문화나 연공서열, 일본인의 학습 의욕과 독서 습관 등이 일본의 높은 경제성장의 기반이 되었다면서 치켜세웠습니다. 이러한 보겔의 시각은 라이샤워와 함께 국화클럽이라 불리던 지일파 지식인 그룹의 핵심적인 논조와 일맥상통합니다. 이렇게 국화클럽의 학자들을 중심으로 만들어진 일본의 이미지는 권위와 명령에 순종하고 회사에 충성을 다하는 '아름다운' 전통으로 경제 부흥을 일으킨 나라로, 또 이것은 대기업에 종신고용으로 일하는 샐러리맨들, 즉 '기업전사'들의 신화인 것으로 포장되었습니다. 하지만 이런 논조 역시, 노동자들의 단결권이 반공과 역코스 정책의 희생물이 되었다는 사실과 이제는 노동조합이 무용지물이 되어버린 일본 산업계의 이면을 보지 못하도록 만들었고, 그저 이런 것들이 일본 기업의 아름다운 문화인 것 마냥 포장해버렸습니다. 그 사이 생산과 소비가 주가 되는 기업사회의 풍토 속에서 소니 전자제품, 도요타 자동차, 니콘 카메라 등 일본 대기업의 제품들은 대단한 수출 실적을 내며 일본 문화의 상징으로 등극했습니다.

　패전 후 미국에 의해 강제적으로 군사력을 보유할 수 없게 된 일본 정부는 미국이 그랬던 것과 마찬가지로, 스스로도 자신들의 군국주의의 이미지를 바꾸는 것을 가장 중요한 과제로 삼았습니다. 미국이 자신들에게 부여해준 '평화로운 민주국가' 이미지를 새로운 문화적 정체성으로 취했습니다. 이로써 일본은 국제 정치로부터는 거리를 두고 경제력과 문화를 통한 대외 진출, 수출 촉진에만 매진할 수 있는 토대를 얻게 된 것입니다.

　1964년 일본에서는 도쿄 올림픽이 열렸습니다. 전쟁 이후, 국제사회에 일본을 전쟁과 관계없이 인식하게 된 최초의 국제행사였던 이 도쿄 올림픽을 기점으로, 일본은 '평화롭고 민주적인 국가'의 이미지를 쌓아갔습니다. 이 무렵 일본은 소득배증계획을 추진하며 경제 성장을 가속화했고, 그 결과 1968년에는 GDP 규모에서 영국, 서독, 프랑스를 모두 추월하며 미국에 이어 세계 2위의 경제대국에 올라섰습니다. 이러한 경제력은 일본 외교의 새로운 전기를 마련해주었습니다. 특히 일본 정부는 경제적 성공을 토대로 국제적 위상을 높이고, 긍정적인 국가 이미지를 공고히 하려는 외교 전략을 강화하기 시작했습니다. 그런 일환으로 시작한 것은 1970년대부터 시작한, 공여국의 돈으로 개발도상국을 경제적으로 지원하는 공적개발원조였습니다. 이는 70년대 동남아시아 지역에서부터 활발하게 이루어지더니 일본은 미국 다음으로 원조를 많이 하는 국가로 부상했고, 1989년에는 급기야 세계 최대의 원조국이 되었습니다. 경제력을 바탕으로 한 원조외교는 비슷한 시기 미국 국화클럽 학자들을 중심으로 퍼뜨려진 왜곡된 이미지와 합쳐져 국제사회에 적극적으로 공헌한다는, 일본 정부가 원했던 대로 평화의 나라 일본을 마침내 구축할 수 있게 되었습니다.

'세련된' 일본은 어디에서 왔는가

1980년대에 이르러 일본은 경제 호황의 정점을 찍으며 유례없는 풍요의 시대를 맞이했습니다. 국민 대다수가 스스로를 중산층이라고 인식할 정도였고, 실제로 1970년대부터는 1억 명에 가까운 인구가 약간의 무리만 감수하면 집이나 자동차, 가전제품 같은 고가의 내구소비재를 구입할 수 있는 수준의 구매력을 갖추게 되었습니다. 이처럼 넉넉

한 경제 여건과 더불어, 생산과 소비 중심의 기업 중심 사회가 형성되면서 일본은 다채로운 문화가 꽃피울 수 있는 토대를 갖추게 되었습니다. 이러한 환경은 소비자의 취향을 다양화시키고, 각종 문화 콘텐츠의 창작과 소비를 활발히 만드는 데 기여했습니다. 1970~80년대를 거치면서 패션과 인테리어, 음식 등의 라이프스타일에서 큰 변화가 일어났고 영화, 음악, 사진 분야 등 여러 문화 분야에서 축적과 확장이 일어났습니다. 경제적 안정 위에 쌓인 일상적 문화 향유는 곧 창작의 영감이 되었고, 이는 일본 대중문화의 전성기를 가능하게 했습니다.

이 시기 일본은 세계 시장에 다양한 대중문화 관련 기술 및 제품을 쏟아냈습니다. 닌텐도의 가정용 콘솔 패미컴은 '슈퍼 마리오 브라더스'와 같은 게임을 세계적 히트작으로 만들며 미국과 유럽 등지에서 일본 게임산업의 위상을 높였습니다. '스트리트 파이터', '팩맨' 등의 아케이드 게임도 오락실 문화를 통해 전 세계를 사로잡았습니다. 소니가 출시한 '워크맨'은 언제 어디서나 음악을 즐길 수 있게 하여 전 세계 음악 소비 문화를 혁신했고, 롤랜드Roland의 리듬 머신 'TR-808'은 힙합과 일렉트로닉 음악의 역사에 지대한 영향을 미쳤습니다.

무엇보다 일본 대중 문화의 독보적인 상징이라고 할 수 있는 것은 애니메이션 분야라고 할 수 있지요. 일본 애니메이션은 만화 시장을 기반으로 엄청난 성장을 거듭하다가 1980년대 후반부터 전 세계적인 주목을 받기 시작했습니다. 10억 엔이라는 막대한 예산을 들인 〈아키라〉는 일본 내 부진했던 흥행 성적과는 달리 서구권에서 예상 외의 큰 인기를 끌며 이후 일본 애니메이션의 해외진출 발판을 마련했고, 이후 〈공각기동대〉나 〈에반게리온〉, 지브리 스튜디오의 애니메이션 등이 해외에서 좋은 평가를 받으며 많은 팬들을 양산하기 시작한 것입니다. 이런 일본 애니메이션의 인기는 급기야 미국 헐리우드 감독들에게도 영향을 미치기에 이르렀습니다. 워쇼스키 자매Wachowski Sisters의 작품 〈매트릭스〉는 〈공각기동대〉의 액션장면들을 인용하거나 주제의식을 차용했고, 쿠엔틴 타란티노Quentin Tarantino 감독의 〈킬 빌〉 속 애니메이션 장면은 〈공각기동대〉의 실제 제작사가 만들었습니다. 이 외에도 헐리우드 감독들의 영감이 된 애니메이션들 속에 나타나는 일본에 대한 여러 묘사와 미학들은, 서양인들에게는 신비롭고 독특한 '일본적'인 것으로 받아들여졌습니다. 급기야 일본의 버블경제가 꺼지고 한창 '잃어버린 10년'을 겪고 있던 2002년, 외교 전문 잡지 포린 폴리시Foreign Policy에서는 미국의 작가 더글라스 맥그레이Douglas McGray가 '국민총매력력Gross National Cool'이라는 신조어까지 만들어 일본이 가장 매력도가 높은 나라라고 칭찬하기도 했습니다.

  2000년대 들어 일본 정부는 '쿨재팬Cool Japan'이라는 이름으로 국가 브랜드 전략을 추진하기 시작했습니다. 이는 세계인들이 일본의 '대중문화'를 전면에 내세워 일본의 새로운 이미지를 창조하고 일본의 의식주와 생활양식까지도 동경하고 받아들이는 것을 목적으로 한 것이었지요. 특히 주목할 점은, 이 전략이 과거 일본 사회 내에서 하위문화로 간주되던 대중문화를 국가 브랜드의 전면에 내세웠다는 것입니다. 일본은 제2차 세계대전 이후 정치적으로 뚜렷한 국가 이념을 내세우기 어려운 상황이었고, 이러한 공백을 문화가 메우기 시작했습니다. 일본의 애니메이션이나 영화 등은 인간의 복합적인 심리, 불안, 사회 모순 등을 진지하게 반영하며 서구 사회에선 쉽게 접하기 어려운 서사로 주목받았습니다. 이러한 일본적 감성은 선악 구도가 뚜렷한 헐리우드 콘텐츠에 익숙한 서구 중산층에게는 오히려 세련되고 신선하게 느껴졌습니다. 결국 쿨재팬은 일본 내부에서 발화된 것이 아니라, 서구의 시선을 통해 발굴되고, 일본 정부가 이를 다시 정책화한 사례라는 점에서 흥미롭습니다. 이와 같은 흐름은 근대 초 우키요에浮世繪가 서양 인상파 화가들에게 영향을 주며 일본적 미학이 재발견되었던 과정과도 유사한 구조를 보여줍니다.

19세기 후반, 일본의 미술이 서양 미술계에서 선풍적인 인기를 끌었던 시기가 있었습니다. 유럽에서 유행한 이러한 일본풍 미술 사조를 '자포니즘Japonisme'이라 부릅니다. 당시 빈센트 반 고흐나 클로드 모네와 같은 인상파 화가들은 일본 미술에 깊이 매료되어 작품에 기모노를 입은 인물을 그리거나 일본 판화를 모작하는 등 일본의 미적 감각을 적극적으로 수용했습니다. 이 자포니즘 열풍의 중심에는 일본의 목판 풍속화인 우키요에가 있었습니다. 그 중에서도 가장 널리 알려진 작품이 바로 가쓰시카 호쿠사이葛飾北斎의 〈가나가와 해변의 높은 파도 아래神奈川沖浪裏〉입니다. 이 작품은 〈후가쿠36경富嶽三十六景〉이라는 연작 중 하나로, 오늘날까지도 일본적 이미지를 상징하는 대표적인 작품으로

가나가와 해변의 높은 파도 아래, 후가쿠36경 연작

손꼽힙니다. 실제로 2020년 도쿄 올림픽을 앞두고 일본 정부는 이 연작의 일부 이미지를 일본 여권의 속지 디자인에 채택하기도 했습니다. 이는 우키요에가 일본이 세계에 자랑하고자 하는 문화 자산으로 자리 잡았다는 것을 의미합니다. 그런데 재밌는 점은 이 우키요에가 불과 20~30년 전까지만 해도 정작 일본 내에서 관심을 받지 못했다는 것입니다. 자포니즘의 영향이 회화를 뛰어넘어 공예, 건축, 문학, 연극, 음악에 이르기까지 19세기 유럽에 엄청난 영향을 미쳤지만, 당시 일본은 우키요에보다는 진흥해야 할 일본의 전통 미술로서 일본화日本畫를 더 장려했습니다. 그 이유는 우키요에가 고상하지 못한 세속적인 소재를 다루었고 우키요에 화가들이 신분이 높지 않았기 때문이지요.

1990년대 중반부터 일본 애니메이션이 해외에서 큰 주목을 받기 시작하면서, 뜻밖에도 전통 예술인 우키요에에 대한 평가가 새롭게 재조명되었습니다. 1995년 개봉한 애니메이션 〈공각기동대〉가 미국 빌보드 차트 비디오 판매 부문에서 1위를 차지하고, 지브리 스튜디오의 〈센과 치히로의 행방불명〉이 미국 아카데미 시상식에서 장편 애니메이션상을 받는 등 일본의 애니메이션이 미국에서 예상치 못한 대히트를 하자, 문화계는 우키요에를 '제2의 자포니즘의 원류'로서 소환하기 시작합니다. 또 지금의 애니메이션이 에도 시대 우키요에를 계승했음을 밝혀내려는 연구까지 시작되었지요. 나아가 우키요에가 탄생한 에도시대 자체에 대한 예찬론까지도 등장했습니다. 우키요에가 갑자기 일본 '국뽕'의 소재로서, 마치 일본의 대표적인 문화인 양 각종 서적에 등장하기 시작한 것입니다. 이렇게 200년이나 지난 에도 시대의 우키요에를 이제와서 지금의 애니메이션과 연결지으려는 일본의 시도를, 우리가 앞서 살펴보았던 일본 '고유의 정신'의 측면으로 생각해보게 됩니다.《일본인의 '대접'이 왜 세계 제일인가》에는 이런 글이 나옵니다.

"21세기 오늘날이 되어, 또다시 자포니즘의 재래라 할 수 있는 일본 붐이 일고 있다. 일본의 정신과 미의식이 다시금 세계무대에서 칭찬을 받게 되었다. 해외 사람들에게 일본 문화는 극히 매력적이다. 그것은 일본인의 미의식의 바탕에 역사적으로 뿌리내린 전통적인 미가 흐르고 있기 때문이다. 그것이 지금 다시 네오 자포니즘 붐을 일으키고 있는 것이다. 일찍이 일세를 풍미한 우키요에 판화의 매력은 지금도 애니메이션과 만화에 이어지고 있다."

익숙한 단어가 보이지 않으시나요? 바로 '일본의 정신'입니다. 우키요에와 애니메이션이 서로 꼭 연결되어야만 이유는, 그래야만 비로소 현재 가장 멋진 일본의 모습으로 상정되어 있는 대중문화가 과거로부터 끊이지 않고 계속되고 있는 일본 고유의 정신과 미의 연장선에 있음을 설명할 수 있기 때문일 것입니다. 그래야만 패전 후 어디론가 사라져 있던 일본 정신이 아직도 살아 있음에 안도할 수 있기 때문일 테니까요. 한 가지 더 재밌는 점은 그러면서도 우키요에를 설명할 때 빼놓을 수 없는 춘화의 요소는 정작 일본 내의 그 뜨거운 우키요에 열기 속에서도 최대한 감추어지고 있다는 사실입니다. 우키요에를 고상한 전통 미술로 격상시키는 과정에서 이러한 세속적이고 선정적인 측면은 가려지고 있는 셈이지요.

***

오늘날 일본은 세계적인 소프트파워 강국으로, 세련된 일본적 이미지를 꾸준히 구축해왔습니다. 그러나 우리가 현재 마주하고 있는 이 '일본적인 것'은 과연 어디에서 비롯된 것일까요? 전후 정신적 기반이었던 국체는 패전과 함께 소멸했고, 연합군 점령과 역코스 정책으로 민주주의 개혁은 후퇴했으며, 일본 사회는 정치보다 생산과 소비에 몰두하는 기업사회로 재편되었습니다. 이후 미국의 국익에 부합하는 평화국가 이미지가 국화클럽 학자들을 통해 세계에 퍼지게 되었습니다.

하지만 이 이미지가 일본의 내부적 자각에 의해 형성된 것이라기보다는, 미국이라는 외부 타자의 시선이 투영된 결과였다는 점은 간과할 수 없습니다. 숙청되지 않은 전전戰前 극우 세력과, 물질적 성장에만 몰두하며 정치적 성숙은 미루어진 사회 속에서, 일본은 외부의 시선을 자신들의 정체성으로 삼는 방식에 익숙해졌습니다.

이러한 맥락에서 보면, 예능 프로그램 〈You는 뭐하러 일본에?〉에 백인 관광객들이 유독 자주 등장하는 것도 우연이 아닙니다. 프로그램은 일본 문화에 감탄하는 미국인의 시선을 통해 일본인의 자긍심을 확인하는 구조를 취하고 있으며, 이는 일본 사회에 깊숙이 내재한 서구 중심적 콤플렉스를 보여주는 단면일 수 있습니다. 결국 지금의 '일본적인 것'은, 사라진 정신적 정체성을 메우기 위해 외부로부터 차용되고 구성된 이미지에 가깝습니다. 국체로 표상되던 과거의 일본 정신은 군국주의의 패망과 함께 매장되었지만, 그에 대한 반성의 기회를 제대로 갖지 못한 채 '착한 국민'이라는 프레임 속에서 새로운 정체성을 강요받았습니다. 그 속에서 일본 사회는 어쩌면 여전히, 잃어버린 고유의 정신을 향한 공허함과 갈망을 반복하고 있는 것은 아닐까요?

엘리트주의의 실체,
프랑스

"존경받던 흙수저 총리는 왜 권총으로 자살을 했을까?"

청렴했던 아저씨, 피에르 베레고부아의 자살

1993년 5월 1일 저녁, 프랑스 전역의 언론은 충격적인 소식을 일제히 전했습니다. 불과 5주 전에 사임한 프랑스의 전 총리 피에르 베레고부아Pierre Bérégovoy가 권총으로 스스로 생을 마감했다는 것이었습니다. 프랑스 역사상 전직 총리의 자살 사건은 전례 없는 일이었기에, 국민들은 큰 충격에 빠졌습니다. 특히 베레고부아가 10년 동안 시장직을 역임했던 느베르Nevers시는 도시 전체가 마치 죽은 듯 침울한 분위기에 휩싸였습니다. 공영방송 프랑스 3France 3의 인터뷰에서 한 시민은 "마치 가족을 잃은 것처럼 큰 충격을 받았다"며 비통한 심정을 토로했습니다. 영결식 당일에는 무려 2천 명의 젊은이들이 모여들었고, 사망후 일주일 동안 수백 명의 사람들이 그의 묘소를 찾아 헌화했습니다.

당시 베레고부아가 속한 사회당의 상징인 붉은 장미는 조문객의 방문이 이어지며 빠르게 소진되었고, 느베르의 꽃집들에서는 장미 재고가 부족해지는 일까지 벌어졌습니다. 프랑스 전역은 물론 해외에서도 수천 통의 조의문과 편지가 느베르 시청에 몰려들었습니다. 느베르가 속한 니에브르Nièvre 지방자치단체는 사회당을 강하게 지지하는 지역이었기에, 베레고부아에 대한 존경과 애도는 더 각별할 수밖에 없었습니다. 그러나 그의 죽음은 단순히 지지층의 슬픔을 넘어, 프랑스 국민 전반에 걸쳐 충격과 분노를 불러일으켰습니다. 당시 베레고부아를 총리로 임명했던 프랑수아 미테랑François Mitterrand 대통령도 비통한 마음으로 장례식 추모사를 맡았습니다. 그런데 그의 발언이 순식간에 큰 논란을 일으켰습니다.

"한 인간의 명예와 생명까지 개들에 넘겨질 수 있는 것은 어떤 설명으로도 정당화될 수 없습니다."

미테랑이 사용한 '개들에게 넘기다'는 표현은 성경에서 비롯된 말입니다. 마태복음 7장 6절의 구절에는 "거룩한 것을 개에게 주지 말며 너희 진주를 돼지 앞에 던지지 말라"라는 말이 있습니다. 여기서 '개'는 고귀한 진리와 가치를 이해하거나 소중히 여기지 않고 모욕하거나 신성을 짓밟는 사람을 가리키는 비유였습니다. 그런 점에서 미테랑 대통령은 옳은 가치를 위해 몸을 바쳐온 베레고부아의 명예와 인생이 그 귀중함을 모른 이들에게 모욕당하고 짓밟혔음을 은유적으로 표현했던 것입니다. 진주 같던 베레고부아의 명예를 짓밟은 '개'는 누구를 의

미하는 것이었을까요? 비극적인 결말로 많은 이에게 충격과 슬픔을 안긴 베레고부아는 입지전적인 삶을 산 인물이었습니다. 그는 정치적·사회적 계층을 뛰어넘어 프랑스 정계의 정점에 오른 대표적인 자수성가형 정치인이었습니다.

베레고부아의 아버지는 우크라이나 출신이었습니다. 당시 러시아 제국 내에서 멘셰비키Mensheviks, 러시아 사회민주노동당이 분열해 형성된 분파로 볼셰비키와 대립하던 소수파로 활동하던 그는, 러시아 내전에서 볼셰비키가 승리한 이후 멘셰비키들이 대규모 숙청을 당하자 프랑스로 망명하게 됩니다. 이 과정에서 베레고부아의 아버지는 프랑스에 정착한 뒤 프랑스인 여성과 결혼한 후에야 프랑스 시민권을 취득할 수 있었습니다. 생계를 위해 작은 식료품점을 운영했으나 망명자로서의 삶은 녹록지 않았고, 가족은 심각한 경제적 어려움에 직면하게 됩니다. 베레고부아는 지독한 가난 속에서 어린 시절을 보냈고, 이는 훗날 그의 정치적 성향과 대중적 지지 기반 형성에 중요한 영향을 미치게 됩니다.

베레고부아의 중학교 시절, 아버지는 중병에 걸리면서 더 이상 생계를 책임질 수 없는 상황이 되었습니다. 결국 베레고부아는 학교를 중퇴하고, 방직공장에서 제직공으로 일하기 시작했습니다. 16살 밖에 되지 않는 나이에 프랑스 국영철도공사에 입사했고 25살에는 경력을 바탕으로 프랑스 가스공사에서 일하기도 했지요. 그 사이에 터진 제2차 세계대전에서 베레고부아는 나치 독일의 점령에 저항해 싸우던 단체인 레지스탕스résistance에도 가입하면서 정치에 관심을 가지게 됩니다.

그의 배경은 자연스럽게 그를 노동계급과 좌익 세력의 목소리를 대변하는 정치 무대로 이끌었습니다. 그는 일찍이 노동조합에서 활발히 활동하며 노동자들의 권익을 대변하는 데 앞장섰고, 이 과정에서 구 사회당, 노동자 인터내셔널 프랑스 지부SFIO, Section Française de l'Internationale Ouvrière에 합류하게 되었습니다. SFIO는 당시 프랑스의 주요 좌파 정당으로 이후 사회당PS, Parti Socialiste으로 재창당됩니다. 이 시기에 좌파의 대표적 정치인이었던 미테랑이 합류하면서 베레고부아와의 정치적 인연이 시작되었습니다. 미테랑은 1981년에 프랑스 역사상 처음으로 사회당 출신의 대통령으로 당선되었고, 대통령이 된 미테랑의 지원에 힘입어 1983년 지방 선거에서 사회당이 승리함으로써 베레고부아는 느베르의 시장이 되었습니다.

베레고부아는 느베르와 그가 속한 니에브르 지역과는 연고가 없는 외부인이었습니다. 이는 그의 정치적 입지에 큰 제약이 될 수 있었던 요소였습니다. 프랑스의 지방선거 제도는 시장을 시민들이 직접 선출하는 것이 아니라 선출된 시의원들이 투표를 통해 시장을 뽑는 간접 선거 방식이기 때문에, 베레고부아가 시장으로 당선된 초기에는 시민들의 지지를 얻기가 쉽지 않았습니다. 그러나 시간이 흐르면서, 느베르 시민들은 점차 그를 신뢰하기 시작했습니다. 초기에는 투표하지 않았거나 그를 지지하지 않았던 사람들조차도 그를 좋아하게 되었고, 베레고부아는 겸손함과 친근함을 갖춘 좋은 아저씨로 시민들에게 각인되었습니다. 그는 느베르 시민들과 꾸준히 접촉했고, 시정에 대해 공정한 태도를 유지하며 청렴한 정치인으로 자리매김했습니다. 그는 파리에 아파트 한 채조차 소유하지 않을 정도로 검소한 생활을 했고, 이를 통해 느베르 시민들에게 진정성 있는 정치인으로 비춰졌습니다.

그는 미테랑 정부에서 사회복지부 장관과 재정경제부 장관을 거쳐 1992년에는 총리로 임명되었습니다. 그의 출신 배경은 고위 관료들이 주로 그랑제콜grandes écoles 출신이던 당시 프랑스 정권에서 이례적인 사례였습니다. 베레고부아는 노동자 출신이라는 점에서 시민들의 지지를 더욱 얻을 수 있었습니다. 느베르의 한 벽돌공 노동자는 그의 총리 임명에 대해 "그는 그랑제콜 출신이 아니기 때문에 노동자가 어떤 사람인지 잘 안다"며 그의 성공을 자랑스러워했습니다.

그를 무너뜨린 견고한 엘리트주의 계급

총리가 된 후 그의 취임 연설에는 대단한 의지가 묻어 있습니다. 냉전이 끝난 글로벌 경제 상황에서 실업률을 반드시 낮추고 경제를 회복시키겠다는 강한 의지를 천명했습니다. 그는 특히 취약계층과 노동자의 보호를 최우선 과제로 삼겠다며 목소리를 높였습니다. 연설 초반, 그의 발언은 대체로 차분한 분위기 속에서 이어졌습니다. 그러나 연설이 중반부에 들어서면서 국회 장내 분위기는 점점 묘한 긴장감으로 뒤덮이기 시작했습니다. 베레고부아는 실업률과 사회적 취약계층 문제를 언급한 후, 갑자기 공직자들의 부패와 문제를 강한 어조로 지적하기 시작한 것입니다. 그는 공공 의사 결정권자들, 즉 프랑스 정·재계 엘리트들 중 일부가 불법으로 부를 축적하고 있다며 이들의 부패를 엄중히 청산해야 한다고 주장했습니다. 그의 목소리는 점점 더 단호해졌고, 장내는 서서히 술렁이기 시작했습니다. 일부 의원들은 그의 발언에 호응하며 박수를 쳤지만, 다른 쪽에서는 분위기가 심상치 않았습니다. 그는 "자기가 약속을 지킬 마음이 없다면 책임지지 못할 발언을 하지도 않을 것"이라면서 충격적인 발언을 이어갔습니다.

"저는 신임 총리이자 신중한 정치인으로서, 여러분께 공개할 수 있는 몇몇 사람들의 목록을 여기 가지고 있습니다."

실제 종이 한 장을 오른손에 들고 결연한 표정으로 말한 베레고부아의 발언으로 장내는 순식간에 소란스러워졌습니다. 반대파 의원들 쪽에서는 당혹스러움을 감추지 못하면서 불만의 목소리들이 터져 나왔고, 소리를 지르고 삿대질을 하는 의원들까지 나오기 시작했습니다. 베레고부아는 총리로서, 지속적으로 이권을 챙겨온 일부 공직자들을 향해 그들을 도려내야 할 '부정부패의 고름'이라고 규정하고 선전포고를 한 것이나 다름없었기 때문입니다.

1980년대 후반부터 1990년대 초반까지 프랑스 정계는 공직자들의 권력형 비리가 빈번히 터져 나왔습니다. 특히 집권당이었던 사회당과 관련된 부패 스캔들이 잇따랐고, 이는 사회당의 이미지에 심각한 타격을 입혔습니다. 이 시기 프랑스 언론들은 정치인들의 불법 자금 수수, 뇌물 거래, 권력 남용에 관한 폭로 기사를 쏟아냈고, 프랑스 국민은 정치권 전반에 대해 강한 불신을 갖게 되었습니다. 게다가 80년대 이후 지속적으로 상승해온 실업률은 노동자 계층의 지지를 기반으로 한 사회당의 입지를 더욱 위태롭게 만들었습니다. 경기 침체와 실업률 증가는 사회당의 경제 정책에 대한 국민적 반감을 키웠고, 이는 1992년 지방 선거에서 사회당의 지지율 하락으로 이어졌습니다.

이러한 위기 상황에서 청렴한 이미지와 서민적 배경을 지닌 베레고부아의 등장은 정치적 전략의 일환이었을 가능성이 큽니다. 그럼에도 불구하고 베레고부아가 연설에서 공직자들의 부정부패를 노골적으로 언급했던 것은 실제 프랑스 사회에 오랜 시간 뿌리내려온 어두운 부분을 과감히 들춰내겠다는 진심과 의지가 담긴 표현이었습니다.

하지만 그의 전면적인 선전포고는 1년도 채 지나지 않아 그에게 불행으로 돌아오게 되었습니다. 1993년 2월 3일, 프랑스의 풍자 전문 주간지 르 카나르 앙셰네의 1면에 실린 헤드라인은 "베레고부아를 오염시킨 100만 프랑짜리 수표"였습니다. 이는 베레고부아가 1986년에 억만장자 로제 파트리스 펠라Roger-Patrice Pelat로부터 100만 프랑을 무이자로 빌렸다는 사실을 폭로한 것이었습니다. 베레고부아는 1986년, 30년 공직 생활 끝에 파리의 아담한 아파트 한 채를 구입했습니다. 그는 아파트 구입 자금을 마련하기 위해 대통령 미테랑의 절친이자 억만장자였던 펠라에게 100만 프랑을 무이자로 빌렸습니다. 이 대출은 공증인을 통해 합법적으로 이루어졌으며, 대출금도 모두 상환했습니다. 따라서 법적으로는 아무런 문제가 없습니다.

하지만 문제는 그가 돈을 빌린 펠라가 단순한 억만장자가 아니었다는 점이었습니다. 펠라는 1988년 발생한 국유 기업 페시네Pechiney의 대규모 내부자 거래 사건에 연루된 인물이었습니다. 페시네는 미국 기업 알코아Alcoa에 인수되기 전, 내부자 정보를 이용한 불법 주식 거래가 발생했는데, 당시 미테랑 정부의 핵심 인사들이 이 사건에 연루되었고 펠라는 이 사건의 중심 인물로 지목된 사람이었습니다. 이 사건으로 훼손된 사회당의 이미지를 바꿔보고자 총리로 지명된 베레고부아가, 오히려 이 사건에 깊이 연루된 인물에게 거액의 돈을 무이자로 빌렸다고 하니 그의 정적들에겐 이만큼 좋은 공격기회가 없었습니다.

르 카나르 앙셰네의 보도 이후, 여러 언론이 이 대출 사건을 집중 조명하기 시작했습니다. '청렴함'을 정치적 신조로 삼고 총리에 오른 베레고부아의 이미지는 순식간에 큰 타격을 입었습니다. 더욱이 이 폭로는 1993년 프랑스 총선을 한 달여 앞둔 시점에 터져 나온 것이었습니다. 총리의 논란이 한창 진행되다가 결국 사회당은 총선에서 기존 260석에서 무려 53석으로 추락해 대패하게 됩니다. 총선 참패의 책임을 지고 베레고부아는 결국 총리직에서 물러나게 되었습니다. 그러나 그의 시련은 여기서 끝나지 않았습니다. 총리직에서 사퇴한 이후, 베레고부아는 심각한 우울증에 빠지게 됩니다. 그가 평생 고수해온 청렴

결백함이 대출 사건으로 인해 심각하게 훼손되었고, 심지어 사회당 내에서도 총선 패배의 책임을 추궁당하며 우울증은 점점 심해졌습니다. 결국 그는 오랜 기간 시장으로 재직했던 느베르에서 시간을 보내고자 했습니다. 그리고 평소 산책을 즐기던 강변으로 드라이브를 떠났습니다. 이곳에서 그는 일행에게 잠시 혼자 있겠다고 말한 후, 경호원으로부터 훔친 권총으로 자신의 머리를 쏘아 생을 마감했습니다.

그의 죽음은 그를 좋아했던 많은 프랑스 국민에게 엄청난 충격과 당혹감을 안겨주는 동시에, 언론 보도를 둘러싼 다양한 논란을 촉발시켰습니다. 과연 르 카나르 앙셰네의 보도가 지나치게 선동적이었던 것은 아니었는지, 총선 이후 정권을 잡은 여당 인사들의 다른 추문에 대해서는 왜 그만큼의 지면을 할애하지 않았는지, 또 왜 유독 베레고부아에게만 가혹한 여론의 비난이 집중되었는지에 대한 비판이 잇따랐습니다. 단순한 금전 차용 사실만 부각된 채 그가 보여준 정직함과 정치적 신념에 대해서는 어떤 언론도 제대로 조명하지 않았다는 점에서 공정성에 대한 의문이 제기되었습니다. 당시 정치권에서는 반대파 정치인들과 언론의 집요한 공격이 결국 베레고부아를 죽음으로 몰고 간 것이라는 비판이 강하게 나왔습니다.

미테랑 대통령이 장례식 추모사에서 "한 인간의 명예와 생명이 '개'들에게 넘겨지는 것은 어떤 설명으로도 정당화될 수 없다"고 말한 대목에서, 그 '개'가 바로 언론을 겨냥한 것이 아니었느냐는 해석이 쏟아졌습니다. 물론 미테랑 대통령의 의중이 실제로 무엇이었는지는 알 수 없지만, 부정부패 청산을 외치며 총리에 올랐던 베레고부아가 그의 정적들과 언론으로부터 지나치게 집중적인 비난을 받은 인물이었음은 분명해 보입니다. 그런데 여기서 우리가 주목해야 할 중요한 대목이 하나 있습니다. 베레고부아가 사망한 후, "그가 파리 정치대학이나 국립행정학교 같은 그랑제콜 출신 정치 엘리트들과의 간극에서 불안감을 느껴왔다"는 증언이 나왔습니다. 또한 "그가 평소 접촉하던 브루주아 계층과 프랑스 상류층 인사들이 그의 출신 배경을 지속적으로 상기시키며, 때로는 경멸적인 태도를 보였다"는 주장도 제기되었습니다.

초등학교밖에 졸업하지 않은 노동자 출신 총리, 그가 의원들 앞에서 단호하게 외쳤던 부패 척결의 목소리, 그리고 불과 총선을 한 달 앞두고 터진 대출 의혹 보도, 정치적 몰락과 결국 자살에 이르기까지…. 이 일련의 과정을 종합해보면, 베레고부아의 정치적 의지가 콘크리트보다도 견고해 보이는 벽 앞에서 무너져내린 절망과 무력감, 고립감을 짐작할 수 있습니다. 그리고 그 벽이란, '미천한 출신'의 베레고부아가 자신들을 향해 칼날을 들이댄 것을 용납할 수 없었던, 프랑스 사회를 지배하는 거대한 정치·경제·언론 엘리트 집단이었을지도 모릅니다. 더욱이 이 엘리트들이 가진 결정적인 공통점이 하나 있습니다. 바로 이들 대부분이 프랑스 특유의 고등교육기관, 일명 '대학 위의 대학'으로 불리는 그랑제콜 출신이라는 사실입니다. 이 시스템은 현대 프랑스 사회에 견고한 계급 질서를 만들어내는 핵심적 구조로 작용하고 있습니다.

그런데 한편, 프랑스는 평등의 정신에 입각해 공교육을 무상으로 제공하는 나라로 널리 알려져 있습니다. 기본적으로 유치원부터 고등학교까지 무상교육이 제공되며, 대학교 역시 '바칼로레아Baccalauréat'라는 대학입학자격시험에서 일정 점수만 넘기면 누구나 지원할 수 있습니다. 대학의 명칭도 '파리 1대학', '파리 2대학'과 같은 식으로 나뉘며 평준화된 형태를 갖추고 있습니다. 이러한 모두에게 열려 있는 공교육체계는 '앙시앵 레짐Ancien Régime'이라는 구체제의 모순을 뒤엎고 자유롭고 평등한 사회를 만들고자 했던 프랑스대혁명의 정신에서 출발한 것입니다. 그런데 놀랍고도 모순적인 사실은 그랑제콜 역시 이러한 프랑스 혁명의 산물이라는 점입니다. 평등을 실현하기 위해 불평등한 체제를 무너뜨렸던 혁명이, 역설적으로 또 다른 형태의 엘리트 교육기관을 만들어냈고, 그것이 오늘날 프랑스 사회에 강고한 계층 구조를 형성하는 근간이 된 것입니다.

불평등한 계급체계를 무너뜨린 프랑스대혁명

대혁명 이전의 프랑스는 왕과 왕족 아래 세 개의 신분 계층으로 나뉘었습니다. 제1신분은 성직자, 제2신분은 귀족, 그리고 나머지 대다수의 시민 계급이 제3신분에 해당했습니다. 당시 프랑스 인구는 약 2,600만 명이었고, 이중 제3신분은 무려 96% 이상을 차지했습니다. 그러나 전체 인구의 단 4%에 불과한 제1신분과 제2신분은 세금조차 내지 않는 채, 고위 관직을 독점하고 전국 토지의 약 30%를 소유하며 특권을 누렸습니다. 반면 제3신분은 아무런 혜택도 받지 못한 채, 과중한 세금을 고스란히 부담하면서도 정치적으로는 철저히 배제되고 억압받는 구조 속에 놓여 있었지요. 이러한 불균형 속에서 제3신분 중에서도 도시의 상공업 발달과 함께 부를 축적한 부르주아 계층이 점차 부상하기 시작했습니다. 이들은 현실적으로 귀족에 맞먹거나 능가할 만큼의 재력과 능력을 갖추고 있었지만, 이들은 제도상 스스로 속한 제3신분을 벗어날 수 없어 정치적 참여에서 철저히 배제되었습니다. 이 같은 불합리한 구조로 인해 계급 간의 긴장감은 더욱 커졌습니다.

한편, 이러한 위기의식이 고조되던 18세기 후반 프랑스는 극심한 가뭄과 대홍수 같은 자연재해, 잇따른 흉작으로 인해 국민 대다수인 농민들이 상상을 초월하는 생활고와 고통에 시달렸습니다. 물가는 폭등했고, 이에 따른 농민들의 봉기는 끊이지 않았으며, 사회는 불안과 혼란으로 가득했습니다. 설상가상으로 선대 왕실의 방만한 재정 운영은 국가 재정을 파탄 지경으로 몰아넣었습니다. 귀족들의 사치와 도박, 미국 독립전쟁에 대한 과도한 지원은 국가 채무를 눈덩이처럼 불려놓았고, 국가는 심각한 재정 위기에 직면하게 되었습니다. 이처럼 감당하기 어려운 상황에서, 1787년과 1788년에는 국가적 위기를 타개하고자 주요 국가 의제를 논의하는 기구인 명사회가 소집되었습니다. 당시 재무총감이었던 샤를 알렉상드르 드 칼론Charles Alexandre de Calonne과 그 후

프랑스대혁명 직전 제3신분의 불만과 사회 계급 구조를 풍자한 판화.
"이 희극이 곧 끝나길 바라시길" 제3신분이 성직자와 귀족을 등에 지다, 1789

임 에티엔 샤를 드 로메니 브리엔Étienne Charles de Loménie de Brienne은 재정난을 해소하기 위해, 기존에 면세 특권을 누려왔던 성직자와 귀족 계층에게도 평등하게 세금을 부과하자고 명사회에 제안했습니다.

하지만 귀족과 성직자로 구성된 명사회는 두 재무총감이 제안한 평등 과세안에 완강히 반대했습니다. 오랫동안 면세 특권을 누려온 이들은 평민과 똑같이 세금을 내는 것이 위신에 손상을 준다고 여겨 이를 거부했습니다. 그들은 이러한 중대한 사안은 삼부회에서 논의해야 한다며 소집을 요구했지만, 삼부회의 표결 방식은 불공정했습니다. 각 신분이 1표씩 행사하는 구조로 인해, 인구의 96%를 차지하는 제3신분도 1표만 가질 수 있었고, 성직자와 귀족이 연합하면 항상 2대 1로 제3

신분을 압도할 수밖에 없었습니다.

제3신분은 더 이상 가만히 있을 수 없었습니다. 1789년 5월 5일, 베르사유궁전에서 1,200명의 대표가 모인 삼부회가 열렸고, 대표단 중 가장 많은 인원을 차지한 제3신분은 표결 방식을 바꿔야 한다고 주장했습니다. 기존처럼 각 신분당 1표가 아니라 대표들의 실제 인원 수에 따라 표를 행사하자는 것이었지요. 하지만 삼부회는 귀족과 성직자의 반대에 부딪혀 결국 파행을 거듭했고, 논의는 한 달 넘게 지지부진한 상태로 이어졌습니다. 그러자 6월에 이르러 제3신분은 마침내 과감한 결정을 내립니다. 자신들이야말로 국민의 96%를 대표한다는 주장을 내세우며, 기존 신분제 의회를 탈피해 새로운 국민의회를 따로 구성한 것입니다. 이들은 기존의 특권 세력이 가한 방해와 압력에도 굴하지 않고, 베르사유궁전에 딸린 실내 테니스 코트에 모여 역사적인 서약을 하게 됩니다. "헌법이 제정되기 전까지 결코 해산하지 않겠다"고 하는, 이른바 '테니스 코트의 서약'을 하게 됩니다.

루이 16세는 제3신분의 독자적인 행동에 크게 분노했습니다. 그는 국민의회를 강제로 해산시키기 위해 군대를 파리로 진군시키는 한편, 정국 혼란의 책임을 물어 당시 재무총감이었던 자크 네케르Jacques Necker를 전격 파면시켰습니다. 네케르는 앞서 샤를 드 칼론과 마찬가지로 귀족과 성직자에게도 평등하게 세금을 부과하자고 주장했던 인물이었고, 민중들로부터 상당한 지지를 받고 있던 인물이기도 했습니다. 왕이 국민의회를 군대로 해산하려 하는 데다가 네케르까지 파면되

테니스 코트의 서약, 자크 루이 다비드, 파리 카르나발레 박물관 소장

자 군중들은 극도의 분노와 혼란에 휩싸였습니다.

 점점 커져가던 분노는 마침내 대혁명의 뇌관을 건드리게 되었습니다. 군중들은 혁명에 필요한 무기를 확보하기 위해 1789년 7월 14일, 무기와 탄약이 보관되어 있던 바스티유 감옥을 습격해 함락시켰고, 이 사건은 프랑스대혁명의 시작을 알리는 상징적인 사건으로 기록되었습니다. 바스티유 감옥의 함락 소식은 프랑스 전역으로 퍼져나갔고, 각지의 농민들은 성을 파괴하고 고문서 및 봉건 영주의 권리를 증명하는 권리대장을 불태우는 등 봉기의 불길을 치솟게 했습니다. 하지만 이 격변하는 민심을 수습할 수 있었던 존재는 더 이상 왕이 아니었습니다. 이미 정치적 정당성과 국민의 지지를 등에 업은 국민의회가 실질적인 권력의 중심으로 부상하고 있었던 것이지요. 결국 국민의회는 1789년 8월 26일, 구체제를 공식적으로 거부하고 '자유, 평등, 박애'를 슬로건으로 내건 국민주권의 원칙을 천명하며, 현대 민주주의의 이정표가 된 〈인간과 시민의 권리 선언〉을 채택하게 됩니다.

다음은 선언문에 담긴 주요 조항 일부입니다.

- 제1조: 인간은 권리에 있어서 자유롭고 평등하게 태어나며 살아간다. 사회적 차별은 공동 이익을 근거로 할 때만 정당화될 수 있다.
- 제2조: 모든 정치적 결사의 목적은 인간의 자연적이며 소멸될 수 없는 권리의 보전에 있다. 이러한 권리에는 자유, 재산, 안전, 그리고 억압에 대한 저항이 포함된다.
- 제3조: 모든 주권의 원천은 국민에게 있다. 어떠한 단체나 개인도 국민으로부터 명시적으로 부여받지 않은 권리를 행사할 수 없다.

이 선언은 자유와 평등, 종교·출판·결사의 자유 등 인간의 천부적인 권리가 시공을 초월해 보편적인 것임을 천명했습니다. 이는 인간의 기본권을 억압해왔던 구체제에 대한 종언을 의미했으며, 동시에 주권이 군주로부터 인민에게 넘어갔음을 선언한 역사적인 사건이었습니다. 국민들은 이 소식에 기뻐했습니다. 물론 이 선언이 특권계급의 타도와 귀족제의 폐지를 정당화한 것이긴 했지만, 당시 민중을 진정한 정치적 동반자로 받아들인 것은 아니었고, 그 한계 또한 분명했습니다. 이러한 한계는 이후 또 다른 혁명을 요구하게 되었습니다. 그럼에도 불구하고, 프랑스대혁명이 크고 작은 혁명과 혼란을 거듭하며 그 주체와 양상이 달라지는 과정 속에도, 이 선언에 담긴 정신만큼은 끊임없이 계승되었습니다. 중요한 것은 이 선언을 계기로 억압받던 제3신분이 자유와 권리를 쟁취하게 되었고, 낡고 부패한 특권층으로 상징되던 구체제가 무너졌으며, 공화정이라는 새로운 정치질서가 수립되면서 오늘날 프랑스 사회의 초석을 마련했다는 점입니다.

전쟁에 잊혀져 간 평등한 교육

프랑스대혁명이 가능했던 이유는 단순히 당시 민중이 극심한 경제난에 분노했기 때문만은 아닙니다. 그것은 무엇보다도 구체제의 모순을 인식하고 이를 비판할 수 있는 '의식의 성장'이 있었기 때문입니다. 18세기 프랑스에는 이미 살롱, 카페, 아카데미 등 공간이 풍부하게 형성되었습니다. 이곳에서 볼테르, 루소, 디드로 등 여러 계몽주의 사상가들과 지식인들이 활발히 활동하며 구체제인 앙시앵 레짐의 병폐를 지적하고 개혁의 필요성을 토론했습니다. 이들의 사상은 출판물을 통해 부르주아 계층을 중심으로 확산되었고, 점차 민중의 의식 속으로도 깊이 침투해 들어갔습니다. 이러한 철학과 사상의 확산은 민중들이 직접 행동에 나서고, 그들의 정치적 요구를 정당화할 수 있는 기반이 되어주었습니다.

그런데 소수 계층이 특권을 독점하던 구체제가 무너진 이후, 새로운 사회의 주체가 될 민중이 주도적으로 혁명을 완수하려면 무엇보다도 이들이 먼저 계몽되어야 했습니다. 그리고 이를 실현하기 위한 핵심 수단은 바로 공교육의 확산이었지요. 당시 계몽사상가들과 활발히 교류했던 인물 중, 민중의 이성을 함양하기 위한 공교육의 중요성을 특히 강조했던 인물이 바로 혁명가 마르키 드 콩도르세Marquis de Condorcet였습니다. 1789년 국민의회가 테니스 코트의 서약을 통해 구성된 후, 1791년에는 프랑스 최초의 헌법을 제정하는 제헌의회가 출범했고 이어서 구성된 입법의회에서 콩도르세는 교육과 문화 정책을 담당하는 공교육위원회 위원장으로 활동하게 됩니다.

콩도르세는 모든 시민이 의무적으로 교육을 받아야 한다고 주장했습니다. 그는 공교육이 없으면 지식이 소수 지배계급에 독점되고, 다수 시민은 무지 속에 체제를 맹종하게 된다고 보았습니다. 중세 유럽에서 교육은 교회와 왕권의 도구였기에 이러한 주장은 당시로선 대단히 전향적인 제안이었습니다. 콩도르세는 왕족과 귀족의 폭정이 가능했던 근본 원인이 불평등한 교육제도에 있다고 보고, 교육 기회의 평등이 민중의 진정한 해방을 위한 핵심이라 여겼습니다.

1792년 4월 20일, 콩도르세가 위원장으로 있던 입법의회 공교육위원회는 이른바 '콩도르세안'이라 불리는 교육 개혁안을 발표했습니다. 그는 모든 교육 단계에서 무상교육이 실시되어야 한다고 주장하며, 이

콩도르세 후작 초상화, 작자 미상, 파리 카르나발레 박물관 소장

를 사회적 평등 실현과 연결지었습니다. 구체제에서는 권력과 부를 소유한 극소수와 그렇지 않은 대다수의 시민들 사이에 극심한 불평등이 존재했고, 그 불평등은 사회 체제의 근간을 이루고 있었기 때문입니다. 따라서 새로운 공화국에서의 공교육은 단순히 지식 전달을 넘어, 시민들 사이의 실제적인 평등을 확립하는 것을 목표로 삼았습니다.

실제로 당시 프랑스는 신분제가 폐지되었음에도 불구하고 경제적 불평등은 여전히 심각하게 존재했습니다. 막대한 자본을 가진 부르주아 계층과 가난한 농민, 노동자들 모두가 제3신분으로 동일하게 분류되었지만, 그 안에서의 빈부격차는 새로운 계급 구조를 낳을 가능성을 내포하고 있었던 것이지요. 그래서 콩도르세는 부유한 계층과 그렇지 못한 계층 간의 간극을 줄이는 수단으로서 교육의 평등성을 강조하며,

그 출발점은 완전한 무상교육이어야 한다고 역설했습니다. 그런 점에서 그의 교육개혁안은 프랑스대혁명 초기의 정신, 즉 자유, 평등, 박애라는 가치에 깊이 부합하는 매우 이상적이고 진보적인 제안이었습니다. 하지만 이렇게나 이상적인 콩도르세의 제안은 안타깝게도 프랑스대혁명이 일어나면서 실현되지 못했습니다.

혁명이 한창이던 당시, 프랑스대혁명의 거대한 파급력은 주변의 여러 유럽 왕정 국가들에게 심각한 위협으로 인식되었습니다. 프랑스처럼 혁명의 불씨가 자신들의 봉건적 체제에 옮겨붙을 경우 왕권과 특권 체제 전체가 무너질 수 있다는 불안감이 퍼졌기 때문입니다. 특히 신성로마제국의 황제 레오폴트 2세Leopold II는 프랑스 내 혁명 세력을 방해하고 내정간섭을 시도했습니다. 그는 만약 루이 16세에게 위해가 가해진다면 무력을 동원해 프랑스를 초토화시키겠다고 위협하며 프랑스의 내정에 노골적인 개입 의지를 드러냈습니다. 입법의회는 이에 분노했고 결국 신성로마제국의 오스트리아에 선전포고를 감행했습니다. 역사적인 프랑스 혁명 전쟁이 시작된 것입니다.

정치·외교적 갈등이 격화되는 가운데, 콩도르세가 제안한 이상적 공교육 개혁안은 결국 의회 논의에 오르지 못한 채 무산되었습니다. 전쟁과 정국의 혼란은 개혁의 기회를 앗아갔고, 가톨릭교회의 교육 통제, 부유층 중심의 중등교육, 여성 교육의 배제 등 불평등한 구조는 여전히 존속하게 됩니다. 콩도르세의 비전은 당대에는 실현되지 못했지만, 그로부터 약 90년이 지난 1881년 제3공화국 시기에 이르러서야 초등교육 무상화가 법제화되면서 일부 실현되었습니다.

 프랑스대혁명 전쟁 초기, 프랑스의 혁명군은 당대 최강의 군대로 평가받던 프로이센군에게 밀리며 고전을 면치 못하고 있었습니다. 그런데 대이변이 벌어집니다. 파리 근교에 있는 발미Valmy에서 벌어진 전투에서, 혁명군은 농민들로 구성되어 자원 모집된 의용군에 힘입어 기적적으로 프로이센 군을 무찌른 것입니다. 이때 만약 프랑스가 전투에서 졌다면 프로이센군에게 파리를 점령당해 프랑스대혁명은 그대로 좌초될 수도 있었습니다. 하지만 이 전투에서의 승리는 인류 역사의 방향을 바꾼 중요한 사건이었지요. 이 전투에서 프랑스가 승리한 것을 계기로 프로이센군은 철수했고 혁명 정부는 자신감을 되찾았습니다. 뿐만 아니라 이 발미 전투에서 승리한 바로 그 당일 프랑스는 왕정을 폐지하고 역사적인 제1공화국 수립을 선언할 수 있었습니다. 이듬해인 1793년 1월, 입법의회를 계승한 국민공회는 루이 16세에게 반혁명죄를 물어 사형을 선고, 결국 루이 16세는 단두대에서 처형되며 프랑스의 절대왕정 시대는 완전히 종말을 맞이하게 됩니다.

 평민들이 들고 일어나 왕의 목을 친 사건은 그야말로 충격적인 역사적 전환점이었습니다. 루이 16세의 처형은 유럽 전체를 뒤흔들었습니다. 시민 혁명에 일정 부분 동조하던 주변국들조차도 이 사건을 계기로 반혁명 진영으로 돌아섰고, 이들은 곧바로 대對프랑스 동맹을 결성하여 전쟁에 돌입하게 됩니다. 반면, 프랑스의 혁명 정부는 발미 전투에서의 승리로 고무되어, 이제는 유럽 각지에 혁명의 이념을 전파하겠

루이 16세 처형, 작가 미상, 프랑스 국립도서관 소장

다는 명분 아래 본격적인 대외 팽창 노선을 선택했습니다. 이로써 전쟁은 새로운 국면으로 접어들었습니다.

　전쟁이라는 특수한 상황은 콩도르세가 제안한 교육 이상을 실현하는 데 큰 장애물이었습니다. 국민공회는 그의 교육개혁안을 채택하고 논의를 시작했지만, 루이 16세의 처형과 외세의 침공이라는 위기가 겹치며 교육은 다시 뒷순위로 밀려났습니다. 전쟁에서 패하면 혁명 자체가 좌초될 수 있었기 때문에, 교육은 먼 장래를 내다보는 순수한 인간교육보다 국방과 '혁명전사' 양성이라는 당장의 필요에 맞춰지는 방향으로 전개되었습니다.

전쟁통에 마구 생겨나는 그랑제콜

콩도르세가 주장했던 것처럼 계몽된 시민, 즉 민중이성 raison populaire 을 갖춘 인간을 양성하는 출발점은 초등교육입니다. 하지만 대내외적으로 긴박했던 프랑스대혁명기의 현실 속에서는 즉시 혁명의 대열에 투입할 수 있는 인재가 더 절실했습니다. 그래서 국민공회 시기에는 혁명 초기와 달리 고등교육에 더욱 집중하게 됩니다. 그 결과 프랑스는 기존의 신학 중심의 전통적 대학 체계에서 벗어나 새로운 형태의 고등교육기관을 창설하기 시작했습니다. 바로 그랑제콜의 탄생입니다. 이름 그대로 '위대한 grande', '학교 école'라는 뜻을 지닌 그랑제콜은 기존 대학과는 확연히 다른 철학과 목적을 가지고 있었습니다. 이론보다는 실용, 전통보다는 전문성을 우선시한 이 교육기관은, 혁명과 전쟁의 격변기 속에서 프랑스 사회가 요구한 '즉시 투입 가능한 고급 인재'를 양성하는 데 최적화된 시스템이었습니다. 따라서 그랑제콜은 혼란한 시대가 필연적으로 만들어낸 산물이자, 동시에 이후 프랑스 엘리트 양성 시스템의 핵심 축으로 자리매김하게 된 것이지요.

모든 국경에서 적과 대치하며 전쟁을 치렀던 프랑스는 공학의 군사적 응용, 측지학, 무기 제조 기술 등에 정통한 전문 과학 인재가 시급했습니다. 이런 국가적 요구에 따라 1794년, 국민공회는 토목중앙학교를 설립합니다. 이 학교는 전시 상황에서 필수적인 도로 정비, 하천 정비, 각종 인프라 건설 등 토목 기술 인재를 양성하기 위한 목적에서 출발했습니다. 무엇보다도 이곳에는 기하학의 아버지라 불리는 가스파르 몽주Gaspard Monge, 위대한 수학자 조제프 루이 라그랑주Joseph-Louis Lagrange 등 당대 최고 수준의 과학자들이 교수로 임명되었습니다.

그러나 설립 초기부터 비판의 목소리도 나왔습니다. 이 학교에서 기초과학 교육을 받은 학생들만이 응용학교ecoles d'application에 진학할 수 있도록 제한된 체계였기 때문입니다. 이는 앙시앵 레짐 시기의 학교들처럼 또 특권층의 집합소가 될 소지가 있고 이 학교의 졸업생만이 응용학교에 입학한다는 것 자체도 평등 정신에 위배된다는 비판이 제기되었습니다. 그러나 국민공회는 내부의 반대에도 불구하고 이 학교의 설립을 강행합니다. 전쟁의 시급함 속에서 토목중앙학교는 군사 공학, 포병술, 광산 개발, 함대 건조 등 실전용 과학기술 분야에서 큰 성과를 이루며 방위산업을 뒷받침하는 핵심 기관으로 자리 잡게 되었습니다. 1795년 9월, 이 학교는 지금까지도 유지되고 있는 '에콜 폴리테크니크École Polytechnique'로 교명을 변경했습니다. 하지만 결국 우려는 현실이 되었습니다. 에콜 폴리테크니크 졸업생들만이 응용학교에 진학하게 되면서 이들은 곧바로 군 장교나 고위 기술관료, 공직자로 진출하는 엘리트 계층을 형성하게 됩니다. 앙시앵 레짐 때처럼 국가 엔지니어로서의 독점적 지위와 특권이 생기기 시작한 것입니다.

프랑스대혁명은 나폴레옹의 쿠데타로 종결되었고, 그는 스스로 황제로 즉위하면서 새로운 제국 체제를 수립하게 되었습니다. 그러나 프랑스는 여전히 유럽 각국과의 전쟁을 이어갔고, 이에 따라 에콜 폴리

파리 에콜 폴리테크니크 정문, ©LPLT

테크니크는 점차 나폴레옹의 야망에 부응하는 도구로써 군사화되었습니다. 당초 혁명의 이상에 따라 교육 기회를 널리 보장하기 위해 마련되었던 장학금 제도는 폐지되었고, 입학시험은 점점 어려워졌으며, 높은 수업료를 내야 하는 제도가 도입되면서 점차 특권층 자제에게 유리한 학교가 되었습니다. 돈이 있는 부르주아 권력층을 중심으로 재편된 새로운 사회적 불평등이 생겨나기 시작한 것입니다.

한편 국가의 과학 발전과 중앙집권화에 큰 기여를 한 에콜 폴리테크니크의 선례를 따라 나폴레옹 시대를 기점으로 프랑스에는 각 분야의 수많은 그랑제콜이 생겨났습니다. 이들 학교는 전문 분야에서 최고 수준의 교육을 제공하며, 엘리트 양성기관으로 자리 잡았습니다. 그 사이 프랑스는 제국, 왕국, 공화국이라는 체제의 잦은 번복과 여러 혼란이 반복되다, 1871년 프로이센과 치른 전쟁에서 패배하면서 제3공화국이 세워졌습니다. 이는 불안정했던 왕정과 제정의 종식, 그리고 현대 프랑스 공화주의 체제의 본격적인 출발점이었습니다.

프로이센과의 전쟁에서 패배했다는 사실은 프랑스에게 깊은 충격과 트라우마를 남겼습니다. 프랑스는 오랫동안 독일을 후발주자이자 자신이 문명화시켜야 할 대상쯤으로 여겨왔습니다. 그런데 전쟁의 패배로 두 나라의 분쟁지역이었던 알자스-로렌Alsace-Lorraine 지방까지 빼앗긴 데다가 독일제국의 선포식을 베르사유궁전에서 치르게 되는 등 그 굴욕은 엄청났지요. 프랑스는 이 패배가 어디서 비롯되었는지에 대해 살펴보지 않을 수 없었습니다. 이들은 독일의 베를린 대학이 키워낸 엘리트가 바로 그 핵심이라고 보았습니다. 이들이 독일이라는 국가와 행정을 책임지고, 효율적이고 능률적인 방식으로 국가를 주도했기 때문에 프랑스를 앞서는 국력을 키울 수 있었다고 결론을 내린 것입니다. 결국 패전의 충격을 딛고 일어서기 위해서는 엘리트 양성이 답이라고 생각한 것이지요.

이런 분위기 속에서 19세기 후반, 프랑스에는 여러 그랑제콜이 새롭게 설립되었습니다. 오늘날 PSL 대학교에 소속된 고등연구실습원, 프랑스 정치학 교육의 최정상에 있는 파리 정치대학, 그리고 다양한 상업 전문 에콜이 이 시기에 탄생했습니다. 이들 그랑제콜은 기존의 대학과는 차별화된 체계로 운영되며, 프랑스 엘리트의 산실로 자리 잡았습니다. 졸업생들은 프랑스 사회의 각계 각층으로 진출하여 주요 핵심 요직을 차지했고, 자연스럽게 엘리트 계층을 형성했습니다. 그런데 이렇게 특정 분야에 전문화된 차등적인 교육이 제공될수록, 그랑제콜과 일반 대학 사이의 간극은 점점 더 벌어졌습니다. 졸업 이후 사회적 성공과 신분 상승에 있어 결정적인 차이를 만드는 이 간극 때문에 심지어 고등학교와 긴밀히 연계되어 '그랑제콜 준비반'이라는 전례 없는 제도가 생겨나기까지 합니다.

제3공화국의 공교육 개혁자들은 이런 이원화된 고등교육 시스템의 문제점을 인식하고 일반 대학과 그랑제콜의 격차를 줄이기 위해 노력했습니다. 그랑제콜 교육의 혜택은 결국 그 교육을 감당할 수 있는 자본력을 갖춘 상층 부르주아의 자녀들에게 쏠리게 되고 이것이 불평등을 초래한다고 생각한 것이지요. 하지만 불행히도 그랑제콜로 인한 불평등을 최소화하기 위한 제3공화국의 개혁정책은 그 사이에 뿌리 깊게 자리 잡은 그랑제콜 출신들의 우월의식과 독점의 장벽 앞에서 실패로 끝나고 말았습니다. 불평등한 신분제를 무너뜨리며 교육의 평등을 외쳤던 초기의 혁명의 정신은 혁명 전쟁과 불안정한 내부 정치 등 긴박했던 당시의 상황으로 인해 우후죽순 생겨난 그랑제콜의 치명적인 약점을 미처 보완하지 못하고 흐려졌습니다. 그리고 점차 시간이 흐르면서 마치 혁명 전의 귀족처럼 새로운 유형의 소수 상류층 계급을 만들고 말았습니다. 바로 '엘리트'라고 불리는 사람들 말입니다.

재생산되는 엘리트의 특권
•

파리 정치대학의 학장을 역임했던 리샤르 데쿠엥Richard Descoings은 "그랑제콜에 입학한다는 것은 곧 그랑제콜 클럽에 가입하는 것이다"라고 말했습니다. 그만큼 그랑제콜을 통해 배출된 엘리트들은 그들의 기득권을 지키기 위해 폐쇄적이고 배타적인 네트워크를 형성하고 있다는 뜻입니다. 그럼 애초에 '엘리트'란 무엇을 뜻하는 것일까요? 브리태니커 백과사전의 온라인판에서 'elite'라는 단어를 검색하면 다음과 같은 정의를 찾을 수 있습니다.

"불균형적인 권력과 영향력을 행사하는 소수의 사람들로 구성된 집단."

엘리트에 대한 정의는 조금씩 다를 수 있지만, 핵심 기준은 그 사람이 가진 영향력, 즉 힘이라고 할 수 있습니다. 엘리트는 곧 의사 결정에 영향을 미치는 '권력'을 가지고 있는 사람이라고 할 수 있습니다. 경제, 정치, 행정, 사법 등 사회의 각 분야에 포진해 우리의 삶에 영향을 미칠 여러 사안의 결정을 할 수 있는 사람들이지요. 이러한 엘리트들은 대개 소수 집단으로 존재하며, 대중과는 분리된 배타성을 지닙니다. 그리고 이 배타성은 엘리트들 내부에서만 통용되는 동질성을 만들어냅니다. 이는 상류층 엘리트들이 조직 내에서 새로운 사람을 받아들일 때, 자신들과 유사한 사회적 출신 배경을 가진 인재를 선호하는 경향과 관련이 깊습니다. 이러한 환경에서 자라난 상류층 자녀들은 자연스럽게 엘리트 집단이 공유하는 사고방식, 대화 방식, 언어 습관 등 특정한 문화적 요소를 내면화하게 됩니다. 그 결과 이들은 성장 후, 다른 계층의 인재들보다 훨씬 더 쉽게 엘리트 집단에 진입할 가능성이 높아지는 것이지요.

표면적으로는 우리가 살아가는 세상은 모든 사람에게 경쟁할 기회가 열려 있는 것처럼 보이지만, 결국 좋은 자리를 차지할 수 있는 비밀은 소수 집단의 상류층 사회에 속해 있는 사람에게 더 많이 주어지는 것이 현실입니다. 그리고 이런 프로세스를 가능하게 만드는 두 가지 요소가 바로 명문 대학교 출신 여부와 집안의 배경인데, 여기서 더 큰 힘을 발휘하는 것은 집안의 배경, 즉 '문화'적인 자본입니다.

프랑스 사회학자 피에르 부르디외Pierre Bourdieu는 현대 사회의 계급 불평등을 고등교육의 맥락에서 분석했습니다. 그는 지배 계급이 특정한 문화자본을 보유하며, 이 자본이 세습을 통해 같은 계급 내에서 대물림된다고 보았습니다. 이러한 문화적 특권의 지속적인 전달과 재창출 과정을 그는 '문화 재생산cultural reproduction' 이론으로 설명했습니다. 여기서 말하는 문화자본이란 언어의 습관이나 예술과 문화에 대한 교양 등 체화된 문화적 성향, 부모로부터 물려받은 그림이나 책, 예술품 등과 같은 물질적인 것, 학위나 증명서와 같이 능력을 인정받은 것 등 사회 내에서 개인이나 집단이 지위와 권력을 획득하거나 유지하는 데 도움이 되는 문화적인 자산을 말합니다. 특정한 사회집단의 구성원들 사이에서 오랜 시간에 걸쳐 전승되는 이런 문화적 자본들을 통해,

그곳에 속한 사람은 성향, 사고, 인지, 판단의 체계 등 무의식적인 행동 특성이 동질적으로 형성됩니다. 이는 어떠한 행동을 이런 식으로 하겠다고 머리로 생각하는 것이 아니라 몸에 배이는, 그야말로 체화된 특성입니다. 부르디외는 이것을 '아비투스Habitus'라고 명명했습니다.

부르디외에 따르면 아비투스는 오랜 시간에 걸친 교육과 사회적 경험을 통해 형성되며, 개인이 속한 계급과 문화적 배경에 따라 학교 교육에 대한 태도와 접근 방식도 달라지게 됩니다. 그는 학교가 지배계급의 문화를 보편적 문화로 가르치며, 이를 통해 사회 질서를 정당화하는 역할을 한다고 보았습니다. 따라서 상류계층 자녀들은 풍부한 문화자본을 바탕으로 우수한 학교에 진입하고, 학교가 요구하는 가치와 규범을 자연스럽게 체화해 더 높은 사회적 성공 가능성을 가지게 됩니다.

상류 사회의 문화를 체화한 사람은 일상적인 행동에서조차 자연스럽고 자신감 있는 태도를 보입니다. 이는 어린 시절부터 주도적인 위치에서 특별한 방어 태도 없이 사회화되었기 때문입니다. 이런 배경 속에서 자란 이들은 삶의 여러 장면에서 긴장하거나 애쓸 필요 없이 자연스럽게 중심에 서는 태도를 익히게 됩니다. 이러한 아비투스는 면접이나 중요한 미팅과 같은 공식적인 자리에서 특히 두드러지게 나타납니다. 그들은 대화 중에도 무엇을 취하고 무엇을 무시할지를 능숙하게 조율합니다. 상류층의 구성원들은 이런 자연스럽고 주체적인 태도에 본능적으로 익숙하기 때문에, 자신들과 유사한 아비투스를 지닌 사람들에게 더욱 호감을 느낍니다. 그리고 그를 '멋진 사람'이라 인식하며 자신들의 집단 안으로 더 쉽게 받아들이는 경향이 있습니다.

상류층의 아비투스를 체화한 이들이 주로 진입하고, 동질적 문화를 공유하며 엘리트로 재생산되는 공간이 바로 그랑제콜이었습니다. 프랑스대혁명 이후 만들어진 그랑제콜은 점차 상류층 자녀를 위한 특권적 교육기관으로 변모해갔고, 부유한 가정 출신 학생들은 졸업 후 기성 엘리트들과 유사한 문화자본을 공유하며 사회적 성공에 유리한 위치를 점하게 됩니다. 특히 파리 정치대학 같은 인문계 그랑제콜에서는 언어적 표현력과 담론 구성력 등이 중시됩니다. 언어와 표현을 핵심 자본으로 삼는 교육 환경에서는 계급적 문화와 아비투스의 영향력이 더욱 크게 작용합니다. 이에 따라 학교는 자연스럽게 상류층의 문화자본과 아비투스를 지닌 학생을 선호하게 되고, 결과적으로 자연스럽게 상류층 자녀들이 더 많이 선발되는 결과를 가져오게 됩니다.

이런 점에서 부르디외는 프랑스대혁명기의 고등교육 체계가 오히려 문화적 특권과 배제를 재생산함으로써 사회불평등을 심화시켰다고 비판합니다. 그는 "평등사상에 입각해 앙시앵 레짐 시기의 엘리트주의를 타파하고자 했던 혁명기 지도자들의 공교육 실험이, 결과적으로 이른바 '국가귀족Noblesse d'État'의 독점과 특권을 더욱 공고화하는 역설을 낳았다"고 말했습니다. 그러면서 "프랑스의 그랑제콜 체계가 엘리트 형성을 담당하면서 과거 앙시앵 레짐에서의 귀족들과 유사한 역할을 한다"고 주장했습니다. 그랑제콜은 그렇게 새로운 유형의 국가귀족을 생산하는 산실이 되어버린 것입니다.

견고한 프랑스의 엘리트주의

세계의 불평등을 연구하는 프랑스의 비영리 단체 불평등 연구소Observatoire des inégalités는 각 그랑제콜 학생들의 부모 직업을 분석한 통계 자료를 발표했습니다. 이 자료에 따르면 대다수 그랑제콜 학생의 부모는 기업 임원이나 전문직 종사자로, 상류층 직업군에 해당하는 경우가 절대적으로 많았습니다. 특히 에콜 폴리테크니크의 경우 노동자 계층의 부모를 둔 학생 수보다 기업 임원 또는 전문직 부모를 둔 학생 수가 무려 174배에 달하는 것으로 나타났습니다. 이는 부르디외가 지적했던 문화자본의 세습 구조와 그에 따른 엘리트 교육기관의 계급 재생산 매커니즘이 여전히 강하게 작동하고 있음을 방증합니다. 이러한 현상은 그랑제콜의 높은 학비와도 밀접한 관련이 있습니다. 상경계열의 그랑제콜의 경우 연간 등록금이 약 13,000유로(한화 약 2,000만 원)에 달합니다. 이에 따라 그랑제콜 측에서는 저소득층을 위한 장학금 제도를 도입하기도 했지만, 안타깝게도 학생들의 출신 배경이 과거에 비해 크게 변화되지 않고 있고 제도가 실효성을 보이지 못하고 있습니다.

이처럼 그랑제콜을 거쳐 엘리트가 된 졸업생들은 점차 부의 창출을 만드는 '생산적 노동'보다, 기존의 부와 지위를 유지하고 관리하는 '정치적 노동'에 더 많이 관여하게 됩니다. 그들은 자신들이 공유하는 문화자본과 사회적 지위를 활용해 오히려 전문 기술 능력을 통제하고 제약하는 위치에 서게 됩니다. 이러한 엘리트 졸업생들 다수는 프랑스

그랑제콜 학생 부모의 직업 분포

(단위: %)

	농업, 제조업, 상업 및 자영업	기업 임원 및 전문직	중간 관리직	사무직	노동자	은퇴, 실업자 및 기타	합계
그랑제콜 준비반 (2019)	10.8	51.9	12.6	11.0	7.1	6.6	100
프랑스 공학학교 (2019)	12.1	54.4	11.9	9.1	5.4	7.1	100
파리 고등사범학교 (2019)	7.1	64.2	9.9	6.8	2.3	9.7	100
국립행정학교 (2015)	9.4	68.8	8.7	4.5	4.4	4.2	100
에콜 폴리테크니크 (2018)	8.7	69.8	8.8	4.1	0.4	8.2	100
전체 학생	10.9	34.4	14.0	16.8	11.5	12.4	100

출처: Observatoire des inégalités

고위 공무원단에 진출합니다. 국참사원Conseil d'État, 프랑스 최고 행정법원, 회계감사원, 재무감사원, 외교부, 국립광산학교, 국립토목학교 등과 같은 행정부의 엘리트 기관, 이른바 '그랑 군단'에 직장을 택할 수 있습니다. 이들 졸업생은 전체 프랑스 대학 졸업생 중 약 1% 미만에 해당하지만, 상호 간의 견고한 인맥과 집단적 응집력을 바탕으로 강력한 기득권 체계를 형성합니다. 인턴십이나 고위직 진출 과정에서 선배가 후배를 추천하거나 끌어주는 관행이 강하게 작동하고, 이로 인해 사회 주요 요직이 소수 엘리트 그룹에 의해 독점되는 구조가 유지되는 것입니다.

프랑스의 정치인들과 유명 기업인들의 이력을 살펴보면 그들이 얼마나 동일한 학벌과 사회적 배경 속에서 촘촘하게 얽혀 있는지를 쉽게 확인할 수 있습니다. 프랑스 제5공화국 이후, 역대 대통령들은 샤를 드 골Charles de Gaulle을 제외하면 모두 국립행정학교나 파리 정치대학 등 그랑제콜 출신들로 구성되어 있습니다. 역대 정부의 내각에서도 많은 수가 그랑제콜 졸업생들로 채워졌지요. 내각의 장관이나 부국장 중 50% 이상이 국립행정학교 출신이고, 프랑스 전역의 법원장급 판사들 중 90% 이상이 국립행정학교 출신입니다. 프랑스의 100대 기업 CEO들 중 절반 이상은 국립행정학교나 에콜 폴리테크니크, 또는 파리상업학교 출신이고, 이들 중 42%가 고위 공무원단이나 각료급 고위직 출신으로서 서로 상이한 분야임에도 연계가 매우 촘촘합니다. 이들 중 대다수는 당연히 에마뉘엘 마크롱Emmanuel Macron 대통령이나 에두아르 샤를 필리프Édouard Charles Philippe 총리처럼, 그랑제콜의 비싼 학비를 감당할 수 있는 상류층 집안 출신일 가능성이 높습니다. 이러한 구조 속에서 중산층 이하 가정의 학생들은 불리한 위치에 놓이게 됩니다. 그랑제콜 출신의 배타적이고 동질적인 엘리트 집단은 사회적 진입 장벽을 형성하며 이로 인해 이들의 성공 가능성은 점점 멀어지게 됩니다. 결국 프랑스 사회는 개인의 성공이 후천적 노력보다 선천적으로 상속된 자산에 더 크게 좌우되는 방향으로 굳어지게 되어버린 것입니다.

2018년 11월, 프랑스 전역을 휩쓴 '노란 조끼 시위'는 단순한 유류세 반대 시위를 넘어, 프랑스 불평등 구조에 대한 분노가 표출된 대규모 사회운동이었습니다. 시위의 직접적인 계기는 마크롱 정부의 휘발유 및 디젤 유류세 인상 정책이었습니다. 자동차 연료는 소득 수준과 무관하게 필수적인 생필품에 해당하는 소비재입니다. 특히 지방이나 교외에 거주하는 서민은 대중교통 접근성이 떨어지기 때문에 자차 이용에 의존할 수밖에 없으며, 이들에게 유류세 인상은 생활비 부담의 직접적인 증가로 이어졌습니다. 결국 많은 프랑스 국민들의 참아왔던 분노가 터져버렸습니다. 마크롱 정부가 그동안 추진한 신자유주의적인 정책으로 이미 임계치를 넘긴 상황에서, 프랑스 사회에 오랫동안 내재되어온 불평등으로 인한 저소득층의 불만이 폭발한 것입니다. 전국적으로 퍼진 이 시위는 2019년까지 지속되었습니다.

잦아들지 않은 시위에 직면한 마크롱 대통령은 개혁안을 제시했습니다. 그 가운데 가장 상징적인 조치가 바로 프랑스 엘리트 정치계의 상징이자 교육 불평등의 산물로 여겨졌던 국립행정학교를 폐교하는 것이었지요. 국립행정학교는 마크롱 대통령 본인의 모교이기도 했기에, 그 폐교 결정은 단순히 교육 제도 개편을 넘어 프랑스 국민들이 오랫동안 지적해온 엘리트주의와 특권 계급에 대한 구조적 비판에 정치적으로 응답한 조치로 받아들여졌습니다. 실제로 2021년 12월 31일 국립행정학교는 폐교되었고, 이듬해 2022년 1월 1일, 그 자리를 대신하여 국립공공서비스연구소INSP, Institut national du service public가 새롭게 출범했지요. 하지만 국립행정학교가 INSP로 명찰만 바뀐 것에 지나지

2018년 12월 29일 벨포르 노란 조끼 시위, ©Thomas Bresson

않느냐는 비판은 계속 제기되고 있습니다.

  수세기 동안 견고한 특권층의 양성소로 자리 잡은 그랑제콜은 단지 하나의 학교를 폐교한다고 해서 그 뿌리 깊은 교육 불평등을 근본적으로 해결하기는 어렵습니다. 국립행정학교의 폐교는 분명 상징적인 조치이지만, 그랑제콜을 통해 엘리트로 성장하고 특권을 세습해온 기득권층의 구조적 위계는 여전히 강고합니다. 어쩌면 문제는 그랑제콜이라는 이름이 아니라, 그 제도를 떠받들며 우월감을 내면화해온 부르주아 계급의 욕망과 특권 의식일지도 모릅니다. 그들은 스스로가 타파했다고 믿는 앙시앵 레짐의 귀족들처럼, 또다시 자신들의 지위와 문화자본을 후대에 세습하고 있는 것 같습니다.

***

  30여 년 전, 초등학교 학력의 노동자 출신 총리였던 피에르 베레고부아가 엘리트 체제에 도전장을 던졌을 때, 그 체제는 그를 가만두지 않았습니다. 그의 정치적 행보와 자살에 이르기까지의 과정은 '상류 엘리트에 속하지 않은 자가 그 세계에 들어섰을 때 마주하게 되는 냉혹한 경계선'을 여실히 보여준 사례로 남아 있습니다.

  그렇다면 우리는 질문해야 합니다. 과연, 정치적 의사결정을 내리는 자리의 대부분이 상위 1% 그랑제콜 출신으로 채워진 상황에서, 그들이 노란 조끼 시위에 나선 시민들의 절박한 현실과 감정을 얼마나 제대로 이해할 수 있을까요? 엘리트 주의의 혜택을 누리고 있는 그들이, 그 체제를 바꾸는 데 얼마나 진심일까요? 오늘날 프랑스는 혁명 정신의 본산임에도 불구하고, '법 앞의 평등'을 내세우는 공화국이라는 이상과 실제 사회구조 간의 괴리 속에서 울부짖고 있습니다. 자유, 평등, 박애라는 구호는 여전히 국가의 상징으로 남아 있지만, 그 이상이 상류층의 문화와 제도에 의해 독점되는 현실은, 프랑스가 아직도 구체제의 모순이 완전히 소멸되지 않은 상태라는 사실을 드러냅니다. 엘리트주의라는 이름의 새로운 봉건제도를 떠안고 있는 한, 프랑스 사회는 과연 그 슬픈 반복의 운명에서 쉽게 벗어날 수 있을까요?

3장

자본의 얼굴들

물질에 지배당하는 세계

신자유주의의 그늘,
영국

"무엇이 영국의 '로드맨'을 만들었는가?"

음악이 촉발한 살인사건

2018년 2월, 영국 런던의 토트넘Tottenham과 우드그린Wood Green 지역에서는 세 명의 젊은이가 10주에 걸쳐 연쇄적으로 살해당하는 충격적인 사건이 발생했습니다. 이 사건은 지역 갱단 간의 보복전이 배경이 된 연쇄 폭력 사건으로, 당시 런던 사회에 큰 충격을 주었습니다. 사건의 시작은 2018년 2월 3일 토트넘에서 발생했습니다. 과거 10대 시절 NPK Northumberland Park Killers라는 토트넘 기반의 갱단에 몸담았던 적이 있었으나, 이후 갱단 생활에서 벗어나 청소년 지도사로 활동하며 지역 사회에서 긍정적인 역할을 해오던 코비 넬슨Kobi Nelson이 괴한들에게 수십 차례 칼에 찔려 사망하는 사건이 벌어졌습니다. 경찰 조사 결과, 이 괴한들은 우드그린을 기반으로 하는 라이벌 갱단 WGM Wood Green Mob 소속으로 드러났습니다.

한 달 뒤인 3월 8일에는 이번엔 우드그린 지역에서 살인사건이 발생했습니다. 19세의 래퍼 켈빈 오드누이Kelvin Odunuyi가 우드그린의 한 영화관 앞에서 총에 맞아 사망한 사건으로, 범인은 토트넘의 NPK 갱단원으로 추정되었습니다. 이 사건은 사실상 첫 사건에 대한 보복으로 풀이됩니다. 그리고 4월 2일, 다시 토트넘에서 세 번째 살인사건이 발생합니다. 이번에는 단지 길거리에 있던 17세 소녀 타메샤 멜버른Tanesha Melbourne이 괴한이 탄 차량에서 발사한 총에 맞아 사망하는 일이 벌어졌습니다. 그녀는 수습 헤어디자이너로 일하며 친구들과 평범한 저녁 시간을 보내던 중이었으며, 생전 갱단과는 전혀 무관한 인물이었습니다. 갱단 간 보복의 연쇄 속에서 아무런 관련도 없는 시민이 희생되는, 안타까운 사건이 벌어진 것입니다.

런던에서 벌어진 이 연쇄적인 살인사건에는 단순한 갱단 간의 충돌이라는 요소 외에 또 하나의 주목할 만한 특징이 있습니다. 바로 랩과 밀접한 관련이 있다는 점입니다. 첫 번째 살인 사건이 일어나기 약 3주 전, 토트넘 출신의 래퍼 헤디원Headie One은 루턴Luton에 위치한 한 대학교에서 공연을 마친 후, 우드그린 측으로 추정되는 인물에게 기습적으로 공격을 받는 사건이 있었습니다. 그는 간신히 공격을 피해 도망쳤지만, 이 영상은 스냅챗과 유튜브를 통해 퍼지며 온라인상에서 빠르게 확산되었습니다. 그런데 영상이 공개된 바로 다음 날, 우드그린의 한 쇼핑센터에서 두 남성이 목에 총상을 입는 사건이 발생했습니다. 공식적으로는 이 사건과 헤디원 간의 직접적인 연관성은 확인되지 않았지만, 시기상 연결된 듯한 인상을 주었고, 지역 커뮤니티 안팎에서

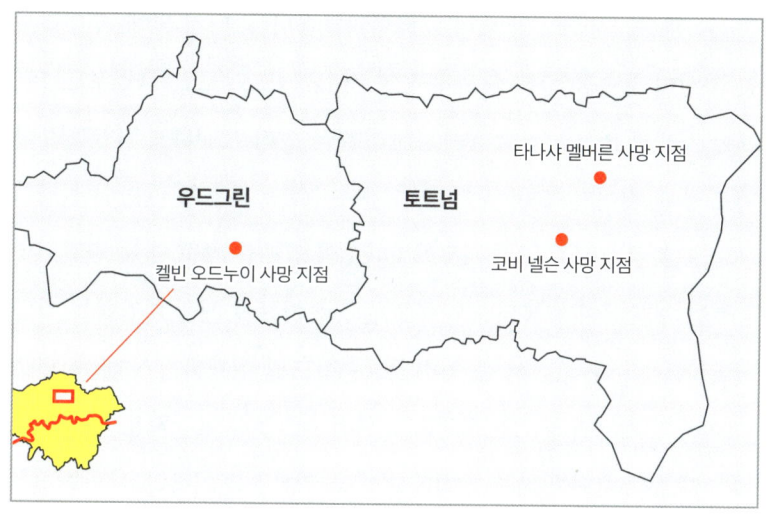

런던 전체 지도(노란색)에서 우드그린과 토트넘의 위치를 확대한 지도

는 복수의 신호로 해석되기 시작했습니다.

헤디원은 자신의 유튜브 채널을 통해 〈Know Better〉의 뮤직비디오를 공개했는데, 곧바로 커다란 파장을 일으켰습니다. 특히 가사 중 한 대목은 우드그린 갱단 측의 직접적인 도발로 해석되며 지역 내 긴장감을 한층 고조시켰습니다.

"그들은 내가 L에서 L했다고 하지, 그런데 쉿, 나는 W에서 W 했거든"

이 구절에서 'L'은 중의적으로 쓰였습니다. 첫 번째 'L'은 루턴(Luton)'과 '패배(Loss)'의 의미로, 두 번째 문장의 두 'W'는 '우드그린(Wood

Green)'과 '승리(Win)'의 의미로 해석되었습니다. 다시 말해, 루턴에서는 자신이 공격을 당해 싸움에서 진 것(Loss)으로 보였지만, 우드그린에서 가해진 총격 보복으로 보다시피 결국 승리(Win)하게 되었다는 의미로 들린 것이지요. 이 곡은 10년 가까이 반목해온 두 갱단의 긴장감을 극도로 증폭시켰습니다. 뮤직비디오의 업로드 기준 한 달 간격으로 끔찍한 보복전이 반복되면서 무고한 젊은이들이 생을 마감하는 비극이 일어난 것이지요. 이 뮤직비디오는 2025년 현재까지 노래 속 인물의 이름이나 사건은 모두 허구라고 사전 경고문을 표시해둔 채 유튜브에 그대로 게시되어 1300만 회에 가까운 조회수를 기록하고 있습니다.

이 곡은 곧바로 힙합 음악 팬들 사이에서 주목받으며 논란의 중심에 서게 되었고, 일부 언론은 이 곡이 현실의 폭력을 자극하거나 정당화하는 수단으로 이용되고 있다고 비판했습니다. 이렇게 음악과 관련되어 젊은 갱단 간에 벌어진 끔찍한 살인사건은 위 사건 뿐만이 아니었습니다. 2018년 한 해 동안 런던에서는 무려 41건의 갱단 관련 살인사건이 발생했으며, 이 중 24명의 희생자가 미성년자였습니다. 이는 2008년 이후 10년 만에 기록된 최악의 수치로, 같은 해 런던 전체의 살인율이 전년 대비 44% 급증했습니다. 특히 청소년들 사이에서 칼부림 범죄가 눈에 띄게 증가해 사회적 경각심을 불러일으켰습니다.

런던경찰청은 이러한 살인과 폭력의 급증 배경 중 하나로 드릴Drill 음악과 관련된 콘텐츠, 특히 유튜브에 업로드되는 뮤직비디오를 지목했습니다. 경찰은 이들 영상이 종종 라이벌 갱단에 대한 도발, 폭력 미화, 보복 암시 등을 포함하고 있으며, 실제 범죄로 이어질 수 있는 위험한 메시지를 전달한다고 판단했습니다. 이에 따라 유튜브 측에 약 50~60개의 영상 삭제를 요청했고, 일부 랩 그룹은 경찰의 사전 허가 없이 음악을 제작하거나 공연하지 못하게 하는 법원 명령을 받기도 했습니다.

영국의 보수 성향 싱크탱크인 폴리시 익스체인지는 2018년 런던에서 발생한 갱단 관련 살인사건과 드릴 음악 사이의 연관성을 분석한 보고서를 발표했습니다. 이들은 10년간의 칼부림 범죄 데이터, 소셜미디어 기록, 뮤직비디오의 내용을 종합적으로 분석한 결과, 2018년에 발생한 41건의 갱단 관련 살인 사건 중 약 36.5%가 드릴 음악의 폭력적 메시지와 관련이 있다는 결론을 내렸습니다. 이 보고서에서는 음악이 단지 문화적 표현을 넘어서, 현실의 갈등을 격화시키고 폭력을 선동하는 역할을 할 수 있다는 점을 강조했습니다. 그러나 이러한 분석과 경찰 및 보수 언론의 대응에 대해 비판적인 시각도 존재합니다. 음악 팬들과 일부 문화 비평가들은 문제를 일으키는 것은 음악이 아니라 사회구조라며, 오히려 드릴 음악이 주류 미디어가 외면해온 청년 층의 현실인 빈곤, 실업, 차별, 폭력적인 일상을 가감 없이 담아내고 있다며, 일부 언론들이 이를 악마화하고 있다고 주장했습니다.

놀라운 점은, 이처럼 제도권과 주류 언론으로부터 비판과 탄압을 받는 와중에도 드릴 음악의 인기는 오히려 더욱 커졌다는 사실입니다. 2020년대에 들어서면서 드릴은 영국 청소년들 사이에서 가장 뜨거운 음악 장르 중 하나로 자리 잡았고, 전 세계 힙합 씬에서도 막대한 영향을 미치며 글로벌한 음악 트렌드로 부상했습니다. 미국, 호주, 프랑스, 한국 등 다양한 국가의 아티스트들이 영국 특유의 드릴 음악인, UK 드릴 사운드를 차용하며 새로운 음악적 실험을 이어가고 있습니다.

로드맨과 UK 드릴, 불행한 청소년들의 놀이터

2022년 방영된 엠넷의 힙합 경연 프로그램 〈쇼미더머니 11〉에서는 UK 드릴이라는 장르가 큰 화제를 모았습니다. 당시 블라세나 플리키 뱅 같은 래퍼들은 UK 드릴을 자신들의 대표 장르로 전면에 내세우며 강한 인상을 남겼습니다. 최근에는 케이팝에서도 UK 드릴의 영향력이 감지되고 있습니다. STAYC의 〈I Want U Baby〉나 NCT 127의 〈불시착〉 등의 곡에서는 UK 드릴 특유의 리듬이 사용되었지요. 이런 케이팝 아이돌의 곡들은 UK 드릴의 비트를 차용하면서도 케이'팝' 답게 로맨틱한 사랑을 주제로 하고 있습니다. 하지만 사실 본래 UK 드릴은 이렇게 밝고 로맨틱한 정서를 담고 있는 음악이 전혀 아닙니다.

드릴 음악이 가장 먼저 탄생한 곳은 2010년대 미국 시카고의 사우스 사이드 South Side 지역입니다. 이 지역은 블루스, 가스펠, 재즈 음악이 엄청난 발전을 이룬 곳으로 음악적으로도 유서가 깊은 곳입니다. 그러나 이처럼 찬란한 음악적 유산은 풍요와 여유 속에서 태어난 것이 아니었습니다. 심각한 인종차별과 철저한 지역 격리, 빈곤의 구조 속에서 아프리카계 미국인 공동체가 억압받으며 만들어낸 음악이었습니다. '레이스 뮤직race music'이라 불리며 멸시를 당하면서 발전한 것입니다. 시카고 사회는 오늘날에도 여전히 지리적·사회적으로 깊게 뿌리박힌 불평등 구조를 안고 있습니다. 사우스사이드는 미국 전체 평균보다 10만 명 당 폭력 범죄 발생률이 2배 이상 높고, 일부 특정 지역은 무려 7배에 달할 정도로 극심한 폭력과 총기 범죄가 빈번하게 발생합니다.

다양한 연구들에서 극심한 소득 불평등과 폭력 범죄 사이의 상관관계는 이미 명확히 밝혀져 왔습니다. 그 결과, 사우스사이드는 젊은이들에게 있어 갱단의 충돌, 총격, 살인과 같은 폭력이 일상처럼 느껴지는 공간이 되었고, 이들은 자신의 현실을 드릴이라는 음악 장르에 담아 분노와 절망을 토해내기 시작했습니다. 그리고 이 드릴 음악은 런던 청년들의 하위문화인 로드컬처road culture와 결합하게 됩니다. 로드컬처를 만들어낸 '로드맨roadman'들이 시카고의 드릴에서 영향을 받아 자신들만의 버전인 UK 드릴을 탄생시켰습니다.

시카고의 드릴이 영국으로 건너와 자리 잡기 전, '그라임Grime'이라는 장르가 큰 인기를 끌고 있었습니다. 그라임은 2000년대 초반부터 런던을 중심으로 발전한 영국 특유의 흑인 대중음악으로, 빠른 비트, 공격적인 랩, 거친 사운드를 특징으로 합니다. 그라임의 탄생 배경에는 영국 흑인 사회의 이주 역사와 문화적 뿌리가 깊이 자리하고 있습니다. 영국의 흑인 인구 대부분은 아프리카 출신이 아닌 카브리계로,

과거부터 이민자가 많고 빈곤율과 범죄율이 높았던 런던 남동부 서더크 지역의 1980년대 모습

이들은 노예무역의 결과로 아프리카에서 카리브 지역으로 강제 이주되었다가, 수 세기 후 식민지 정책과 노동력 수요에 따라 다시 영국으로 이주해온 후손들입니다. 그중에서도 자메이카 출신 이주민의 비율이 특히 높습니다. 이런 영향으로 영국에는 자메이카의 음악스타일과 특유의 사운드 시스템이 합쳐진 장르인 '정글Jungle'이 큰 인기를 끌고 있었는데, 이 정글이 미국의 개러지 하우스 음악으로부터 영향을 받은 'UK 개러지UK Garage'와 합쳐지면서 그라임 음악이 탄생했습니다.

그라임은 흑인 음악이 바탕이지만, 인종을 초월해 영국 노동자 계급 전반에 강한 공감을 불러일으킨 장르였습니다. 소외되고 배제되어 사회적으로 관심받지 못하는 하층 노동자 계급이 살아가기 위해 고군분투하는 내용이 가사에 담겼기 때문이지요. 그라임은 2000년대 초반,

런던 동부의 청년들에 의해 탄생했습니다. 이 지역은 역사적으로 이민자 밀집 지역이자 빈곤율과 범죄율이 높은 곳이었습니다. 1980~90년대생으로, 도시 외곽의 가난한 지역에서 성장한 청년들은 어릴 적부터 마약과 범죄가 일상인 환경을 경험하며 자라야 했습니다. 이들은 정상적인 교육 기회를 갖기도 어려웠고, 정규직 일자리는 가족 내 누구에게도 없을 만큼 고용 시장에서도 배제된 계층이었습니다.

그들의 삶 속에서 범죄는 현실이었고, 소수 인종이거나 빈곤층이라는 이유만으로 경찰에게 수시로 수색을 당하거나 잠재적 범죄자로 취급받는 일이 비일비재했습니다. 이로 인해 국가와 제도, 사회 전반에 대한 분노와 적대감이 깊어졌습니다. 심지어 당시에는 "절망적인 환경에서 벗어날 수 있는 유일한 출구는 음악, 마약, 스포츠 세 가지뿐이다"라는 말이 있을 정도였지요. 이러한 현실은 그대로 그라임의 가사와 톤, 분위기에 반영되었습니다. 그라임은 자연스럽게 칼부림, 마약, 폭력, 저항 등을 소재로 삼은 가사들을 생생하게 담아냈습니다. 이 때문에 일부 평론가들은 그라임이 갱단의 라이프스타일을 미화하거나, 폭력을 정당화한다는 비판을 제기하기도 했습니다. 그러나 그라임은 단순한 폭력적 콘텐츠를 넘어, 사회적 배제를 경험한 청년들에게 '공공의 공간'을 제공하며 서로 간의 연대를 가능하게 했고, 이는 곧 로드 컬처를 만들어내는 중요한 계기가 되었습니다.

그라임 음악을 통해 강한 공감대를 형성한 소수 인종 및 노동자 계급 출신의 10대들은, 점차 자신들만의 또래 문화를 거리 위에서 만들어나가기 시작했습니다. 이들은 지역의 공공장소에 모여 자전거나 스케이트보드를 타거나, 공을 차며 놀고, 때로는 휴대폰으로 비트를 틀어놓고 랩을 주고받는 방식으로 시간을 보냈습니다. 길거리 위의 또래 문화 속에서 동지애, 즐거움, 강력한 정체성과 이웃에 대한 애착을 느끼게 되었습니다.

하지만 이 거리 문화 속에는 범죄와 갱단의 현실이 함께 교차하기도 했습니다. 일부 청소년들은 거리에서 마약을 거래하거나, 갱단을 조직하고, 서로 유사한 은어와 행동 방식, 복장을 공유했습니다. 이들은 대개 검은색이나 회색 계열의 트랙수트(추리닝), 조거팬츠, 조던이나 나이키 맥스 같은 스니커즈, 후드를 깊게 눌러쓰거나 노스페이스의 검정 숏패딩, 그리고 얼굴을 가리는 복면 등을 착용하고 거리를 활보했습니다. 이들은 사회적으로 '로드맨'이라 불리게 됩니다. 흥미로운 점은, 이러한 로드맨 스타일이 단순히 하위문화에 머무르지 않고 대중 패션으로 확산되었다는 것입니다. 대표적인 그라임 아티스트인 스켑타Skepta가 세계적으로 성공을 거두며 로드맨 스타일은 트렌드로 부상했고, 몽클레어 같은 명품 브랜드와의 협업까지 이어졌습니다. 이러한 스타일은 패션쇼 무대에 오르기도 하며, 유명 래퍼 드레이크Drake 역시 로드맨 패션에 매료되어 자신의 브랜드에서 로드맨 패션을 상징하는 아이템들을 출시하기도 했습니다.

아무리 로드맨 패션이 세계적으로 '힙한' 스타일로 떠오르고, 패션쇼나 명품 브랜드와의 협업까지 이어졌다고 해도, 진짜 로드컬처의 중

하위문화에서 대중 패션으로 확산된 로드맨 패션

심에 있는 이들의 삶은 여전히 낭만적인 것이 아니었습니다. 무섭고 비참한 현실은 아무것도 변한 것이 없었지요. 여전히 범죄와 폭력이 가득한 현실 속에서, 점차 상업화되어가는 그라임은 공감력을 잃게 되어 서서히 쇠퇴하게 되었습니다. 그런데 이때 비로소 로드맨들에게 초창기 그라임처럼 큰 영감을 준 음악이 나타났는데 그것이 바로 시카고 드릴이었습니다. 이 드릴에 그라임의 상업화에 반대하며 생겨난 '로드 랩road rap'이 합쳐지면서 비로소 UK 드릴이 탄생하게 되었습니다.

그라임도 폭력과 마약을 주제로 한 가사가 많았지만, UK 드릴의 폭력성은 훨씬 더 구체적이고 직설적이었습니다. 어두운 사운드와 저음 중심의 리듬 위에 칼부림, 복수, 살인 암시 등 실제 범죄를 연상케 하는 생생하고 잔인한 표현들이 아무런 여과 없이 드러났습니다. 이러한 가사 표현은 앞서 살펴본 대로, 일부 드릴 그룹이 법원 명령으로 가사를 검열당하거나 음악 활동 자체를 금지당하는 결과로 이어졌습니다. 하지만 이 같은 조치는 곧바로 인종차별 논란을 불러일으켰습니다. 왜냐하면 흑인 아티스트의 드릴 음악에 대해서만 폭력 조장이라는 이유로 법적 제제가 가해졌던 반면, 백인 아티스트들이 과거에 발표했던 폭력적 가사에 대해서는 같은 잣대가 적용되지 않았기 때문입니다. 예컨대 전설적인 록밴드 롤링스톤스의 곡 〈Midnight Rambler〉는 "내 칼을 너의 목구멍에 꽂을게I'll stick my knife right down your throat"라는 노골적인 살인 묘사 가사를 담고 있음에도 불구하고 경찰은 이를 실제 폭력 선동이나 갱단과의 연관성으로 해석하지 않았습니다.

UK 드릴에 대한 주류 사회의 대응은 단순한 문화 비판을 넘어, 법정에서도 논란의 중심이 되었습니다. 특히 청소년 폭력범죄 사건의 재판 과정에서 UK 드릴의 가사나 뮤직비디오를 '범죄 증거'로 사용하는 관행은 심각한 우려를 불러일으켰습니다. 문제의 핵심은, 단지 폭력적인 가사를 썼거나 해당 뮤직비디오 출연했다는 사실만으로 피고인이 실제로 범죄를 저질렀다는 판단 근거로 삼은 것이 타당한가 하는 점입니다. 이와 관련해 영국 왕립검찰청은 공식적으로, 단지 가사나 뮤직비디오에 등장한 사실만으로 피고인을 기소하지는 않는다고 해명했습니다. 그러나 맨첸스터 대학교의 에트네 퀸Eithne Quinn 교수가 이끄는 연구진은 UK 드릴 음악과 재판 관련 사례를 분석한 결과, 검찰 측이 UK 드릴 음악의 가사와 뮤직비디오를 법정에 제출하면서 배심원들에게 감정적인 반응을 유도해 유죄 인식을 강화한 사례들이 다수 존재함을 밝혀냈습니다.

퀸 교수의 연구는 UK 드릴을 둘러싼 사회적 인식과 사법적 접근이 얼마나 편향될 수 있는지를 날카롭게 지적합니다. UK 드릴은 종종 법정에서 폭력과 범죄의 '직접적 원인'처럼 간주되었습니다. 하지만 배심원단의 평균 연령이 50대에 달하고, 그들이 드릴 음악이나 랩 문화에 대한 기본적인 이해가 부족하다면 가사나 뮤직비디오를 범죄 혐의 입증의 증거로 제시하는 것은 심각한 왜곡을 초래할 수 있습니다. 이들은 드릴 음악을 대중문화의 일부로 보기보다는, 폭력적 성향의 표현 혹은 위협적인 신호로 오해할 가능성이 크며, 이는 곧 피고인의 인격과 행위 모두를 부정적으로 평가하는 데 영향을 미치게 되기 때문입니다.

퀸 교수는 이 같은 재판 관행이 피고인의 실제 행동보다도 그가 속한 문화적 배경에 근거해 판단을 내리도록 유도한다고 경고합니다. 이렇게 되면 그들이 왜 범죄와 마주할 수밖에 없었는지에 대한 사회적 맥락이나 공감의 기회는 삭제되고 단지 나쁜 인성이나 잠재적 범죄자라는 이미지로 환원됩니다. 더 심각한 문제는 이렇게 기소된 청년들이 단지 흑인이나 빈곤한 노동 계급이라는 이유로 부당하게 범죄자로 취급받을 수 있고 이로 인해 무죄 추정의 원칙이 훼손될 수 있다는 점입니다. 이러한 사법적 낙인은 이들이 이후 교육, 취업, 주거 등 사회적 기회로부터 장기적으로 배제되는 악순환으로 이어지게 됩니다.

UK 드릴을 시작한 로드맨들은 극심한 빈곤과 정책 실패, 경찰의 과잉권력 속에서 성장한 이들이며 거듭되는 단속과 강제 수색, 학교 시스템의 붕괴 속에서 일상을 보내온 이들입니다. 대단히 불공평한 사회적 구조 속에서 탄생한 이들의 비참한 일상은, 드릴 음악의 냉혹하고 반항적인 톤에 힘을 보태게 되었고 한편으로 이를 정당화하게 되었습니다. 퀸 교수는 이런 점에서 UK 드릴이 인종주의적인 낙인, 청소년 범죄, 사회적 소외, 개인적 트라우마, 흑인음악의 표현의 역사 등 아주 복잡한 층위로 이루어져 있음에도, 영국 검찰이 이 모든 복잡성과 양면성을 무시하고 있다고 주장했습니다.

사실 UK 드릴의 폭력성만을 부각하며 로드맨을 악마화하는 시각은 영국 검찰에 국한된 문제가 아닙니다. 영국 주류 미디어와 학술 담론 역시 오랫동안 로드컬처를 갱단, 칼부림, 범죄와 같은 속성으로 취급하며 이를 폭력의 원천으로 간주해왔습니다. 하지만 이 같은 해석은 로드컬처가 어떤 사회적 맥락에서 형성되었는지를 이해하려는 시도 없이, 그 결과만을 문제 삼는 태도라고 볼 수 있습니다. 무엇이 로드맨들을 만들어냈는지, 어떤 구조가 그들로 하여금 합법적이고 건전한 삶을 살기 어렵게 만들었는지, 왜 이들이 갱단에 기대게 되었는지에 대한 진지한 탐구는 여전히 부족합니다. 도대체 무엇이 영국 사회를 이렇게나 분리시키고 불행한 젊은이들을 탄생시킨 것일까요? 로드맨을 만들어낸 영국의 사회적 문제의 근원을 알아보기 위해 100년 전으로 시간을 되돌려보겠습니다.

뉴딜 정책 이후에 찾아온 평등의 기조

제1차 세계대전이 끝난 1920년대, 유럽이 전쟁의 폐허를 복구하는 데 힘쓰고 있을 때 미국은 반대로 급격한 성장을 이루고 있었습니다. 세계 경제의 중심축은 점차 영국에서 미국으로 이동했습니다. 이전까지 국제 금융 질서의 중심이었던 영국이 쇠퇴하면서, 세계는 안정적인 국제 통화 체계를 갖추지 못한 채 무질서한 상태로 접어들었습니다. 이러한 공백을 치고 들어온 것은 금융가들이었습니다. 국제 경제 시스템을 안정시킬 강력한 리더십이 부재한 가운데, 은행가들이 지휘하는 거대한 자본이 어떠한 통제와 규제도 받지 않고 배를 불릴 수 있게 된 것이지요.

당시 이들이 주목한 대표적 투자처는 미국의 월스트리트였습니다. 1920년대 미국 경제의 고속 성장과 함께 뉴욕 증권시장도 비약적인 확장세를 보였고, 기업들은 자본 유치에 성공하면서 생산을 늘릴 수 있었습니다. 은행과 금융 기관들 역시 증권시장을 통해 막대한 수익을 확보하게 되었습니다. 이러한 흐름 속에서 주식 투자는 단지 금융 전문가만의 영역이 아닌 일반 대중의 열광적 참여를 이끌어내는 붐으로 번져갔습니다. 적절한 시기에 주식을 사면 누구나 부자가 될 수 있다는 붐으로 번져가, 무려 150만 명의 미국 국민들이 열성적인 증권 투자자가 되었습니다.

하지만 곧 투자 열풍은 과열로 이어졌습니다. 주식 가격의 10%만내고 주식 자체를 담보로 돈을 빌려 또 주식을 매수하는 마진 거래가 관행처럼 되어갔고, 주가는 치솟기 시작했지요. 여기서 중개인들은 막대한 수수료를 벌었고, 쉬운 대출로 인해 부채와 투기가 점점 늘어났습니다. 거대한 거품이 끼기 시작한 것입니다. 하지만 버블은 언제가 꺼져버리기 마련입니다. 일부 투자자들이 주식을 팔기 시작하자, 하나 둘씩 주식을 매도하겠다는 주문이 늘어나더니 어느새 투자자들 사이에는 두려움이 퍼지기 시작해 매도 주문은 걷잡을 수 없이 폭주하기 시작했습니다. 결국 1929년의 '검은 목요일'과 '검은 화요일'을 거쳐 월가의 주가는 대폭락을 하게 되고, 사람들이 갖고 있던 주식과 은행 통장들도 모두 휴지 조각이 되고 말았습니다. 주식시장의 붕괴로 신용과 자본을 제공할 은행이 파산하게 되니 이 여파는 자연스레 기업과 공장으로 번졌고 노동자들은 실업 대열로 밀려났습니다. 1934년까지 공식적인 실업률은 25%까지 치솟았는데 실제로는 50%까지 달했다는 견해도 있을 정도였지요. 이 월스트리트의 대폭락을 기점으로 1930년대 세계는 엄청난 경제 공황, 즉 대공황을 경험하게 됩니다.

이런 일이 벌어진 원인은 복합적이긴 하지만, 중요한 요소 중 하나는 1920년대 당시 지배적인 경제 이념인 극단적인 자유방임주의라고 할 수 있습니다. 정책 입안자들은 정부가 경제에 간섭하지 않아야 기업의 이윤이 노동자에게 분배되어 경제가 원활히 돌아갈 것이라 믿었고, 국가의 복리를 기업 발전과 동일시했습니다. 이로 인해 감세 등 친기업적 정책이 힘을 얻고, 기업의 생산은 급증했으며 주가는 상승했습니다. 그러나 노동자들은 정작 성장의 혜택에서 소외되어 임금은 정체되고 빈곤은 심화됐습니다. 그 결과 미국은 대공황 직전, 역사상 가장 불평등한 분배 상태에 이르렀고, 소득 격차로 인해 소비는 위축되며 '만성적 생산 과잉'이 발생하게 됩니다. 창고에는 팔리지 않는 상품이 쌓이고, 농장물은 팔리지 않아 썩어갔지만 정작 구매할 형편이 안되는 일부 사람들은 먹을 것을 찾아 쓰레기통을 뒤지는 등 사회는 극도로 참혹해졌습니다.

이에 대응해 프랭클린 루스벨트Franklin Roosevelt 1930년대 초 뉴딜 정책을 도입하며 정부의 적극적인 경제 개입을 통해 공공사업과 사회보장을 확대하고 고용을 창출하려 했습니다. 이는 고전경제와 달리 수요 중심의 경제 회복을 강조한 것으로, 완전고용을 통해 국민의 구매력을 높이고 경제를 회복시키고자 했습니다. 이러한 이론을 주장했던 사람은 영국의 경제학자 존 메이너드 케인스John Maynard Keynes였습니다. 고전주의 경제학은 자본주의 체제에서 어느 정도는 불가피할 수밖에 없는 실업의 책임을 오롯이 노동자들에게 돌렸습니다. 하지만 케인스는 그 원인을 사회구조적인 결함에서 찾으려 했지요. 뉴딜 정책은 이러한 케인스의 이론적 토대 위에서 시행된 정책이었습니다. 루즈벨트 정부는 뉴딜 정책을 통해 대규모 공공사업을 벌려 일자리를 창출하고, 노동자의 단결권과 단체교섭권도 보장했으며, 사회보장법을 통해 전반적인 사회안전망을 제공하는 복지 시스템도 구축했습니다. 비록 실업률은 더디게 개선되었지만, 뉴딜 정책은 국가가 사회적 안전망을 제공할 수 있다는 인식을 확립하며 이후 복지국가 체제의 기반을 마련하는 데 큰 역사적 의미를 남겼습니다.

이러한 정책적 방향은 루스벨트 이후의 미국 정부뿐만 아니라 유럽 각국에도 널리 확산되었습니다. 뉴딜 정책을 계기로 노사 관계가 제도적으로 안정되자, 전후 약 30년 동안 실질 임금이 꾸준히 상승했고, 노동자 가계의 소득도 전례 없이 높아졌습니다. 또한 복지 지출을 통해 보전된 국민 소득의 증가는 소비의 확대로 이어졌고, 이는 지속적인 성장의 기반이 되었습니다. 이처럼 대중의 경제적 욕구가 충족되자, 제2차 세계대전 이후 북반구의 많은 나라는 미국의 뉴딜 정책을 모델 삼아 경제 정책 전반에 걸쳐 평등화 기조를 더욱 강화하게 되었습니다. 그 결과 미국과 유럽은 전후 약 30년 동안 호황을 누리게 되었고, '중산층의 시대'가 본격적으로 열리게 됩니다.

노동당의 분열로 이루지 못한 개혁

세계대전 이후 평등주의적인 정책 기조가 확산되는 가운데, 1945년 영국에서는 노동당이 정권을 잡았습니다. 이름에서도 알 수 있듯이 노동당은 노동자 계층의 권익을 대변하며 완전고용을 최우선 과제로 내세우는 좌파 정당입니다. 그러나 완전고용, 복지국가, 노동조합 보호라는 정책 목표는 단지 좌파의 구호에 그치지 않았습니다. 놀랍게도 당시 영국 정치에서 이러한 가치는 좌파인 노동당과 우파인 보수당 모두가 공감하는 사회적 합의로 자리 잡았던 것이지요. 이를 두고 보수당의 재무장관인 버틀러R. A. Butler와 노동당의 재무장관인 게이츠켈H. Gaitskell의 이름을 따서 이른바 '버츠켈리즘Butskellism'이라고 불렀습니다.

하지만 이러한 정책적 합의와 경제 호황은 1960년대 후반부터 점차 흔들리기 시작합니다. 영국의 생산성이 유럽의 다른 국가들에 비해 뒤처진다는 지적이 제기되었고, 1970년대에 들어서자 본격적인 경기 침체 국면에 접어들었습니다. 더욱 심각한 것은 이전의 경제학 이론과 정책 도구들이 제대로 작동하지 않았다는 점입니다. 경기가 침체되고 실업률이 높아지면 돈을 쓰게 되는 수요가 감소하기 때문에 물가가 떨어져야 맞는데, 이상하게 경기 부양책을 아무리 써도 실업률이 떨어지지 않고 물가는 더 올라가는 것이었습니다. 여기에 1973년 제4차 중동전쟁으로 촉발된 석유파동으로 유가가 폭등하자 물가와 실업은 더욱 상승했습니다. 이른바, 스태그플레이션stagflation이 나타난 것입니다.

1970년대의 경제적 불황은 그동안 유지되어 온 좌우 간의 사회적 합의에 균열을 일으켰습니다. 특히 스태그플레이션이라는 전례 없는 경제 위기를 맞이한 보수당은 이전까지의 중도적 노선을 벗어나 반대되는 행보를 걷기 시작합니다. 1970년부터 1974년까지 정권을 잡은 에드워드 히스Edward Heath 총리와 보수당 정부는 스태그플레이션의 문제를 해결하기 위해 새로운 노사관계법을 제정해 노동조합의 권리를 약화시켰습니다. 보수당은 물가 상승의 이유를 그동안 버츠켈리즘 하에서 보호를 받으며 세력이 강력해진 노동조합이 임금을 계속 올려달라고 투쟁하기 때문이라고 보았기 때문입니다. 때문에 보수당은 이제 노동자의 임금 인상을 억제하는 정책을 펴기 시작했지요. 하지만 이 정책은 당연히 노동자들의 강력한 저항을 불러일으켰고 결국 파업만 늘어나 문제를 전혀 해결하지 못했습니다. 결국 보수당은 1974년 총선에서 해럴드 윌슨Harold Wilson이 이끄는 노동당에 정권을 빼앗기게 됩니다.

노동당이 총선에서 승리하기 전, 당내 공공 부문 정책팀은 당시 경제 위기의 원인에 대해 보수당과는 전혀 다른 해석을 내놓았습니다. 윌슨의 경제 담당 보좌관으로 활동하던 스튜어트 홀랜드Stuart Holland는 인플레이션의 원인이 노동조합이 아니라, 과도하게 성장한 거대 독점 대기업들이라고 주장했습니다. 전후 30년의 호황 동안 어마어마하게 규모가 커진 독점 대기업들은 시장의 지배를 받기 보다는 오히려 시장을 지배해 스스로 가격을 결정했고, 해외 이전을 통해 영국 정부의 세금 징수를 피하면서 규제도 받지 않았습니다. 특히 이들 과점 기업은 원가 상승 시 이윤을 줄이는 대신 가격을 인상했고, 이 비용 증가의 고통은 고스란히 소비자들의 몫이 되었지요. 이에 따라 홀랜드는 국가 경제의 주도권을 되찾기 위해 과감한 개입이 필요하다고 판단했습니다. 그는 국민경제를 좌우하는 100대 기업 중 최소 25곳의 지분을 인수해 공공부문에 편입시키는 방안을 제시했고, 이를 통해 정부가 시장에서 거대 자본에 대한 지배력을 확보할 수 있다고 보았습니다. 동시에 대기업들이 가격, 수출, 투자 등의 계획을 정부에 제출하도록 의무화하는 '계획 협정planning agreements' 제도도 구상했습니다.

노동당은 총선에 앞서 다양한 사회복지 중심의 공약을 제시했습니다. 그중에는 보수당이 제정한 노사관계법 폐지, 노동조합과의 자발적 협력을 기반으로 한 사회 협약, 연금 및 복지 수당 인상, 국공립 보육시설 확충, 저소득층 아동수당 도입, 부유세 및 자산투기에 대한 중과세 등이 포함되었습니다. 이들 정책은 전반적으로 사회적 약자에 대한 분배 확대에 초점을 맞춘 접근이었습니다. 하지만 이러한 공약들과 비교해볼 때, 홀랜드가 제시한 정책들은 훨씬 더 근본적이고 급진적인 성격을 띠고 있었습니다. 홀랜드의 구상은 단순히 소득 분배를 넘어서, 생산 수단의 구조 자체를 개혁하려는 시도였기 때문입니다. 그는 거대 독점 자본의 지배를 제어하고, 국가가 주도적으로 경제의 방향성을 설정할 수 있어야만 진정한 복지국가의 실현이 가능하다고 보았습니다.

하지만 이런 혁명적인 경제 개혁 아이디어는 노동당 내부에서도 큰 환영을 받지 못했습니다. 특히 노동당 내 우파 세력은 그의 정책을 지나치게 급진적이고 비현실적인 접근이라고 평가했습니다. 결국 1974년 총선에서 노동당이 재집권에 성공했음에도 불구하고, 홀랜드가 제안했던 국유화 확대와 계획 협정 등 구조 개혁안은 당내 반대에 부딪혀 끝내 실행되지 못하고 흐지부지 사라지고 말았습니다. 반면 연금 인상, 저소득층 복지예산 확대, 아동수당 도입 등과 같은 분배 중심의 복지 정책은 예정대로 시행되어 긍정적 성과를 거뒀습니다. 하지만 이러한 분배 정책으로는 당시 영국 경제의 구조적 문제를 해결하기엔 역부족이었습니다. 석유 파동으로 국제 유가가 폭등하면서 정부 지출 확대는 인플레이션을 더 자극하는 결과를 낳았고, 물가는 더욱 올라갔습니다. 또한 좀처럼 노동생산성이 향상되지 못하고 실업자도 줄지 않았으며 경상수지의 적자도 크게 개선되지 못했습니다.

노동당의 무능과 함께 찾아온 신자유주의의 세계

1970년대 영국에서 케인스주의 정책이 전혀 작동하지 못했던 이유는 두 가지로 나누어볼 수 있습니다. 보수당이 지적한 것처럼, 전후의 평등주의적인 기조 속에서 장기간 동안 보호를 받아온 영국의 노동조합이 전에 없이 힘이 강력해진 것은 사실입니다. 이것은 사회적 합의에 따라 복지국가를 만들려는 사회적 분위기 속에서 완전 고용이 최고의 목표 중 하나로 여겨졌기 때문이지요. 그런데 완전 고용이 당연시되는 분위기 속에서 노동자들은 어떤 생각을 하게 될까요? 노동자 간의 경쟁을 부추기는 실업이 사라지자 노동자들은 서로 경쟁하는 대신 임금을 올리기 위해 대규모로 단결했습니다. 경쟁을 통해 생산성을 올려 임금을 올리기보다는 실력 행사에 의한 임금 인상이 더 쉽고 매력적인 대안이 되어버린 것이지요. 임금이 오르니 물가가 오르고 물가가 오르는 만큼 또 임금 인상을 요구하는 악순환이 반복되었습니다. 하지만 이것만이 유일한 이유는 아니었습니다. 홀랜드가 지적한 대로, 전후 호황이 이루어지는 동안 과도하게 성장한 거대 자본의 탓도 컸지요. 사실 이 거대 자본은 노동조합이 강력해진 정도보다 비교가 안될 만큼 훨씬 큰 규모로 성장했습니다. 거대 자본이 성장하면서 이들은 초국적 자본이 되어 '금융화financialization'가 이루어졌습니다.

금융은 본래 투자자와 기업을 연결하여 자본이 실물경제에 효과적으로 투입되도록 돕는 중추적인 역할을 합니다. 기업은 금융을 통해 자금을 조달하고, 이를 바탕으로 혁신적인 기술을 개발하거나 생산성을 높이는 설비투자를 추진하게 되지요. 이처럼 금융은 새로운 부가가치를 창출하는 기반이 될 수 있습니다. 하지만 금융 자본은 반드시 실물경제에만 사용되는 것은 아닙니다. 같은 자금이라도 금융상품 거래, 인수합병 등 금융활동을 통해 큰 수익을 창출할 수도 있습니다. 이러한 방식을 속된 말로 "돈 놓고 돈 먹기"라고도 하며, 실제 생산 활동과는 무관하게 금융기술만으로 이윤을 추구하는 성격을 가집니다. 금융기술을 이용한 돈놀이는 사실 실물경제에는 크게 도움을 주지 않기 때문이지요. 돈이 공장을 짓거나 설비투자나 혁신기술을 개발하는 데 투입되지 않고 이런 식의 금융활동에만 과도하게 흘러가면, 더 이상 금융은 실물경제의 조력자가 아니라 그 자체가 목적이 되는 위험에 빠집니다. 금융화를 통해 이윤을 만드는 게 훨씬 더 쉽고 단기적이기 때문입니다. 만약 금융이 기업이익의 주된 원천이 된다면 창출된 부가 주로 이자나 배당금 형태로 지불될 것입니다. 하지만 그에 따라 실물투자나 노동자의 임금 몫으로 돌아가는 양은 줄어들게 되겠지요.

자본은 금융화를 통해 폭발적인 이윤 추구가 가능해지면서 점점 거대해지고 독점화되는 양상을 보였습니다. 이 과정에서 대형 자본은 시장에서 가격을 사실상 스스로 결정할 수 있는 지배력을 갖게 되었습니다. 전후 호황기에 런던의 시티City 지역은 이러한 거대 자본들이 어떤 규제도 받지 않고 달러를 거래할 수 있는 국제 금융의 중심지가 되었습니다. 많은 기업이 이 시기에 벌어들인 이윤을 유로달러시장에서 운용하면서 덩치를 키웠지요. 그러나 자본이 커질수록 시장 지배력 역시 강화되었고, 그 결과 가격 역시 이들 거대 자본의 힘에 크게 좌우될 수밖에 없었습니다. 이러한 구조 속에서 1970년대 영국이 겪은 심각한 인플레이션은 단순히 노동조합의 임금 인상 요구뿐 아니라, 가격 결정력을 독점한 자본의 영향도 크게 작용한 복합적인 현상이었습니다.

당시 노동당 정부는 노동자들의 삶의 질을 개선하기 위해 단기적인 정책들을 시행했습니다. 하지만 산업구조를 재편하고 국제 금융 자본을 규제하는 등 장기적인 종합대책은 내부의 분열로 인해 실시하지 못했습니다. 때문에 인플레이션이 걷잡을 수 없는 수준에 이르고 엎친 데 덮친 격으로 외환위기가 터져 IMF로부터 구제금융까지 받게 되면서, 노동당 정부는 이제 아예 그간의 사회민주주의적인 원칙을 버리기 시작합니다. 그동안의 입장을 바꾸어 공공지출을 대규모로 삭감하는 정책을 펼치기 시작했습니다. 이는 미국을 중심으로 점차 주류 경제 담론이 되어가던 신자유주의적 경제 이념의 영향을 받은 탓도 있습니다.

국제 금융의 중심시 시티 지역

　이전까지 진보적 흐름이 강하던 미국 내에서는 보수 성향의 싱크탱크들이 빠르게 증가했고, 막대한 재정 지원을 바탕으로 보수적 경제이론의 영향력이 확대되기 시작했습니다. 당시 미국은 스태그플레이션으로 인해 물가 상승과 고용 불안이 동시에 발생하며 민생 경제가 크게 흔들렸습니다. 이는 영국과 마찬가지로 경제 위기의 원인을 둘러싼 사회적 논란을 불러일으켰습니다. 미국의 기업과 재계는 위기의 원인을 노동조합의 임금 인상 요구와 정부 규제로 보았고, 이에 보수 싱크탱크들은 그 입장에 이론적 정당성을 부여하기 위해 보수 경제학자들을 적극 지원하게 됩니다.

　그 결과 밀튼 프리드먼Milton Friedman이나 프리드리히 하이에크Friedrich Hayek 같은 경제학자들이 감세, 정부 지출 감축, 규제 완화 등 보수 세력이 추구하는 정책 방향을 학문적으로 뒷받침하기 시작했습니다. 경제적 보수세력의 이념은 진보적 분위기에 반감을 가진 사회문화적 보수세력과 결합해 하나의 대연합을 형성했고, 이는 미국 정치의 이념 지형을 점차 변화시켰습니다. 과도한 복지를 축소하고 기업 규제를 철폐해야 경제가 회복된다는 신자유주의적 관점은 미국 내에서 주류 이념으로 자리 잡았으며, 영국 정치에도 영향을 미치기 시작했습니다.

윌슨 총리의 뒤를 이어 집권한 노동당의 제임스 캘러헌James Callaghan 총리는 임금 상승률을 5% 이내로 제한하는 강경한 임금 억제 정책을 시행했습니다. 아이러니하게도 이러한 정책이 보수당이 아닌 노동당 정부에 의해 추진되었다는 점은 많은 이에게 충격을 주었습니다. 그러나 물가는 계속해서 오르는데 임금은 제자리에 머물다 보니, 노동자들은 실질임금의 하락을 더는 견디기 어려웠고 불만은 점차 쌓여갔습니다. 결국 1978년 말, 포드 자동차 운송 노조의 파업을 시작으로 노동자들의 집단적인 분노가 폭발하기 시작했습니다. 이듬해 1월에는 공공부문 저임금 노동자, 간호사, 대형 트럭 운전사, 구급차 기사까지 대규모 파업에 나서면서 상황은 더욱 악화되었습니다. 특히 1979년의 겨울은 유난히도 추웠기에 필수 서비스의 마비는 시민들의 삶에 심각한 불편을 초래했습니다. 이 시기는 훗날 '불만의 겨울Winter of Discontent'로 불리게 되며, 영국 현대 정치사에서 노동계와 정부 간의 갈등이 극에 달한 사건으로 기록되었습니다. 이 불만의 겨울을 보낸 시민들이 노동

청소 노동자들의 파업으로 길거리에 쓰레기가 넘쳐나던 런던 길거리

당 정부에 대해 가졌던 신뢰는 땅에 떨어지고 말았습니다.

결국 이 실망은 1979년 5월 총선에서 결과로 나타났지요. 보수당이 전체 야당 합계보다 43석이나 많은 339석을 획득해 압승했습니다. 이로써 전후에 영국 정치에서 30년 간 지속되어온 좌파와 우파의 '사회적 합의'를 거부하는 대처의 보수당이 영국 집권당이 되었습니다. 그리고 2년 후인 1981년 미국에서는 곧 뉴딜 정책의 유산을 완전히 청산할 예정인 레이건 대통령이 당선되지요. 이제 영국은 물론 세계는 바야흐로 신자유주의 기조가 다스리는 시대가 펼쳐지게 되었습니다. 이제 세계는 불평등의 시대로 본격적인 진입을 하기 시작한 것입니다.

신자유주의가 심은 양극화의 씨앗

대처가 이끄는 보수당이 집권하면서, 영국은 이전까지 '요람에서 무덤에서까지'를 내세우며 복지국가를 지향하던 국가에서 신자유주의 선봉장으로 방향을 180도 전환하게 됩니다. 보수당의 새로운 정책 패러다임은 근본적으로 정부의 개입보다는 시장 가격 기능과 경쟁 원리가 더 효율적이라고 믿는 '자유시장주의'였습니다. 이러한 관점에서 볼 때 공공부문의 확장은 민간부문에 투입되어야 할 자본과 노동력을 축소시켜 경제 효율을 저해하고, 인플레이션을 유발하는 원인이 되었습니다. 복지 제도는 납세자와 수혜자 모두에게 노동 유인을 떨어뜨리는 것으로 간주되었고, 노동조합은 노동시장을 경직시키는 장벽으로 여겨졌습니다. 이는 전후 30년간 세계 경제정책의 주류였던 케인스주의와는 정면으로 대치되는 시각이었습니다.

신자유주의적 세계관을 바탕으로 대처 정부는 기존의 정책 틀을 하나씩 철거해나갔습니다. 각종 금융 규제를 철폐했고, 대규모 국영기업 민영화를 추진했으며, 세율도 인하했습니다. 노동시장 유연화를 위해 부당해고 규제를 완화하거나 최저임금제를 폐지하는 조치들이 시행되었습니다. 과거 히스 총리 시절 추진되었던 노사관계법을 계승하여 노동조합의 권한을 제한하는 방향으로 노사관계 개혁도 이루어졌습니다. 전체적으로 보면 기업 활동은 훨씬 자유로워졌고, 그에 반해 노동조합의 영향력은 급격히 약화되었습니다.

흥미롭게도 대처 정부의 정책은 '영국병British disease'에 빠졌던 영국 경제를 빠르게 회복시켰습니다. 노동당 정부 시절 한때 25%에 육박했던 소매물가지수 상승률은 대처 집권 이후 점차 안정세를 보이기 시작했습니다. 집권 당시 −2%였던 경제성장률도 1980년대 말에는 5.4%까지 상승하며 눈에 띄게 올랐습니다. 또한 노동자 1인당 생산하는 재화와 서비스의 가치를 나타내는 노동생산성 지표도 크게 향상되며, 외형상으로는 영국 경제가 빠르게 회복되고 있음을 보여주었습니다.

하지만 이러한 경제 회복은 특정 계층과 산업, 지역에 국한된 성과였습니다. 대처 정부의 정책은 계층적으로는 상류층, 산업적으로는 금융산업, 지역적으로는 런던과 그 인근 동남부 잉글랜드 지역에 집중적으로 혜택을 안겨주었습니다. 반면 이외의 지역과 계층에는 심각한 문제가 야기되었습니다. 대규모 정리해고가 잇따르면서 대처 집권 전 약 150만 명 수준이던 실업자 수는 1983년에는 300만 명을 넘어서며 두 배 이상 증가했습니다. 특히 북아일랜드는 실업률이 20%에 달해 5명 중 1명이 실업자가 되었습니다. 반노조 정책이 확산되며 노동자들 사이에서는 이제 누구의 일자리도 안전하지 않다는 인식이 확산되면서, 직장 내 불안과 공포심을 키우는 결과를 낳았습니다. 이러한 분위기는 노동현장에서 기율 강화와 업무 강도 증가로 이어지게 되었습니다.

한편 금융 규제가 철폐된 이후 기업들의 투자는 대처 정부가 기대했던 방향으로 이루어지지 않았습니다. 자본이 거대해지면 제조업이 경쟁력을 강화하기 위해 노동자 숙련도 향상에 투자할 거라 기대지만,

영국 제조업의 고질적인 문제였던 낮은 노동자 숙련도를 향상하려는 노력이 거의 이루어지지 않았습니다. 자본은 제조업보다 금융 부분에 투자해서 단기 이윤을 창출하는 데에 더 집착했습니다. 노동시장이 유연화되고 임금이 억제된 상황에서 기업의 순이익은 크게 증가했지만, 이 성장의 혜택이 노동자들에게는 전혀 돌아가지 않았습니다. 그나마 생산성이 올라간 것도 투자가 증대되어 혁신이 일어나거나 노동자들의 숙련도가 나아져서 그런 것이 아니라, 노동자가 줄고 노동강도가 강화되면서 나타난 결과였던 것이지요. 세계 수출 시장에서 점점 점유율이 떨어지고 있던 영국의 제조업은 결국 경쟁력을 잃고 말았습니다. 산업이 공동화된 잉글랜드 북부, 스코틀랜드, 웨일스 등의 노동자들은 대거 일자리를 잃고 사실상 전멸에 가까운 상태가 되어버렸습니다.

대처 정부가 실시한 정책들은 빈부의 양극화를 급속도로 가속화했습니다. 소득의 불평등 정도를 나타내는 가장 대표적인 지표는 지니계수인데, 이는 당시 양극화의 추이를 잘 보여줍니다. 지니계수의 숫자 0은 완전한평등을 의미하고 1은 완전한불평등을 의미합니다. 1977년만 해도 0.255에 머물던 영국의 가처분소득 지니계수는 대처의 임기말인 1990년에 이르러 0.349까지 급격히 상승했습니다. 1990년이 되면 아동빈곤율이 22%까지 치솟는 등 빈곤층이 크게 늘어났지요. 실업으로 일자리를 잃은 비근로자들에 대한 사회보장 혜택이 줄어들어 근로자와 비근로자들 간의 격차도 커졌지만, 근로자 사이에서의 임금격차도 매우 벌어졌습니다. 1981년부터 1991년까지 10년 동안 상위 5%의 소

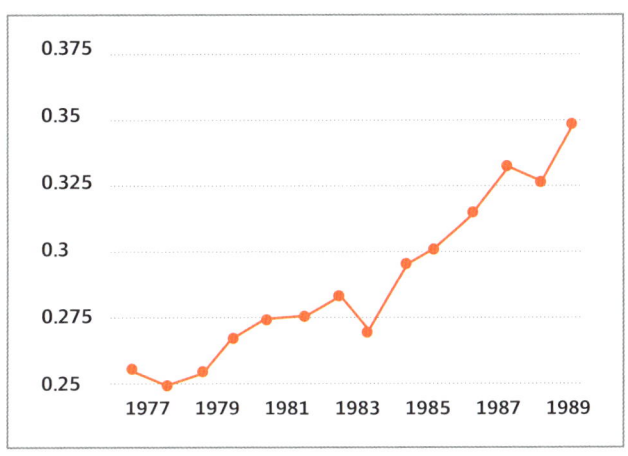

1977년부터 1990년까지 영국의 지니계수

득은 60%나 증가한 반면, 하위 5%는 오히려 소득이 11%나 감소했습니다.

특히 공공주택을 민영화한 정책은 저소득층과 상위층간의 양극화를 극단적으로 보여주는 사례였습니다. 1980년까지 영국은 전체 가구의 32% 가량이 이용할 만큼 공공주택의 비율이 높았습니다. 공공주택은 전후 평등주의적인 기조 속에서 일반적인 대중에게 품위 있으면서도 저렴한 주택을 제공하는 것을 목적으로, 부유한 노동자에서 저소득층까지 다양한 소득을 가진 가구에 제공되었지요. 또 그만큼 여러 형태가 존재했습니다. 카운슬하우스council house라고 불리는 이 공공주택에는 플랫flat이라 불리는 아파트 형태의 주택부터 반단독주택에 이르기까지 다양한 형태가 있었습니다. 영국의 무상의료시스템을 창시하는 등 영국을 전쟁 이후에 복지국가로 세우는 데 앞장섰던 어나이린 베번Aneurin Bevan 당시 노동당 정부의 보건주택부 장관은 공공주택을 두고 이런 말을 하기도 했습니다.

> "시민들이 온전한 삶을 영위할 수 있도록 하려면 (…) 지역사회의 다양한 계층이 모두 함께 살아야 합니다. 의사, 식료품점 주인, 푸줏간 주인, 농장 노동자가 모두 같은 마을에 사는 (…) 어우러져 사는 공동체를 도입하기 위해 노력해야 합니다."

하지만 정책적 방향성은 대처 정부에서 실시한 공공주택 민영화 정책으로 완전히 방향이 바뀌게 됩니다. 대처 정부는 지방정부가 소유한 이 공공주택을 세입자들이 구매할 수 있도록 하는 주택매입권 정책을 펼쳤습니다. 다양한 계층의 사람들에게 저렴한 임대료로 좋은 품질의 거주공간이 되어준 이 카운슬하우스를 시세보다 할인해서 팔아, 보다 많은 사람들이 집을 소유할 수 있도록 한 것이지요. 그러자 주택을 구매하는 사람들의 비율이 점점 높아지기 시작했습니다. 그런데 집을 소유할 수 있는 권리란 모든 사람이 누리는 권리가 아니었습니다. 구매는 노동자계층 중에서도 부유층에 속한 사람들 사이에서만 이루어졌습니다. 이들 구매자들은 비구매자들에 비해 약 2배 이상의 소득을 가진 사람들이었고 실직할 확률도 훨씬 낮은 사람들이었지요.

반면 편부모 가정, 젊은 세입자, 실업자나 저숙련 노동자들은 구매

카운슬하우스의 반단독주택

권을 행사할 여력이 없었습니다. 또 주택시장에서 정부의 개입을 최소화하면 공급과 수요가 자연스럽게 맞아떨어지면서 주택공급이 원활하게 이루어질 것이라고 생각했던 정부의 의도와는 달리, 민간사업자들은 좀처럼 공공주택을 지으려고 하지 않았습니다. 1970년대 연간 약 10만 채씩 지어지던 공공주택은 1990년에 이르러 고작 15,000채 밖에 짓지 않는 수준으로 급락했지요. 본격적으로 거래가 가능한 '상품'이 된 주택들은 가격이 치솟았습니다. 그러다보니 공공주택은 자연스럽게 저렴한 플랏 형태의 주택들이나 품질이 많이 떨어지는 주택들만 남게 되었습니다. 낡고 열악한 공공주택은 취직 기회도 많지 않은 지역에 몰려 최극빈층 순으로 임대되었고, 결국 카운슬하우스란 사회적으로 가장 취약한 사람들만 모여사는 곳이 되어버렸습니다. 이런 현상을 잔류화residualisation라고 부릅니다.

안타깝게도 이런 잔류화 현상은 1997년 토니 블레어Tony Blair가 이끄는 노동당이 다시 집권한 이후에도 해결되지 않고, 오히려 더욱 심화되었습니다. 새로 집권한 노동당은 스스로를 신 노동당이라고 부르며, 전통적인 노동당이 견지해온 사회민주주의적 노선을 사실상 포기하고 시장 친화적이고 경쟁을 중시하는 신자유주의 정책을 계승했습니다. 노동당을 지지해온 노동계급, 특히 사회적 약자와 저소득층은 새 정부 하에서도 정책적으로 지속적인 외면을 받게 되었습니다. 결과적으로 불평등은 이제 영국 사회의 뿌리 깊은 문제로 자리 잡게 되었습니다.

배제당한 영국의 노동계급

대처가 집권할 무렵인 1980년대 초, 영국에서는 700만 명 이상이 제조업에 종사했지만, 이후 30년 동안 그 수는 절반 이상 줄어들었습니다. 사라진 제조업의 일자리는 대부분 서비스업 중심의 새로운 직종으로 대체되었고, 일자리를 상실한 남성들의 자존감이 극도로 낮아져 이혼율의 급증과 가족의 해체가 동반되었습니다. 공동체 중심 단위였던 가족이 붕괴되면서 빈곤이 심화되었고, 범죄율 또한 증가했습니다. 1981년 약 200만 건 정도였던 폭력범죄 발생 건수는 보수당 집권 말기에는 거의 두 배 가까이 증가했는데, 가장 범죄가 빈발했던 지역은 일자리가 사라진 가난한 동네들이었지요. 특히 1980년대 석탄, 철강, 선박, 철도 산업이 황폐해진 지역의 경우 젊은이들이 경찰들과 문제를 일으킬 확률이 훨씬 더 높았다는 것이 연구로 밝혀지기도 했습니다.

하지만 이보다 더 큰 문제는 대처 정부때 심어진 신자유주의의 씨앗으로 인해 생겨난, 대량실업으로 인해 사회적 취약계층이 되어버린 이들을 바라보는 사회의 시각이었습니다. 총리인 대처 본인조차 가난은 정책 때문이 아니라 '성격적 결함personality defect' 때문이라고 말했지요. 이러한 시각에서 실업과 가난, 또 그로 인해 발생하는 범죄는 자본주의 체제의 결함 때문이 아니라 그저 개인의 책임이나 선택으로 치부되었습니다. 가난한 노동계급은 스스로 열심히 일할 노력도 하지 않는 게으른 사람으로 여겨졌지요. 결국 이런 사람들이 대거 몰려 살게 된 카운슬하우스 단지들은 무책임하고 무능한 구제불능의 사람들이 몰려사는 곳이라는 사회적 낙인이 찍혀버리게 되었습니다.

블레어는 1997년 10월, 영연방 정부 수반 회의 연설에서 "엘리트의 영국은 끝났습니다. 새로운 영국은 실력사회입니다"라고 선언했습니다. 이 말은 의도야 어떻든 분명 사회 정의를 위해 모두에게 공평한 기회를 제공해야한다는 외침으로 들렸습니다. 하지만 근본적인 사회구조를 뜯어고치지 않은 채 외치는 실력주의란, 신노동당이 표심을 얻기 위해 노력했던 중산층에게라면 모를까 노동계급의 약자들에게는 전혀 공정한 것이 될 수 없었습니다. 블레어의 노동당 정부는 대처 시절과 마찬가지로 친기업적인 정책을 펼치고 금융시장을 장려하면서 상류층의 부를 엄청나게 증가시킨 반면, 계속되는 제조업의 쇠퇴를 막지 못해 빈부의 격차를 더욱 벌려 놓았기 때문입니다. 그의 '실력사회' 선언은 모순적이게도, 대처 집권 시기 열심히 일할 기회를 잃어버린 사람들, 그리고 신노동당 집권 시기에 이르러 부유층의 자녀들과 공평하게 경쟁할 수 있는 기회를 잃어버린 그 자녀들의 현실을, 마치 실력이 부족해서 비롯된 것으로 정당화해버리는 결과를 낳고 말았습니다.

노동조합 운동가인 오언 존스Owen Jones는 저서 《차브: 영국식 잉여 유발사건Chavs: The Demonization of the Working Class》"에서 이런 노동계급에 대한 '악마화'가 언론과 미디어에 의해 어떻게 주류적인 시각으로 확장되는지를 밝히고 있습니다. 그는 대처 정부와 신노동당 정부를 거쳐 노조의 힘이 약해지면서 노동 담당 기자들이 언론계에서 대거 사라졌고, 결국 중간계급 사람들의 시각이 주류가 된 언론계가 노동계급에 대한 나쁜 이미지들을 더욱 생산했다고 주장했지요. 2000년부터 방송이 시작된 리얼리티 쇼인 〈빅브라더Big Brother〉, 2004년부터 방영된 리얼리티 쇼 〈와이프 스와프Wife Swap〉, 2003년부터 방영된 코미디 드라마 〈리틀 브리튼Little Britain〉 등 영국의 각종 방송들이 노동계급의 이미지를 무책임하고 멍청하며 뭔가 문제가 있는 사람들로 희화함으로써 이들에 대한 부정적인 낙인을 더욱 확장시켰다고 비판했습니다.

2000년대 들어 영국의 미디어에서는 노동계급 출신의 젊은이들을 경멸적으로 지칭하는 말로 '차브Chav'라는 용어가 자주 사용되었습니다. 한국에서도 '차브족'이라고 알려져 있기도 하지요. 차브는 단지 하나의 속어가 아니라 노동계급 청년층에 대한 사회적 편견과 낙인을 농축한 단어였습니다. 차브는 특정한 패션 스타일로 인식되곤 했습니다. 대표적으로 버버리의 체크무늬 모자, 커다란 브랜드 로고가 박힌 티셔츠, 그리고 트레이닝 팬츠 등의 복장이 상징처럼 여겨졌습니다. 이후에는 차브 스타일이 하위문화의 일환으로 주목받기도 했지만, 그것은 단편적인 미디어 소비일 뿐이었습니다. 이 모든 해프닝들 이면에 있는 노동계급 사람들의 애환이나 지역사회가 가진 근원적 문제점 등을 바라보려는 노력은 사라진 채, 차브는 여러 미디어들에 의해 사회의 쓸모없는 낙오자 이미지로 더욱 강화되었습니다. 그리고 이 차브들은 2010년대에 이르러 새로운 서브컬처로 흡수되고 진화했습니다. 바로 우리가 앞서 살펴보았던 로드맨과 로드컬처이지요.

사회학자 유세프 바칼리Yusef Bakkali는 로드맨들의 일상 속에 내재된 폭력성의 구조를 분석한 대표적인 연구자입니다. 그는 로드맨의 패션과 음악에 드러나는 공격적이고 과장된 표현이 단순한 유행이 아니라 배제되고 소외된 삶의 현실에서 비롯된 투쟁의 언어라고 보았습니다. 이들의 표현은 사회적 배제에 대한 감정적·문화적 저항 행위라는 것입니다. 로드맨의 등장을 가속화시킨 결정적인 계기는 2008년 미국발 세계 금융위기였습니다. 금융위기 이후 전 세계가 타격을 입은 가운데 영국에서는 보수당 정부가 연이어 집권하면서 긴축 정책이 주요 정책 기조로 등장했습니다. 이때 복지 지출은 대폭 삭감되었고, 그 피해는 취약계층에 집중되었습니다.

금융위기는 탐욕적인 거대 자본의 투기적 행위에 있었음에도 불구하고 실제로 가장 큰 피해를 본 사람들은 그 위기에 아무 책임도 없는 사회의 최하위 계층입니다. 복지 예산 삭감 이후 하위 10%의 소득계층은 38%의 실질 소득 감소를 겪으며, 소득 10분위 계층 중 가장 큰 타격을 입었습니다. 뿐만 아니라 노동시장 재편 과정에서 이들은 또 한 번 피해자가 되었습니다. 간병인, 캐셔, 교육보조원과 같은 저임금 서비스직 일자리는 급격히 늘어난 반면, 전문직이나 관리직 같은 지식기반 고소득 일자리는 줄어들었습니다. 이에 따라 노동계급 가정의 자녀는 사회적 이동의 가능성이 더욱 희박해졌고, 이는 영국 사회 내 계층 고착화를 심화시켰습니다.

수십 년에 걸쳐 노동 계급은 신자유주의에 의해 철저히 배제되었습니다. 하지만 동시에 이들은 또 다른 거대한 흐름인 현대 소비자본주의 속에서 자라난 세대이기도 합니다. 물질적 부를 중시하고 욕망하도록 길러졌지만, 정작 그 부에 접근할 수 있는 정당한 통로는 철저히 차단된, 기가 막힌 역설이 발생하게 된 것입니다. 유세프는 이렇게 극도의 불이익을 경험하게 되는 곳에서 탄생한 로드맨들이, 모순과 불평등에 대항하기 위해 자신들이 그나마 가진 '자본'을 가치 생산에 동원하게 되었다고 분석했습니다. 그 자본이란 그들이 길거리 위에서 또래들과 만들어낸 로드컬처, 즉 폭력, 마약, 랩, 갱단 등이지요. 그렇다면 어떤 점에서 폭력을 노래하는 UK 드릴은 모순과 불평등에 투쟁하는 예술이라고 볼 수도 있겠습니다.

로드컬처를 연구하는 또 다른 학자인 안토니 건터Anthony Gunter 박사의 논문에는 한 청소년인 자밀라Jamila의 인터뷰가 실려 있습니다.

"어떤 사람들은 갱의 의미를 모르는 것 같아요. 예를 들어 갱은 친구들끼리 모인 작은 그룹을 의미할 수도 있어요. (…) 누군가 갱단에 들어간다고 하면, 그건 뭔가 잘못됐을 때 내 편이 되어주고 나를 도와줄 사람이 있다는 걸 알 수 있기 때문에 갱에 속하고 싶어 하는 거예요."

* * *

UK 드릴과 같은 청소년 서브컬처에 대해 영국의 언론과 일부 학계는 폭력을 조장하고 확산시키는 '위험한 문화'로 낙인찍고, 이를 단속과 처벌의 대상으로 간주하고 있습니다. 음악 영상이 경찰에 의해 삭제되고, 가사 자체가 법정 증거로 제출되는 현실은 문화적 표현의 자유가 법적·제도적으로 억압당하고 있음을 보여줍니다. 그러나 정말로 '위험한 존재'는 누구일까요? 자밀라와 같은 청소년들이 결국 '갱단'이라 불리는 친구들 곁에 머물 수밖에 없는 이유는 그들을 제도 밖으로 밀어낸 사회 전체, 특히 이들을 지속적으로 배제해온 국가와 시스템이 더 '위험하게' 느껴지기 때문은 아닐까요? UK 드릴을 만들어낸 진정한 '장본인'은 거리 위의 청소년들이 아니라, 수십 년간 신자유주의를 맹신하며 적자생존의 세상을 정당화해온 영국 지배 계급이 아닐까요?

가족주의의 덫,
이탈리아

"이탈리아 청년들은 왜 부모의 집을 떠나지 못할까?"

집을 떠나지 않는 큰 아기들

2023년, 이탈리아 북부 롬바르디아주 서남쪽에 위치한 인구 약 7만 명의 도시 파비아Pavia에서 74세의 한 여성이 자신의 두 아들을 상대로 퇴거 소송을 제기하는 이례적인 사건이 발생했습니다. 이 사건이 언론의 주목을 받은 이유는 바로, 소송의 대상이 다름 아닌 40세와 42세의 두 성인 아들이었기 때문입니다. 어머니는 남편과 별거 중이었으며, 국가로부터 받은 연금으로 식비와 집안 살림을 책임지며 살아갔습니다. 하지만 두 아들은 모두 일정한 직업이 있었음에도 불구하고, 가사노동이나 생계에 전혀 기여하지 않은 채 전적으로 어머니에게 의존한 생활을 계속해왔습니다. 지속적인 부양에 지친 어머니는 아들들에게 독립적인 삶을 살 것을 권유했지만, 두 사람은 끝내 집을 떠나려 하지 않았습니다. 결국, 어머니는 극단적인 결단을 내리고 법적 소송을 통해 두 아들의 강제 퇴거를 요청하게 된 것입니다. 그리고 마침내 파비아 법원은 두 아들에 대한 퇴거 명령을 내리게 됩니다. 재판을 맡은 판사는 부모가 자녀에 대해 부양의 의무가 있다는 점은 인정하면서도, 다음과 같이 중요한 판결 이유를 밝혔습니다.

> "두 피고가 40세가 넘어가는 상황에서, 부모가 부양 의무를 지속하기를 기대하는 것은 정당화될 수 없다."

결국 두 아들은 법원의 명령에 따라 같은 해 12월까지 어머니의 집을 떠나야 하는 처지가 되었습니다. 이런 사건이 이탈리아에서 발생한 것은 처음이 아니었습니다. 2020년, 한 35세의 시간제 음악교사가 연수입이 약 3,000만 원에 불과하다며 자신의 생활비를 부모가 계속 지원해줘야 한다는 내용의 소송을 제기한 바 있습니다. 그러나 이 사건은 이탈리아 대법원에 의해 기각되었습니다. 이 당시 판결을 맡았던 판사는 "성인 자녀는 스스로 자립할 방법을 찾아야 한다"면서 "구직에 어려움이 있더라도 독립적인 생계를 위해 적극적으로 일자리를 찾아야 한다"고 기각의 이유를 밝히기도 했지요. 놀랍게도 이탈리아 결혼 전문 변호사협회 대표는 CNN과의 인터뷰에서 이 사건과 유사한 사례가 수십만 건에 달한다고 말하면서 해당 판결은 이탈리아 전 국민에게 보내는 강력한 경고와 같다고 말하기도 했습니다.

이런 사건들이 유독 이탈리아에서 많이 일어나는 이유를 알기 위해서는 이탈리아에 존재하는 여러 사회적 면모를 살펴볼 필요가 있습니다. 2023년 기준, 이탈리아에서는 18세에서 34세 사이의 청년 중 약 70%가 여전히 부모와 함께 거주하고 있는 것으로 나타났습니다. 청년들이 집을 떠나는 평균 연령은 약 30세로, 이는 한국의 문화에 익숙한 사람에게는 다소 익숙하게 느껴질 수 있지만, 다른 유럽 국가와 비교해보면 매우 이례적인 수치입니다. 유럽 연합 통계국에 따르면, 2023년 유럽 전체에서 자녀가 부모 집을 떠나는 평균 연령은 약 26세입니다. 이와 비교해 이탈리아는 무려 4년 이상 늦게 독립하는 셈이지요. 특히 G7 국가인 독일과 프랑스는 평균 24세, 덴마크, 스웨덴, 핀란드 등 북유럽 국가는 평균 21세 전후로, 이탈리아와는 최대 10년 가까운 차이를 보입니다.

  이탈리아에서는 이처럼 성인이 되어서도 부모의 집을 떠나지 못하고 의존적인 생활을 지속하는 청년들을 가리켜 '밤보치니Bamboccioni'라고 부릅니다. 이 단어는 이제 이탈리아 사회에서 익숙한 용어가 되었는데, 2007년 이탈리아의 재무장관이었던 토마소 파도아-스키오파Tommaso Padoa-Schioppa에 의해 처음 사용된 용어입니다. '밤보치니'는 본래 '통통한 아이' 또는 '큰 아기'를 뜻하는 밤보치오bamboccio에 접미사 -one(강조형)이 붙어 밤보치오네bamboccione가 되었습니다. 여기에 복수형 변화가 더해져 밤보치니가 된 표현입니다. 토마소 장관은 2007년 이탈리아 의회 위원회에서 20세에서 30세 사이 청년들을 대상으로 연간 약 500유로(당시 한화 약 65만 원)를 지원하는 청년 자립 지원 정책을 소개하며, 다음과 같이 말했습니다.

"이제 우리는 이 '큰 아기들'이 부모의 집을 떠날 수 있도록 유도할 것입니다."

하지만 이 발언은 곧바로 큰 논란을 불러일으켰습니다. '큰 아기'라는 표현이 자립하지 못하는 청년층을 조롱하거나 비하하는 것처럼 들렸기 때문입니다. 당시 언론과 청년층은 이 발언을 정부가 청년 세대의 어려움을 구조적으로 이해하지 못한 채 무책임하게 낙인찍었다는 증거로 해석했고, 여론은 크게 들끓었습니다.

토마소 장관의 이 발언은 발표 직후부터 거센 비판을 받았습니다. 당시 이탈리아 청년들이 대도시에서 원룸 하나를 임대하기 위해 매달 약 150만 원에 달하는 높은 월세를 부담해야 하는 현실에서, 장관의 발언은 현실을 전혀 이해하지 못한 채 청년들을 비하했다는 지적이 나왔기 때문입니다. 그 이후로 밤보치니는 단순히 신조어를 넘어 언론과 정치권에서 청년 문제를 다룰 때마다 반복적으로 등장하며 수시로 논쟁을 불러일으키는 말이 되었습니다. 하나의 신조어가 사회적으로 고착화된다는 것은 그것이 단순한 언어 이상으로 구조적인 사회 문제를 반영하고 있다는 방증이기도 합니다.

그런데 이러한 밤보치니 현상을 바라보는 시각은 사람마다, 정파마다 조금씩 다릅니다. 토마소 장관의 발언으로부터 11년이 흐른 2018년 총선 기간에도, 이 용어는 정치권의 중요한 쟁점으로 다시 떠올랐습니다. 당시 민주당을 이끌던 마테오 렌치Matteo Renzi는 밤보치니로 지칭되는 청년층에게 매달 150유로(당시 한화 약 20만 원)의 생활 보조금을 지급하겠다는 공약을 발표했습니다. 이 공약은 즉각 보수 정당들의 강한 반발을 불러일으켰습니다. 그들은 이를 관심 끌기용 선심성 정책이라며 비판했습니다. 정치적 성향에 따라 밤보치니 현상을 해석하는 관점은 분명히 갈립니다. 진보 정당은 이 현상을 구조적 문제, 특히 높은 청년 실업률과 낮은 임금에서 기인한다고 보았습니다. 반면 보수 정당은 이를 하나의 문화적인 현상으로 바라보는 경향이 있습니다. 청년 세대의 나약함, 무책임, 자립의지 부족 등으로 해석하며 개인의 태도 변화가 우선되어야 한다고 보는 것입니다.

  2024년, 우익 정치인 조르자 멜로니Giorgia Meloni가 이끄는 이탈리아 정부는 밤보치니 현상에 대응하기 위해 새로운 조세 정책 개편안을 발표했습니다. 새롭게 제안된 2025년 세제 개편안에 따르면, 기존에 21세부터 29세까지의 자녀를 부양하는 가정에 제공되던 세금 공제 혜택은 그대로 유지되지만, 자녀가 30세가 되는 순간부터는 해당 공제 혜택이 중단됩니다. 이러한 조치는 이른바 '안티 밤보치니anti-bamboccioni' 정책으로, 밤보치니에 압박을 가하는 방식으로 이 문제를 해결하려고 하는 것이지요. 이렇듯 젊은이들이 부모의 집으로부터 늦게 독립하는 현상은 그 시각의 차이는 있을지언정, 정책의 현안을 결정하는 사람들에게는 정치적 지향성과 상관없이 해결이 필요한 중요한 쟁점으로 여겨지고 있습니다.

밤보치니 현상과 저출산 문제에서 드러나는 존재, '가족'

밤보치니 현상이 이탈리아 정권에서 사회적 핵심 이슈로 반복적으로 다뤄지는 이유는 무엇일까요? 이 현상은 본질적으로 '자립적인 성인으로서의 전환이 지연되는 현상'으로 요약할 수 있습니다. 그런데 이 전환의 지연은 단순한 개인의 선택의 문제가 아니라, 경제적인 측면에서 심각한 부정적 파급 효과를 낳습니다. 청년들이 노동시장으로 진입하는 시기가 늦어지기 때문입니다. 실제로 한 연구에 따르면 이탈리아는 다른 OECD 국가들에 비해 청년층이 노동시장에 진입하는 시기가 평균적으로 5년에서 10년가량 늦습니다. 이는 앞서 살펴본 청년 독립 연령과도 일치합니다. 부모의 집을 떠나는 시점이 늦은 만큼, 취업 시점도 늦어지는 경향을 보이는 것입니다.

따라서 청년층의 자립이 늦어지고, 이로 인해 한 근로자가 노동 현장에서 충분한 경험을 쌓은 뒤 생산성이 정점에 이르는 시기 역시 지연된다는 것은 분명한 문제로 이어집니다. 학습능력이 뛰어난 젊은 시기에 현장 교육을 받는 기회가 줄어들며, 결과적으로 가장 생산성이 높은 시기에 실제로 노동시장에 머무는 기간이 다른 국가들보다 짧아지게 됩니다. 이는 단순히 개인의 경력 문제를 넘어 국가 전체의 노동력 축적 속도와 생산성에까지 부정적인 영향을 미치는 구조적 문제입니다. 그런데 문제는 생산성에만 국한되지 않습니다. 다양한 연구에 따르면 젊은 근로자일수록 새로운 일자리 제안에 보다 적극적으로 응답하고, 지리적·산업 간 노동 이동성도 훨씬 높다는 사실이 확인되었습니다. 따라서 청년층의 비중이 높은 노동시장일 수록 제조업과 같은 산업에서 일자리가 더 많이 창출되고 실업률도 낮아지는 경향이 있습니다. 그렇다면 이탈리아처럼 젊은 세대의 노동시장 진입이 늦어지는 사회는 필연적으로 청년층 비중이 낮은 비활성화된 노동시장 구조를 갖게 되고, 이는 고용 창출 둔화와 실업률 증가라는 정반대의 결과를 초래할 수 있습니다.

또 재정적으로 부모에게 의존하고, 노동시장에 늦게 진입하는 청년층은 근로에 대한 태도에도 차이를 보이게 됩니다. 한 연구는 OECD 12개국의 17세에서 59세 사이 직장인들을 대상으로 설문조사를 진행했는데, 그 결과 30세 미만에 고용된 사람들이 그 이상 나이의 근로자들보다 동료와 더 많은 시간을 보내고, 자녀의 자질 형성에 있어 근면함을 중요하게 생각할 가능성이 높으며, 삶에서 일(노동)이 중요하다고 생각하는 비율이 더 높은 것으로 나타났습니다. 노동시장에 늦게 진입하는 사람과 더 어린 나이에 자립적인 생활을 시작한 사람이 근로를 대하는 태도가 다를 수 있다는 것이지요.

그런데 밤보치니 현상이 심각하게 받아들여지는 가장 큰 이유는, 이 현상이 국가의 출산율에 직접적인 영향을 미친다는 점에 있습니다. 인간이 사회 안에서 자립적인 성인으로 전환해가는 일반적인 과정이 있습니다. 먼저 교육을 이수하고, 그 다음 취업을 해서 재정적인 독립을 이루고 나면, 그때야 비로소 안정적인 '동거 파트너십'을 맺습니다. 그리고 그 다음 자녀를 낳게 되겠지요. 출산의 경우 이 과정의 가장 마지막에 있기 때문에 어느 한 단계가 지연되면 당연히 부모가 되는 연령 또한 높아집니다. 실제로 유엔 유럽경제위원회의 2023년 통계에 따르면 이탈리아 여성의 첫 자녀 출산은 평균 연령 31.8세로, 조사 대상 유럽 국가 중 가장 높은 수치를 기록했습니다. 이처럼 첫 자녀 출산 시점이 늦어지면, 둘째나 셋째 아이를 낳을 확률이 낮아지고, 궁극적으로는 비혼 또는 비출산으로 이어지는 경향이 강해집니다.

아니나 다를까, 이탈리아는 현재 유럽 가운데서도 가장 심각한 수준의 저출산 문제로 골머리를 앓고 있는 대표적인 국가입니다. 이탈리아의 출생율은 15년 연속 감소세를 이어가다가, 2023년에 이르러 사상 최저치를 기록했고, 여성 1인당 출산율이 1.20명까지 떨어졌습니다. 이는 1861년 이탈리아 통일 이후 가장 낮은 수치입니다. 2022년 독일, 프랑스, 영국 등 주요 국가들은 모두 EU 평균 출산율인 1.46명을 웃돌지만, 이탈리아만은 G7 국가임에도 유독 낮은 출산율을 보이며 인구 구조의 급격한 불균형이 우려되고 있습니다.

저출산은 고령화로 직결됩니다. 반세기 전만 해도 이탈리아 주민 9명 중 1명만이 65세 이상이었지만, 현재는 4명 중 1명이 고령 인구입니다. 이러한 인구 구조 변화는 단순한 인구 통계의 문제가 아닙니다. 경제활동 인구가 줄어들면서 노동력 부족이 발생하고, 복지와 연금 등의 부담이 인구 1인당 더 크게 전가되며, 세대 간의 갈등과 세금 분담 문제로 이어지는 등 사회적 불안정성이 커지게 됩니다. 이에 따라 이탈리아 정부는 심각한 저출산 문제를 '국가적 비상사태'로 규정하고, 이를 막기 위해 총력을 기울이지만 안타깝게도 여전히 그 감소 추세를 막지 못하고 있는 실정입니다.

낮은 출산율은 단지 경제적·인구적 차원에서 국가의 생존에 위협이 되는 문제이기도 하지만, 그 자체로도 하나의 강력한 사회적 신호로 이해할 수 있습니다. 즉, 한 사회에서 아이를 낳고 기르려는 의지가 극도로 낮다는 사실은 그 사회가 가진 많은 문제점을 상징적으로 드러내는 신호이자 결과라고 볼 수 있습니다. 높은 고용 불안정성 때문에 출산 의향이 지연되는 노동시장의 여건, 충분히 제공되지 않는 안정된 주거 환경, 비정규직이나 자영업자보다는 정규직 근로자의 보호에 중점을 두는 사회보장제도, 불충분한 돌봄 서비스 때문에 보육과 요양에 있어 가족 구성원에게 의존할 수밖에 없는 현실, 또 잦은 정권교체와 포퓰리스트 정당들의 집권으로 이를 해결하지 못하는 정치의 무능 등, 이런 이탈리아 사회의 여러 가지 문제점들이 결국 이탈리아를 '아이를 낳고 기르기 힘든 사회'로 만들고 말았습니다.

공교롭게도 저출산을 유발하는 요인들을 그대로 밤보치니 현상을 만들어낸 원인들과 겹칩니다. 고용의 불안정, 높은 주거 비용, 불충분한 사회보장제도, 육아와 돌봄에 대한 국가적 지원의 부족 등은 모두 청년들이 결혼과 출산을 주저하게 만드는 이유이자, 동시에 자립을 미루고 부모에게 의존하게 되는 원인이기도 합니다. 결국 저출산과 밤보치니는 같은 구조적 맥락에서 비롯된 사회 현상이며, 서로가 서로를 강화하는 악순환 관계에 놓여 있다고 볼 수 있습니다.

그런데 이 두 가지 문제를 깊이 들여다보면, 하나의 뚜렷한 공통된 문화적 매개를 발견할 수 있습니다. 바로 '가족'이라는 존재입니다. 이탈리아의 젊은이들이 불안정한 고용과 높은 주거비용 때문에 독립하지 못할 때 그 부담은 자연스럽게 가족, 특히 부모에게 전가됩니다. 마찬가지로 젊은 부부가 경제적 불안정성과 미비한 육아 정책 속에서 아이를 낳게 될 경우, 그 돌봄과 양육의 책임 역시 오롯이 가족의 몫이 됩니다. 사회가 개인을 충분히 보호하지 못할 때, 가족이 마지막 방어선이 되어 서로를 챙기는 일은 어찌 보면 당연한 일입니다. 하지만 문제는 국가의 제도 설계와 정책 방향이 이런 가족의 지원을 전제로 운영되기 시작할 때입니다. '가족이 있으니 괜찮다'는 가정은 결국 국가 책임의 회피를 정당화하고 공공시스템의 부재를 고착화하는 위험한 전제가 될 수 있습니다. 이럴 경우 돌봄의 책임은 사적 영역으로 밀려나고, 그 부담은 주로 여성이나 노년 층 등에 집중되는 구조가 고착됩니다.

한 사회의 제도는 그 사회가 공유하는 문화와 규범을 반영하기 마련입니다. 사람들이 대체로 어떤 가치관과 사회적 기대를 갖고 있는가에 따라, 제도의 구조와 운영 방식도 달라집니다. 그런 점에서 이탈리아의 복지제도, 특히 돌봄 정책은 다른 유럽 국가들에 비해 유난히 가족 중심적인 이탈리아의 문화를 잘 반영하고 있습니다. 아동이나 노인 등 취약 계층에 대한 돌봄은 국가보다 가족이 주로 책임지며, 공적 지원은 주로 매우 빈곤한 가정에 한정됩니다. 복지의 책임을 가족에게 전가하

이탈리아 가족의 모습

는 구조로 사회제도가 유지되는 것이지요. 가족이 부양에 책임을 진다는 것은 어느 사회나 크게 다르지 않지만, 필요 이상으로 가족의 책임과 의무가 강조되면 가족은 과부하 상태가 됩니다. 이러한 문제의 중심에는 다른 유럽 국가들과 구별되는 이탈리아의 가족관이 있습니다.

복지 제도와 가족의 역할 사이

미국의 사회학자 에드워드 밴필드Edward Banfield는 20세기 중반, 이탈리아 남부 지역이 왜 유독 가난과 범죄가 일상화된 '후진 사회'로 남아 있는지를 분석하기 위한 실증 연구를 진행합니다. 그는 이를 위해 남부의 작은 마을인 몬테그라노Montegrano를 찾아갔습니다. 사실 이 '몬테그라노'는 실제 지명이 아니라 밴필드가 연구 대상 지역을 보호하기 위해 사용한 가명입니다. 원래 이 마을의 실제 이름은 키아로몬테Chiaromonte로, 바실리카타주에 위치한 전형적인 농촌 마을입니다. 밴필드는 이곳에서 연고주의, 즉 직계 가족을 위한 이기적 행동이 사회 전체의 공익을 해치는 구조를 목격했습니다. 그의 연구는 《후진 사회의 도덕적 기초The Moral Basis of a Backward Society》라는 제목으로 출간되었고, 이 책은 당대 큰 주목을 받게 되었습니다.

밴필드가 본 몬테그라노 사람들은 극단적으로 이기적인 태도를 보였습니다. 그들은 개인적인 물질적 이익이 없는 한 이웃을 돕는 것을 꺼렸고, 다른 사람의 성공이 자신의 이익을 해칠 것이라 생각했습니다. 마을은 마치 생존을 위한 전쟁터 같았고, 사람들은 공동체보다는 각자의 생존에만 몰두했습니다. 공통의 관심사를 다룰 수 있는 소식이나 커뮤니티 조직, 자선단체는 존재하지 않았고, 공립학교도 매우 열악했습니다. 마을 사람들은 '공공의 이익'에는 관심이 없었습니다. 이곳의 가족은 물질적이고 즉각적인 이익을 넘는 목적을 위해 집단적으로 행동하는 경우가 거의 없습니다. 일부는 계층 상승을 위해 자녀 교육에 집중했지만, 그마저도 성공적인 경우는 드물었습니다. 그 결과 사회적으로 문제를 함께 해결하거나 인프라를 구축하기 위한 협력은 이루어지지 않았고, 마을 전체는 사회적 고립과 빈곤 속에 머물 수밖에 없었습니다. 밴필드는 이러한 행동 양식을 '비도덕적 가족주의amoral familism'라고 명명했습니다. 이는 "시민 전체의 이익보다 가족의 이익을 최우선시하는 태도"로 정의되며, 공동체 형성을 저해하는 주요 원인으로 지적됩니다.

밴필드는 출간 이후 사회과학계에서 큰 주목을 받았으며, 동시에 적지 않은 논쟁을 불러일으켰습니다. 이탈리아 남부 전체를 대표하기에는 지나치게 작고 주변적인 지역을 분석 대상을 삼았다는 점에서, 그 결과를 일반화하는 데 무리라는 지적을 받았습니다. 그리고 가족주의를 이기주의의 동의어처럼 사용하며, 마치 지역의 경제적 후진성이 전적으로 가족주의에 기인한 것처럼 설명했습니다. 또한 비도덕적 가족주의는 후진성의 원인이 아니라 오히려 장기간에 걸친 역사적·사회적 맥락 속에서 형성된 결과로 보는 것이 타당하다는 견해도 있습니다.

그럼에도 불구하고, 밴필드의 이론은 60여 년이 지난 지금도 사회과학에서 고전적인 연구로 평가받고 있습니다. 이탈리아 남부의 경제적 후진성과 가족주의 간의 인과관계는 여전히 명확하지 않고, 그의 분석이 과장되었을 수는 있지만, 밴필드는 당대 이탈리아 사회에 존재했던 핵가족 중심의 가족주의적 특성을 날카롭게 지적했습니다. 밴필드가 가족주의를 사회 발전의 장애 요인으로 보았던 것처럼, 오늘날에도 이탈리아 사회의 가족주의적 특성은 다양한 방식으로 나타납니다. 그 대표적인 예 중 하나가 복지 제도입니다.

'복지welfare'는 좋은 건강, 안정된 생활, 쾌적한 환경이 조화를 이루어 인간이 행복한 삶을 누리는 상태를 의미합니다. 간단히 말하자면,

높은 삶의 질이 보장되는 것을 뜻합니다. 그런데 이러한 삶의 질은 개인의 노력으로만 달성하기 어렵습니다. 인간은 누구나 예측할 수 있는 다양한 사회적 위험에 직면하게 되고, 이로 인해 생계와 건강이 위협받을 수 있기 때문입니다. 따라서 대부분의 국가는 공적 개입을 통해 이러한 위험으로부터 시민을 보호하려 합니다. 이는 바로 복지제도를 통해 실현됩니다.

예를 들어 갑자기 실직하거나, 출산을 하거나, 고령으로 노동시장에서 은퇴하게 되었을 때, 소득과 건강 측면에서 위기에 처하게 됩니다. 이러한 위험에 대비하기 위해 국가는 국민에게 강제적으로 일정한 보험에 가입하도록 하여 건강과 소득을 보장해줍니다. 이것이 바로 '사회보험'입니다. 대표적인 예로, 국민연금, 건강보험, 고용보험 등이 있습니다. 또한 소득이 거의 없거나 전혀 없는 사람들에게는 최소한의 생활을 유지할 수 있도록 현물이나 현금을 지원하기도 합니다. 이것을 '공공부조'라고 부릅니다. 복지는 금전적 지원만이 아니라 실질적인 돌봄과 지원 서비스 제공을 통해서도 실현됩니다. 이를 '사회서비스'라고 하며 출산 후 보육 지원, 노인 돌봄 서비스 등이 이에 속합니다. 이 세 가지 축은 상호보완적으로 작용하면서 사회적 위험으로부터 국민을 보호하고 보다 나은 삶의 질을 실현하는 데 기여합니다. 복지는 단순한 지원을 넘어, 인간다운 삶을 가능케 하는 사회적 기반이 되는 것이지요. 공공 복지 시스템이 부재한 몬테그라노와 같은 사회에서는 높은 삶의 질은 물론, 개인의 기본적 생존조차 위협받게 됩니다. 복지가 국가의 책임이 되지 않는 상황에서는 개인이 자신의 생존을 스스로 책임져야 합니다. 특히 아동이나 노인처럼 취약한 계층은 가족에 의존할 수밖에 없게 됩니다.

가족과 여성이 희생되는 지중해 나라들

각 국의 사회보장제도를 비교해보면, 복지에 대한 접근 방식과 이를 둘러싼 문화적 차이를 더욱 직관적으로 이해할 수 있습니다. 실제로 이를 체계적으로 분석하여 복지국가 연구의 지배적인 패러다임으로 자리 잡은 흥미로운 연구가 있습니다. '복지국가 연구의 학장'이라 불릴 정도로 이 분야에서 선구적인 위상을 가진 덴마크 출신의 사회학자 요스타 에스핑-안데르센Gøsta Esping-Andersen은, 1990년 그의 대표적인 저서 《복지 자본주의의 세 개의 세계Three Worlds of Welfare Capitalism》를 통해, 18개의 선진 자본주의 국가를 분석하며 세 가지 유형의 복지국가 체제로 분류했습니다.

분류된 복지국가 유형들의 이름을 보면 흥미로운 점이 있습니다. 바로 이들이 모두 정치 이념의 명칭과 유사하다는 것입니다. 에스핑-안데르센은 각 사회가 어떤 정치적 가치나 이념을 중시하느냐에 따라 복지에 대한 접근 방식도 달라질 수 있다고 보았습니다. 그는 복지체제를 분류하기 위해 두 가지 기준을 제시했습니다. 첫 번째는 '탈상품화decommodification'입니다. 개인이 노동력을 시장에 팔지 않더라도 사회적으로 용인될 만한 생활 수준을 유지할 수 있는 정도를 말합니다. 다시 말해 노동을 하지 못할 경우에도 인간다운 삶을 영위할 수 있는가를 가늠하는 지표입니다. 탈상품화 수준이 높을수록 복지는 시장 논리에서 벗어나 있으며, 시민의 생존과 복지에 대한 국가의 책임이 크다는 것을 의미합니다. 두 번째 기준은 '계층화stratification'입니다. 이는 복지 혜택이 계층별로 얼마나 차등적으로 주어지는지를 의미합니다. 즉, 사회경제적 지위에 따라 복지의 수준에 차이가 발생하는지 여부입니다. 계층화가 심할수록 복지제도는 불평등으로 재생산하며, 반대로 낮을수록 시민들 사이의 평등한 권리를 보장하는 방향으로 설계되어 있다고 할 수 있습니다.

이러한 기준을 바탕으로 에스핑-안데르센은 복지국가를 크게 세 가지 체제로 나누었습니다. 첫 번째는 '자유주의 체제'입니다. 이 체제에서는 탈상품화 수준이 낮고 계층화는 매우 높습니다. 시민 개개인의 책임과 자조가 강조되며, 국가는 최소한의 공공부조만 제공하고 대부분의 복지 서비스는 시장을 통해 해결하도록 유도합니다. 가난한 사람들에게만 선별적으로 지원이 이뤄지기 때문에 중산층 이상은 국가에서 받는 복지가 아니라 좀 더 차별화된 시장 복지에 의존하게 됩니다. 미국, 영국, 캐나다 등이 대표적인 자유주의 체제의 국가들입니다.

두 번째는 '사회민주주의 체제'입니다. 이 체제는 탈상품화 수준이 매우 높고 계층화는 낮습니다. 복지가 특정 계층에 제한되지 않고 시민 전체에게 보편적으로 제공되며, 시장 논리에서 벗어나 평등하고 높은 수준의 삶을 보장하는 데 중점을 둡니다. 복지는 사회적 권리로 인식되며 국가가 적극적으로 노동시장과 가족의 부담을 대체합니다. 스웨덴, 덴마크, 노르웨이 등 북유럽 국가들이 여기에 해당하며, 이들 국가는 복지를 통해 개인의 자율성과 삶의 질을 극대화하려 합니다.

마지막으로 '보수주의 체제'는 탈상품화 수준이 중간이며, 계층화는 자유주의보다는 덜하지만 여전히 존재합니다. 복지는 주로 직업이나 가정의 지위에 기반하여 제공되며 기여에 따라 차등적인 혜택을 받는 사회보험이 중심입니다. 가족 단위의 돌봄과 역할 분담이 중시되기 때문에, 노동시장에 진입하지 못한 주부나 가족 구성원들은 복지에서 소외될 수 있습니다. 국가가 직접 복지를 담당하기보다는 가족과 직장이 복지의 주체로서 역할을 수행합니다. 1990년 당시 에스핑-안데르센은 오스트리아, 독일, 프랑스와 함께 이탈리아를 이 카테고리에 포함시켰습니다.

에스핑-안데르센의 이런 유형화는 복지국가를 서로 비교할 수 있는 출발점으로서 엄청난 관심과 지지를 받았지만, 많은 학자들이 비판과 반론을 제기하기도 했습니다. 과연 복지체제의 유형을 단 세 가지만으로 설명할 수 있느냐, 또 과연 탈상품화나 계층화의 개념이 현실을 설명하기에 충분한가 등의 지적이 제기된 것이지요. 여러 학자들이 에스핑-안데르센의 아이디어를 기반으로, 유형을 나눌 때 새롭게 고려되어야 할 나름의 기준들을 제시했습니다. 복지지출의 규모가 어느 정도인가, 복지재원은 어떻게 조달되는가, 또 단순히 현금 급여 프로그램뿐 아니라 복지제도의 주요 축이 되는 사회서비스는 얼마나 발달되어있는가 등으로 말이지요.

흥미로운 점은 다양한 학자들이 서로 다른 기준을 가지고 복지국가를 분류했음에도 불구하고, 특정 지역의 국가들이 공통적으로 유사한 경향성을 띤다는 것입니다. 대표적으로 지중해를 기준으로 유럽 대륙의 남쪽에 위치한 국가들, 즉 이탈리아를 비롯해 스페인, 포르투갈, 그리스 같은 남유럽 국가들이 그러한 사례입니다. 이들 국가는 복지체제의 구성과 운영 방식에 여러 유사성을 공유하며, 기존 에스핑-안데르센의 '세 가지 체제'로는 이들의 특성을 온전히 설명하기 어려웠습니다. 이에 따라 많은 복지국가 연구자는 이들을 별도의 범주로 설정하며, 기존 분류에 '남유럽형 체제Southern European model'라는 '제4의 복지국가 체제'를 추가하게 되었습니다.

우리가 가장 보편적이고 시급한 위험은 바로 실업입니다. 이에 대응하기 위해 거의 모든 국가가 실업과 관련된 복지정책을 갖추고 있습니다. 그러나 지중해 국가들의 실업 보호 체계는 여타 서유럽 국가들과 비교해도 상당히 취약하다는 점에서 주목할 만합니다. 사회학자 미하엘라 파이퍼Michaela Pfeifer에 따르면, 유럽 14개국의 실업 보조와 공공부조 제도를 비교한 결과, 이탈리아와 그리스는 실업률이 높음에도 불구하고 실업급여의 지급 기간이 짧고, 공공부조를 통한 소득 보장 역시 충분하지 않은 것으로 나타났습니다. 실업급여는 기본적으로 사회보험에 해당하는 제도이지만, 이탈리아의 경우 사회보험 자체가 노동시장의 계층 구조를 그대로 반영하는 구조적 한계를 가지고 있습니다.

대기업과 중소기업, 정규직과 비정규직 간의 격차가 심각한 상황에서 안정적인 직장을 잃은 사람은 어느 정도 보호를 받지만, 원래부터 불안정한 근로 환경을 가졌던 사람들은 정작 실업급여나 관련 복지 혜택에서는 제외되는 경우가 많다는 것입니다. 이처럼 제도적 보호가 미치지 않는 공백이 클수록, 그 책임은 자연스럽게 가족에게로 전가됩니다. 파이퍼는 이러한 구조적 부실 속에서 실직한 개인은 국가가 아닌 가족 경제에 의존할 수밖에 없으며, 심지어 지하경제와 같은 비공식 영역이 중요한 생존 수단으로 작동하게 된다고 지적했습니다.

남유럽 국가들의 가족 중심적 문화는 특히 가족정책에서 두드러지게 나타납니다. 이들은 가족수당, 아동수당과 같은 현금지원, 출산휴가 및 육아휴직 급여 등 국가가 지출하는 예산 규모와 질이 다른 유럽 국가들에 비해 현저하게 낮습니다. 이러한 사회서비스가 부족하다는 것은 단순한 예산 문제를 넘어, 그 사회의 복지철학과 가족·젠더 역할의 구조를 드러내는 중요한 지표입니다. 사회보험이나 공공부조는 대개 특정 계층이나 빈곤층에 한정된 기능을 수행하지만, 사회서비스는 전 국민의 삶의 질 향상과 직접적으로 연결되어 있는 제도이기 때문입니다. 특히 돌봄 영역인 어린이 보육, 노인 요양, 장애인 지원 등의 사회서비스가 부족할 경우 그 책임은 고스란히 가족에게 전가됩니다. 이러한 구조에서는 여성의 부담이 커지게 됩니다. 이런 점은 이탈리아를 비롯한 남유럽 국가들이, 여성을 위한 기회균등에 기반을 두는 북유럽 국가들과는 다르게 정책을 세우는 데 있어 실질적인 가족의 필요 사항을 충분히 고려하지 않았음을 의미합니다. 이는 결국 결혼 기피나 초저출산 현상의 주된 원인으로 작용하게 되지요. 여기서는 주로 남성이 생계부양자로서 인정을 받고 여성은 돌봄의 영역을 홀로 부담하게 되면서 일과 가사분담이라는 이중부담을 떠안게 됩니다. 남성, 기업, 사회가 양육과 가사분담을 충분히 분담해주지 않으니 당연히 출산과 양육은 큰 부담이 될 수밖에 없게 됩니다.

이탈리아는 남유럽 복지국가들 중에서도 특히 돌봄 서비스 분야에서 뒤처져 있습니다. 2002년, EU 회원국들은 2010년까지 3세 미만 아동 중 적어도 33%에 대해 돌봄 서비스를 지원해서 노동시장 내 여성 진입을 방해하는 요소를 제거하자는 당찬 목표를 세웠습니다. 그런데 이탈리아는 목표를 달성한 스페인과 포르투갈과는 대조적으로 25%에도 미치지 못했지요. 상황이 이렇다보니 아동의 돌봄에는 조부모까지 가세할 수밖에 없습니다. 이탈리아는 부모가 모두 일할 경우 아이를 베이비시터가 아닌 조부모에게 맡기는 비율이 절반 이상을 차지합니다. 이러한 현상은 노인 돌봄에서도 마찬가지로 나타납니다. 이탈리아의 경우 OECD 국가 중 노인을 가족이 돌보는 인구비율이 가장 높고, 요양서비스를 이용하는 비율이나 보장범위, 국가의 예산은 다른 국가들에 비해 한참 뒤떨어지고 있습니다. 한 명 이상의 자녀와 함께 사는 75세 이상의 인구 비율도 다른 유럽 국가들보다 높습니다.

결국 이탈리아를 비롯한 남유럽 국가의 복지제도는 가족정책의 부실로 인해 오히려 가족의 부담을 가중시키는 결과를 낳았습니다. 그러나 이와 동시에 국가가 적극적으로 돌봄의 책임을 분담하지 않는 데는 또 다른 문화적 요인도 작용합니다. 남유럽 국가들은 가족과 친족 간의 유대에 대한 기대가 크고 '가족이 돌보는 것이 당연하다'는 문화관이 강하게 자리 잡고 있습니다. 이러한 가족주의적 가치는 복지제도의 발전을 지연시키고, 돌봄의 사회화를 방해하는 정책적 정당화의 기제로 작용하기도 합니다. 그렇다면 남유럽과 북유럽 사이에 뚜렷하게 드러나는 가족문화와 복지태도의 차이는 언제부터 형성된 것일까요?

근대시대부터 발견된 남유럽의 가족주의

스페인 마드리드 콤플루텐세 대학교의 명예교수인 데이비드 스벤 레허David Sven Reher는 서유럽을 가족 간 유대의 강도에 따라 두 가지 유형으로 구분할 수 있다고 주장합니다. 레허에 따르면 중앙 및 북부 유럽인 스칸디나비아 국가들, 브리튼 제도(영국, 아일랜드), 저지대 국가들(벨기에, 네덜란드, 룩셈부르크), 독일, 오스트리아, 그리고 북미 사회는 전통적으로 가족간 유대가 약한 '느슨한 구조'를 지니고 있습니다. 이 지역에서는 개인의 자율성과 독립성이 강조되며, 가족 구성원 간 상호의존은 상대적으로 낮은 편입니다. 반면 지중해 연안의 남유럽 국가들인 포르투갈, 스페인, 이탈리아, 그리스, 프랑스 남부 등은 가족간 유대가 강한 '긴밀한 가족 구조'를 유지하고 있습니다. 이들 지역에서는 가족 구성원 간의 세대 간 돌봄과 경제적 지원도 가족 내부에서 이루어지는 경향이 큽니다. 이러한 구분선은 가족이 생활하는 방식에서 뚜렷하게 나타납니다.

가장 대표적인 것이 바로 가족 중 젊은 구성원이 스스로 가정을 꾸리는 전환기의 순간을 대하는 방식의 차이입니다. 북유럽에서는 자녀가 일정한 나이에 이르면 부모로부터 독립해 자립하는 것이 일반적이며, 이는 사회적으로도 장려되는 분위기입니다. 독립 시기가 가장 빠른 북유럽 국가들은 약 20세 전후면 독립하고 보통 온전히 자신의 힘으로 생활을 꾸려나가기 위해 노력합니다. 북미 지역도 많은 경우 부모가 전적으로 학비를 포함한 모든 재정을 부담하기보다는 자녀가 본인 이름으로 학자금 융자를 받는다던가 아르바이트로 생활비를 조달합니다. 비슷한 삶의 단계에 있는 친구나 동료와 주거를 공유하면서 삶을 꾸려나가고 부모로부터의 완전한 경제적 독립을 위해서 노력합니다. 그래서 대개 일찍 자녀를 독립시키는 대신 부모들은 자녀의 사생활이나 그들의 삶 깊숙이 관여하지 않습니다. 물론 최근 들어 독립 생활에 필요한 조건들을 갖추는 데 더 많은 비용이 들면서 북미 사회에서도 부모에게 회귀하는 젊은이들이 많아지는 것이 사실이지만, 보통 성인이 되면 부모를 떠나는 것이 일반적인 정서로 받아들여집니다.

하지만 지중해 인근의 유럽 사회, 특히 남유럽 국가의 경우에는 사

레허 교수가 분류한 '가족의 유대가 강한 지역'인 지중해 인근 국가들

정이 좀 다릅니다. 앞서 살펴본 밤보치니 현상처럼 남유럽에서는 청년들이 성인이 된 이후에도 결혼 전까지는 대부분 부모와 함께 거주하는 경우가 일반적입니다. 이러한 경향은 단지 문화적인 현상이 아니라 현대 사회의 경제 구조 및 정책 환경과 밀접하게 맞물려 있습니다. 남유럽의 많은 청년은 대학을 졸업한 후 취업을 하더라도 경제적 독립을 바로 하기 어려운 상황에 직면합니다. 고용 시장의 불안정성과 높은 실업률, 특히 청년실업률이 높은 사회 구조와 관련이 있습니다. 그 결과 이들은 부모 집에 계속 머물며 생활비를 절감하고, 결혼이나 독립을 위한 자금을 마련하는 전략을 선택하게 됩니다. 안정적인 일자리 확보, 적절한 주거 마련, 부모로부터의 독립, 결혼이라는 일련의 인생 단계들이 서로 긴밀히 얽혀 있는 것이지요.

이러한 현상은 오늘날의 구조적 문제에서 비롯된 것처럼 보일 수 있지만, 레허 교수는 그 기원을 더 멀리 내다봅니다. 그는 중세 후기부터 이미 존재해온 현상이라고 말합니다. 중세 서유럽의 기본적인 조직 체계는 봉건제도였습니다. 이 제도는 충성을 기반으로 하는 주종관계에 근거한 사회질서로, 왕이 제후에게, 제후가 기사에게 각각 토지를 수여하며 상호 간의 의무와 보호를 교환하는 관계를 형성했습니다. 이러한 토지 수여는 단순한 경제적 행위가 아니라 정치적 지배권과 군사적 의무를 수반하는 계약이었고, 그 결과 영주lord는 자신이 받은 토지 내에서 상당한 자율성과 권력을 누릴 수 있었습니다. 영주가 소유하거나 통제하는 이 토지의 단위는 '장원manor'이라고 불렀으며 장원 내에서는 영주의 성, 경작지, 농민이 거주하는 촌락, 교회 등이 포함됩니다.

한편, 중세 초기 서유럽은 매우 불안정한 시대였습니다. 강력한 중앙집권 체제가 부재한 상황에서 북쪽의 바이킹, 동쪽의 유목민족, 남쪽의 이슬람 세력의 잦은 침입은 일반 농민들에 지속적인 위협으로 다가왔습니다. 이로 인해 많은 자유농민은 지역의 소규모 영주들에게 보호를 요청하고, 그 대가로 자유를 제한받으며 노동력과 세금을 제공하는 농노serf로 전락하게 됩니다. 농노들은 영주의 허락없이 그 땅을 떠날 수가 없었고 안전을 보장받는 대신 영주의 밭에서 노동력을 제공하고 세금도 내야했지요. 이것이 일반적인 장원제의 모습이었습니다.

그러나 14세기 이러한 질서를 근본적으로 뒤흔든 전환의 시점이 있습니다. 유럽 전역을 휩쓴 흑사병과 백년전쟁은 인구의 대규모 감소를 초래했고, 이는 곧 노동력의 희소성을 낳았습니다. 사회적으로 하대받던 농민들이 더 유리한 입장에 서게 되었고, 토지 소유자들은 노동력을 구하기 위해 농민들에게 더 많은 자유와 혜택을 제공했습니다. 특히 전쟁의 규모가 커지면서 이제 더 이상 소규모 영주가 농민을 실질적으로 보호할 수 있는 시대가 아니었습니다. '안전을 제공하는 대신 노동력과 세금을 받는다'는 계약을 기본으로 하는 장원제의 근간이 점점 흔들릴 수밖에 없었습니다. 여기에 화폐경제가 발달하면서 장원 내에서도 각종 부역을 화폐로 대체하자, 농노는 경제적 처우면에서 당시 영주의 토지를 빌려 소작료를 납부하는 방식으로 살아가던 자유소작인freemen과의 경계가 모호해지기 시작했습니다. 결국 이런 배경들 속에서 장원제는 점차 해체되고 소작小作 형태로 재편되었습니다. 지주의 간섭이 크게 축소된 이런 시스템에서 일부 농민들은 자신의 경작지를 이용하여 더 큰 부를 쌓고 많은 수의 노동자를 고용하거나 여러 농장을 관리하기도 했습니다.

이제 레허 교수는 흥미로운 사실을 밝힙니다. 당시 영국을 비롯한 북서유럽 대다수의 청년들은 부모의 가정을 떠나 다른 가정에서 장기간 농업 하인으로 일하는 것이 일반적이었습니다. 농부가 자신의 아들을 이웃 농장에 농업일을 하는 노동자로 보내는 동시에, 다른 젊은 하인을 자신의 농장의 노동자로 데려오게 됩니다. 17~18세기 영국 지역사회의 대규모 표본에서 전체 농민 중 약 60%가 하인을 고용했는데, 이들은 농촌 지역에서 가족원이 아닌 노동 공급의 약 절반을 차지했고 전체 인구로 치면 10~20%나 차지했습니다. 벨기에, 스웨덴 등의 다른 북서유럽 나라들의 경우 역시 마찬가지로 이런 식으로 고용되는 하인이 전체 인구의 10% 이상이었습니다. 15세에서 24세 사이의 젊은이들로 압축하면 절반 가까이 되는 사람들이 하인으로 고용되어 가족을 떠났습니다.

하지만 남유럽은 매우 대조적이었습니다. 남유럽 국가들에서는 많아야 20% 정도의 청년들만이 하인으로 고용되었으며, 대부분의 청년들은 결혼 전까지 부모와 함께 거주했습니다. 이는 단순히 일자리 구조의 문제가 아닙니다. 남유럽의 농민 가정은 북서유럽의 대규모 농장과 달리 대부분 중소 규모의 농장이었고, 외부 노동력보다는 가족 내부 노동력을 선호하는 경향이 강했습니다. 다시 말해, 남유럽에서는 청년이 외부로 나가 타인과 함께 일하는 대신 가족 안에서 역할을 수행하며 경제생활에 참여하는 구조가 중심이었습니다. 남유럽 사회에서 가족끼리 더욱 결속하는 문화는 근대 이전에도 존재했던 것이지요.

이처럼 남유럽 가정에서는 경제적 어려움이 닥칠 경우, 이를 가족 전체가 함께 분담하는 것이 오랜 전통처럼 자리 잡고 있습니다. 가족은 단지 정서적 유대체가 아니라 실질적인 사회적 안정망으로 기능한 것입니다. 반면 북서유럽의 경우 청년들은 일찍 부모의 집을 떠나 개별적 독립을 전제로 한 생활을 시작하기 때문에 경제적 위험에 보다 개인적으로 대응해야 할 필요성이 더욱 크게 부각되었습니다. 이러한 맥락에서 17세기 영국에서 등장한 엘리자베스 구빈법처럼 가족이 아닌 공공의 집단이 제도를 통해 서로 연대하는 방식이 일찍감치 나타나게 된 것이지요.

이러한 가족문화의 차이는 결혼 문화나 노인 돌봄과 같은 삶의 전환기에 관한 관행으로 이어졌습니다. 남유럽에서 청년들이 부모의 집을 떠나는 시점은 대개 결혼과 동시에 일어났으며, 그 전까지는 부모의 집에서 함께 생활하는 것이 일반적이었습니다. 반면, 영국이나 네덜란드 등 북서유럽 국가들에서는 청년들이 독립적으로 일하며 스스로 저축을 통해 결혼을 준비했고, 이는 개인의 삶의 주체성을 강화하는 사회적 관행으로 이어졌습니다.

노인 돌봄에서도 유사한 차이가 발견됩니다. 남유럽에서는 자식 세대가 집안의 노인과 같이 살거나 근접해 살면서 돌봄이 전적으로 가족에 의해 이루어지고 노인의 물질적 복지를 가족이 책임졌지만, 영국을 비롯한 북서유럽의 경우 자녀와 동거하는 비율이 훨씬 적었고 노인 복지에 대한 책임도 가족보다는 사회에 있다고 생각했습니다. 그렇다면 지리적으로 지중해 인근에 있는 이 남유럽 국가들, 그리고 그중에서도 특히 이탈리아는, 왜 가족과의 연대가 더 강하게 두드러지는 것일까요?

이탈리아에서 가족주의가 나타나게 된 이유

남유럽은 지중해 한복판에 자리한 지리적 입지 덕분에 오랜 세월 아프리카, 중동, 유럽을 잇는 문명과 무역의 교차점으로 기능해왔습니다. 이러한 지정학적 특성은 남유럽 국가들의 역사를 외부의 빈번한 침략과 교류라는 독특한 상황 속에 놓이게 했지요. 특히 유럽 대륙으로부터 지중해 방향으로 쭉 뻗은 이탈리아의 남쪽은 그 위치 때문에 수많은 외부 세력들이 탐내는 전략적 요충지였습니다. 북쪽으로는 게르만족, 동쪽으로는 비잔틴제국, 남쪽으로는 이슬람 세력이 있어 이 지역은 외부 위협에 항상 취약했습니다. 이런 배경이 남유럽 지역으로 하여금 가족이라는 주체를 더욱 두드러지게 만들었습니다.

잠시 로마제국의 역사를 살펴보겠습니다. 로마제국은 고대 유럽 세계에 지대한 영향을 끼친 제국으로 지중해를 내해로 삼아 광대한 영토를 지배했습니다. 하지만 395년, 로마제국은 동로마와 서로마로 분열되었고 이 분열은 이후 유럽의 정치적 판도를 바꾸는 계기가 되었습니다. 분할 이후 서로마제국은 내부의 불안과 외부의 침략에 시달리다 결국 476년, 게르만계 부족들의 침입으로 몰락하게 됩니다. 서로마의 영토가 반달족, 동고트족, 서고트족 등이 각기 독립적인 왕국을 수립하며 군웅할거의 시대가 펼쳐졌습니다. 이와 같은 혼란 속에서, 6세기에 비잔틴제국(동로마제국)의 황제 유스티니아누스 1세는 "로마의 영광을 되살리겠다"는 야심찬 포부를 품었습니다. 그는 과거 서로마가 지배했던 이탈리아, 스페인, 북아프리카 등의 영토를 다시 제국의 통제 아래 두기 위한 재정복 사업에 착수했습니다.

특히 시칠리아Sicilia, 칼라브리아Calabria, 풀리아주Regione Puglia 등 이탈리아 남부의 해안 지역은 전략적 요충지로 간주되었습니다. 이 지역은 지중해 전체를 장악하는 데 있어 핵심적인 해상기지였으며, 동서무역과 군사 이동의 교차점이 있었기에 유스티니아누스의 재정복 전략에서 가장 중요한 퍼즐과도 같은 존재였습니다. 유스티니아누스는 서로마제국 영토에 있던 반달 왕국, 동고트 왕국, 서고트 왕국과 전쟁을 일으켰습니다. 그리고 장장 20년에 걸친 전쟁에서 승리해 결국 이 지역을 수복했습니다. 그런데 문제는 이미 전쟁에서 막대한 전력을 소모한 데다, 페르시아나 유목민집단 등 인접 국가들과의 산발적인 전투, 유스티니아누스 대역병(페스트)의 창궐 등으로 인해 제국의 경제적·군사적 역량이 약화되었습니다.

비잔틴제국의 영향력이 점차 약화되면서 지리적 요충지였던 남이탈리아는 다양한 외세의 표적이 되었습니다. 게르만족의 한 지파인 랑고바드르족, 그리고 이슬람 세계의 확장 세력인 사라센제국이 지중해의 중심을 장악하기 위해 이 지역에 침입해 들어왔습니다. 그러나 당시 비잔틴제국은 더 이상 남이탈리아를 실질적으로 방어하거나 행정적으로 통제할 수 있는 역량을 갖추지 못한 상태였습니다. 이에 가에타Gaeta, 아말피Amalfi, 나폴리Napoli와 같은 지중해 연안의 항구도시는 더 이상 콘스탄티노폴리스(비잔틴제국의 수도)에 의존할 수 없었습니다. 외부의 위협에 직면한 이 도시들과 마을은 자체적으로 성벽을 쌓고, 민병대를 조직하며, 행정을 자율적으로 운영하는 체제를 갖추기 시작했습니다. 정치적 자치권뿐 아니라 군사적 생존 전략도 스스로 마련해야 했던 셈입니다.

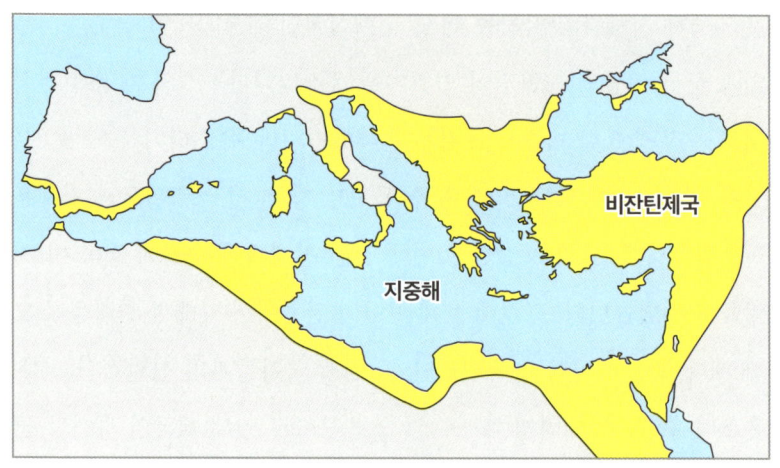

600년경 비잔틴제국

그런데 이때 이 모든 과정을 이끈 것은 관료가 아니었습니다. 바로 지방의 유력한 가문이었습니다. 지역의 생존을 위해 혈연집단, 즉 가족이 행정, 군사, 경제의 주체가 된 것입니다. 중세 남이탈리에서 나타난 가족의 영향력을 연구한 영국의 역사학자 패트리샤 스키너Patricia Skinner는 그의 책에서 "이 작은 공국들이 마치 확장된 가족 기업처럼 보였다"라고 기술했습니다.

이들 가문이 도시의 방위와 세금 징수를 원활히 하려면 가문의 재산을 되도록 한데 묶어두는 것이 유리했습니다. 특히 토지가 쪼개지지 않게 하는 것이 중요했습니다. 만약 토지를 여러 사람이 나눠가지면 세금을 거두거나 병사 급료, 성벽 수리비 등을 안정적으로 마련하기 어렵고, 상속 분쟁까지 잦아지기 때문입니다. 이를 위해 가문은 토지를 한 명의 상속자에게 집중시켜 토지 분산을 최소화했습니다. 한편 딸에게는 토지를 줄 수 없으니 대신 현금 지참금을 지급하는 관습이 널리 퍼져 있었습니다. 지참금은 딸이 결혼할 때 부모가 마련해주는 돈인데, 이는 딸의 몫을 보장하면서도 토지를 쪼개지 않는 절충안이었지요. 그런데 이 지참금 관습은 가족원들을 재정적으로 서로 묶이게 만드는 결정적인 요소였습니다. 당시의 도시법은 만약 남편이 사망하거나 혼인이 무효가 되면 지참금 전부 또는 일부가 아내쪽 친족에게 회수되도록 규정되어 있었습니다. 결혼할 때 계약서를 쓰고 조건을 달아 회수 조항을 넣은 것이지요. 그런 점에서 지참금은 일종의 보험과 같이 기능했습니다. 인류학자인 잭 구디Jack Goody는 이를 두고 "딸을 상속에서 배제하면서도 가문 재산을 보존하는 수단"이라고 분석합니다. 혼인이 파탄나면 이 돈이 다시 친정으로 돌아왔기에, 결국 이탈리아 남부의 도시들은 아들에게 주는 땅과 딸에게 주는 현금이 가문 안에 묶이도록 제도화한 것입니다.

결국 아들에게는 토지를, 딸에게는 회수 가능한 지참금을 제공하는 방식으로 자산이 외부로 흘러가지 않고 가문 내부에 재정적으로 결속된 상태로 유지되도록 했습니다. 가족 구성원은 서로의 경제적 안전망이 되어주었습니다. 자산이 가문 안에서만 돌게 되면 자신의 생계와 미래는 오직 나의 가문에 달리게 됩니다. 개인이 아닌 '우리 가문'이 곧 나의 안보와 생계 수단이 되고, 가족 외부로 나가는 것보다는 가족 안에서 어떻게 살아남을까가 더 중요한 삶의 방식이 되는 것입니다. 땅과 돈 뿐만 아니라 가문의 명예와 정치 권력까지 가족이라는 한울타리에 묶이는 이탈리아 특유의 풍경은 바로 여기에서부터 시작됩니다.

　16세기에 접어들며, 남유럽 국가들의 가족 중심적인 문화는 더욱 강화되었습니다. 이 시기는 유럽 전역에 종교개혁의 물결이 본격적으로 일어난 시기였습니다. 1517년, 독일의 신학자 루터는 가톨릭교회의 면죄부 판매와 부패를 비판하며 95개조 반박문을 발표했습니다. 이후 루터교와 칼뱅주의 등 개신교 신앙이 유럽 전역에 확산되었고, 이는 종교뿐 아니라 정치, 사회, 가족제도에도 막대한 영향을 끼쳤습니다. 이에 대응해 가톨릭교회는 내부 개혁을 시도하며 반종교개혁 운동을 전개했습니다. 그 중심에는 1545년부터 1563년까지 열린 트리엔트 공의회Concilium Tridentinum가 있었습니다. 이 공의회는 교회의 권위를 회복하고, 성직자 교육과 규율을 강화하며, 전 세계 가톨릭교회가 따를 통일된 규칙과 교리를 제정하는 데 목적이 있었습니다. 교리도 재정비하고 생활과 예식에 대한 규칙도 새로 정했는데, 이때 결혼에 대한 규정도 포함되어 있었습니다. 이른바 '타메치Tametsi 칙령'이라고 불리는 규칙이었습니다. 여기서 공의회는 권위있는 사제와 두 증인 앞에서 공식적인 의식을 거친 혼인만이 유효한 것으로 인정하며, 이는 인간이 끊을 수 없는 성사聖事임을 다시 한번 못박았습니다. 이 때문에 위장결혼이나 몰래한 결혼 등을 주장하며 혼인을 파기하는 것이 불가능해졌고, 사실상 혼인은 가문과 교회 모두의 승인과 통제를 받아야하는 공적 계약이 되었습니다.

트리엔트 공의회의 모습

남유럽 국가들은 16세기 종교개혁 시기에도 가톨릭 신앙을 유지한 지역이었습니다. 따라서 트리엔트 공의회에서 확정된 가톨릭의 새로운 규범, 특히 혼인에 대한 타메치 칙령은 이들 사회의 결혼관과 가족 제도에 중요한 영향을 미쳤습니다. 더구나 혼인 자체를 쉽게 끊지 못하게 되었으므로 이제 지참금은 혼인으로 이루어진 가정 안에 평생 유지될 확률이 높아졌습니다. 혼인 파탄을 통한 지참금 회수는 주교 법정 심사 없이는 불가능했기 때문입니다. 지참금을 마련해주는 부모나 친족은 딸이 혹시나 지참금을 탕진할 남편과 결혼하는 것은 아닐지 배우자 선정에 더욱 신중해져야 했고, 때문에 이들이 딸의 결혼에 더 깊게 개입하게 되는 결과로 이어졌습니다. 친가와 시댁은 지참금이라는 돈에 묶여 경제적·감정적으로 얽힌 이해관계자가 됩니다. 지참금의 액수는 곧 가문의 체면이자 신용등급과 같은 것이었어서, 더 큰 액수를 지키려면 가족의 개입이 더 커질 수밖에 없었습니다. 웬만한 상황이 아니고서야 한 번 맺은 혼인은 파기되기 힘든 구조가 만들어진 이상, 남유럽에서의 결혼이란 곧 두 가문의 돈과 명예를 함께 잠그는 프로젝트가 된 셈이지요.

이렇게 토지 단일 상속과 현금 지참금 관습으로 토지와 현금은 혈족 회로에서 빙글빙글 돌게 되니, "가족이 곧 보험이자 사회복지"라는 강한 가족주의가 제도적으로 고정되었습니다. 또 가톨릭의 권위로 혼인에 중대한 무게감이 부여되고 이혼은 사실상 불가능해진 것이나 다름없게 되었지요. 이 두 가지의 풍경은 남유럽 지역의 사회 안에 깊이 뿌리내렸고 긴 시간 동안 삶의 방식으로 굳어졌습니다.

19세기 프랑스혁명을 계기로 유럽 전역에는 개인이 공동체나 가문이 아닌 법 앞에서 '시민'으로서 주체가 된다는 인식이 확산되었습니다. 이러한 자유주의적 사고는 이탈리아에도 영향을 미쳤고, 1865년에는 민법이 제정되었습니다. 이 민법은 전통적인 가부장적 가족 질서에서 벗어나 시민 개인의 권리와 평등을 강조한 새로운 법 질서를 도입했습니다. 민법의 시행에 따라 이전까지 한 명의 아들에게 집중되던 상속 제도는 '균분 상속' 원칙으로 바뀌었고, 혼인도 더 이상 교회의 의식에 의존하지 않고 시청에서 서류만 작성하면 법적으로 유효한 결혼으로 인정받게 되었습니다. 이후 20세기 중반, 이탈리아는 이 민법을 다시 전면적으로 신민법 Codice civile 으로 개정하였습니다. 이 개정 과정에서 지참금 조항이 삭제되었고, 가부장의 법적 권한이 폐지되었으며, 여성의 경제적 권리도 제도적으로 보장되었습니다.

그러나 이러한 제도 개혁이 실제 사회문화적 행동까지 즉각적으로 바뀌지는 못했습니다. 법이 바뀌고 시간이 흘렀음에도 불구하고, 이탈리아 사회에서는 이혼에 대한 부정적 인식과 사회적 낙인이 오랫동안 유지되었습니다. 더불어 "급할 때는 가족이 먼저"라는 말처럼, 가족은 여전히 이탈리아인에게 가장 신뢰할 수 있는 최후의 안전망으로 기능하고 있습니다. 사회적 위험에 직면했을 때, 가족 내부의 상호부조가 뒷받침되는 사회구조가 여전히 계속되었습니다. 제도와 관습이 해체되었지만 그 본질이 되는 가족주의의 행동 코드만은 의존적으로 남게 된 것입니다.

가족은 우리를 행복하게 하는 존재일까?

현대 이탈리아는 전통적인 가족 개념에 대한 인식을 바꾸는 일련의 법적 변화를 겪어왔습니다. 그 첫 번째 전환점은 1975년의 가족법 개정으로, 당시 개정은 혼외 자녀에 대한 차별을 철폐하는 것을 주요 내용으로 삼았습니다. 그 전까지는 혼외 출생 아동이 '사생아'로 불리며 차별을 받았으나, 이 개정법에서는 이러한 표현과 차별을 금지하고,

혼외 자녀 또한 법적으로 친자 관계를 인정받을 수 있도록 했습니다.

이러한 변화는 2012년에 보다 포괄적인 개혁으로 이어졌습니다. '필리아치오네 개혁riforma della filiazione'이라 불리는 이 개정법은 혼내 자녀와 혼외 자녀의 구분을 철폐하고, 부모의 결혼 여부와 무관하게 모든 자녀가 동등한 권리와 법적 지위를 가지도록 명확히 규정했습니다. 이에 따라 모든 자녀는 법 앞에서 평등하다는 원칙이 확립되었고, 출생 경로에 따른 법적 차별은 완전히 폐지되었습니다. 또한 아버지가 가장의 지위를 가지며 주요 권한을 행사하고, 어머니는 보조적인 역할에 제한되는 전통적 가부장제 구조에서 부모 모두가 자녀에 대해 동등한 권리와 책임을 지도록 했습니다.

필리아치오네 개혁은 단지 아동의 권리 보장에 그치지 않고, 여성의 사회적 지위를 실질적으로 향상시키는 중대한 전환점이 되었습니다. 혼외 출생 자녀에 대한 차별이 법적으로 금지되면서, 미혼모는 결혼 여부와 상관 없이 자녀에 대한 법적 지원과 양육비를 청구할 수 있게 되었고, 부모 공동 책임의 원칙에 따라 자녀의 교육, 의료, 주거지 결정 등 중요한 양육 판단에서 어머니와 아버지가 동등한 권한을 행사할 수 있게 되었습니다. 이에 따라 미혼, 이혼, 사별 여성과 그들의 자녀 또한 법적으로 완전한 가족으로 인정받는 길이 열리게 된 것입니다.

이러한 제도 변화는 실제로 가족 형태에 대한 인식과 형태에도 영향을 주었습니다. 특히 혼외 출생 비율이 지난 30년 동안 뚜렷하게 증가했습니다. 1995년 전체 출생 중 오직 8.1%만이 혼외 출산이었으나, 이 수치는 꾸준히 상승하여 2023년에는 42.2%에 이르렀습니다. 이는 결혼 제도에 얽매이지 않는 다양한 가족 형태 예컨대 동거, 사실혼, 한부모 가족 등이 사회적으로 점차 받아들여지고 있음을 보여주는 지표입니다. "아이는 반드시 결혼 후에 낳아야 한다"는 기존의 규범은 점차 약화되고 있으며, 이는 곧 결혼식 비용이나 주거 마련 부담을 뒤로 미루고도 부모가 되는 길을 선택할 수 있는 현실적인 가능성을 열어주는 변화입니다. 더 이상 결혼이 부모가 되기 위한 필수 요건이 아니게 되면서, 개인의 자유와 선택이 보다 존중받는 사회로 나아가고 있습니다. 이처럼 혼외 출산에 대한 낙인이 약해지고, 가족 개념이 다원화되며, 개인의 삶의 방식이 존중받게 되는 방향으로 나아간다면 이탈리아가 직면한 심각한 저출산 문제나 청년의 독립 지연 현상인 밤보치니 현상 해결에도 긍정적인 영향을 줄 수 있을 것입니다.

하지만 이탈리아는 가족법의 근본적인 개혁을 통해 다양한 가족 형태를 제도적으로 수용해가고 있지만, 여전히 전통적인 가족관이 강하게 남아 있습니다. 이탈리아 헌법은 가족을 "결혼에 기반한 자연적 사회"로 규정하고 있으며, 이처럼 법적 기준 자체가 여전히 결혼을 중심으로 한 전통적 가족 모델을 전제하고 있습니다. 실제로 이탈리아 사회에서는 혼외 가족, 동거 등의 다양한 가족 형태가 꾸준히 증가하고 있지만, 법과 제도는 여전히 전통적 가족을 우선시하는 경향이 남아 있음을 보여주는 것이지요. 또한 소도시나 농촌 지역, 그리고 종교적 배경이 강한 가족 사이에서는 여전히 동거나 혼외 출산에 대해 부정적인 인식을 갖고 있는 경우가 많습니다. 많은 여성은 가족의 기대에 부응하기 위해 결혼을 선택하며, 부모 세대는 "딸은 웨딩드레스를 입고 집을 나가야 한다"는 전통적 가치관을 고수하기도 합니다. 이처럼 동거나 혼외 출산이 여전히 가족의 명예와 연결되어 거부감을 불러일으키는 문화는 쉽게 사라지지 않고 있습니다.

이탈리아는 이혼에 대한 인식 또한 유럽 내에서 비교적 보수적인 편에 속합니다. 2020년에 발표된 유럽의 한 학술지에서는 46개국을 대상으로, 유럽인들의 이혼에 대한 사회적 인식이 1981년부터 2017년까지 어떻게 변화하고 있는지 대규모 설문조사를 진행했습니다. 논문을 저술한 팀은 설문자들에게 '이혼', '낙태' 등을 포함한 여러 항목에 대해 "이것이 정당화될 수 있는가?"라는 질문을 던지고, '절대 안 된다'는 1점부터 '항상 가능하다'는 10점에 이르는 응답을 고를 수 있도록 했습니다. 과거에 비해 이혼에 대한 사회적 인식이 상당히 개선되긴 했지만, 이탈리아는 2017년 기준으로 6점대에 머물러 대부분 8~9점대를 형성하고 있는 북서유럽의 국가들에 비해 2점 이상 뒤처진 것으로 나타났습니다. 2025년 통계에 의하면 실제 이혼율 역시 아직 다른 유럽 국가들에 비해 낮습니다. 이혼에 대한 사회적인 인식이 상대적으로 좋지 못한 것은 젊은이들이 결혼을 부담스러워하는 결과로 이어집니다. 그 때문인지 2023년 이탈리아의 1,000명당 결혼 건수는 3.1건으로 EU에서 최하위권에 속합니다.

이탈리아에서 젊은 세대가 결혼을 꺼리는 현상만큼이나 심각한 문제는, 출산과 양육에 대한 부담이 여전히 가족을 중심으로 한 전통적 돌봄 체계에 지나치게 의존하고 있다는 점입니다. 2023년 기준으로 이탈리아의 가족 복지 관련 공공지출은 GDP의 1.55%에 그쳐, 유럽 평균인 2.3%에 비해 한참 못 미쳤습니다. 특히 영유아 돌봄과 같은 실직적인 지원이 부족한 상황입니다. 조기 아동 돌봄 서비스 이용률을 보면, 3세 미만 아동 중 공적 보육시설을 이용하는 비율은 28.6%로, 같은 해 EU 평균인 34.2%보다 낮았습니다. 더구나 완전 무상 보육 혜택을 받는 비율은 13.2%에 불과해 많은 가정이 사비로 사설 보육 기관을 이용하거나, 가족 내에서 돌봄을 감당해야 하는 상황입니다. 이러한 구조는 불안정 고용, 높은 주거비 등 다른 사회경제적 요인과 맞물려 출산 부담을 가중시키고 있으며, 그 결과 이탈리아는 OECD 국가 중 스페인에 이어 두 번째로 낮은 출산율을 기록하고 있습니다.

노인 돌봄 역시 가족에 과도하게 의존하고 있습니다. 방문 요양이나 요양 시설 등 공적 노인 돌봄 서비스는 매우 제한적이며, 일상적인 정서 지원이나 생활 보조까지 포함하는 서비스는 더욱 부족합니다. 2021년 기준으로 돌봄이 필요한 65세 이상 노인 중 48%가 공적 서비스를 전혀 받지 못한 채 가족의 손에 의존하고 있습니다. 정부가 지급하는 간병수당조차도 가족이 직접 돌봄을 제공하는 것을 전제로 설계되어 있어, 실질적으로 돌봄 부담을 가족에게 전가하고 있는 셈입니다. 이러한 상황에서 노인 돌봄의 대부분은 성인 자녀, 특히 딸에게 집중되는 경향이 뚜렷합니다. 한 연구에 따르면, 부모 부양에 대한 책임은 여전히 여성에게 집중되어 있으며 여성은 아동 양육, 가사노동에 더해 노인 돌봄까지 짊어지게 됩니다. 그 결과 이탈리아 여성들은 경력 단절을 겪고, 경제활동 참여에서도 남성에 비해 불리한 조건에 놓이게 됩니다. 2024년 EU 통계에 따르면, 이탈리아 여성은 남성보다 평균적으로 9년을 덜 일하는데, 이는 EU(약 4년)의 두 배를 넘는 수치입니다.

이탈리아의 복지 제도를 살펴보면, 참으로 역설적인 현실과 마주하게 됩니다. 우리는 가족 중심의 문화 속에서 가족이란 존재를 사랑과 지지, 안식의 상징으로 떠올립니다. 그러나 공적 복지체계가 미흡한 상황에서 가족이 유일한 안정망으로 기능하게 되면, 그 가족은 사랑의 울타리이기보다는 서로에게 무거운 책임과 돌봄의 의무를 부과하는 구조가 되기도 합니다. 가족 간의 유대가 깊다는 점은 겉보기에는 이상적이지만, 오히려 그 연대가 구성원들의 어깨를 짓누르는 아이러니한 상황을 만들어내는 것입니다.

흥미롭게도 복지 체제를 유형별로 나누어 비교한 연구에 따르면, 가족의 돌봄 기능에 크게 의존하는 국가들은 삶의 질 지표에서 상대적으로 낮은 평가를 받는 경향이 있습니다. 예를 들어 전체 인구 중 빈곤율은 북유럽 국가들(레허 교수가 분류한 '약한 가족' 중심 국가)에서 가장 낮게 나타났고, 그 다음이 보수주의 및 자유주의 체제들 국가이며, 남유럽 복지 체제를 따르는 국가들은 빈곤율이 가장 높은 것으로 분석되었습니다. 안타깝게도 삶의 만족도 역시 남유럽 국가들이 모든 복지체제들 중에 가장 낮은 것으로 나타났습니다.

*　*　*

　가족은 누구에게나 소중하고 특별한 존재입니다. 외롭고 지칠 때, 세상 어디에도 기대기 어려울 때, 가장 먼저 우리를 품어주는 곳이 바로 가족이기 때문입니다. 그래서 가족은 우리가 삶을 살아가는 데 있어 가장 깊은 위로와 안정, 그리고 행복을 주는 존재입니다. 그러나 만약 그 가족이 감당하기 어려운 부담과 책임을 안겨준다면 과연 젊은 세대는 기꺼이 가족을 이루고자 할까요?

　그렇다면 우리 사회가 더 행복해지기 위해 필요한 가족의 모습은 어떤 것일까요? 그것은 단 하나의 전통적인 형태로 규정된 가족이 아니라, 다양한 모습의 가족이 존중받고 공존하는 사회 속에서, 가족이 짊어진 과도한 책임을 사회가 함께 나누는 구조일 것입니다. 돌봄의 부담, 양육의 고통, 경제적 불안정이 오롯이 가족 구성원에게 전가되지 않을 때, 비로소 가족은 서로를 짓누르지 않고 진정으로 위로하고 지지하는 공간이 될 수 있습니다. 진정한 행복은 가족 안에서 만들어지고, 가족은 우리가 속한 사회 전체에서 만들어지는 것입니다. 개인이 홀로 짊어지기 어려운 삶의 무게를 함께 나누고, 다양한 가족의 모습이 차별 없이 인정받을 수 있는 사회, 그런 사회야말로 가족 안에서도 가족 밖에서도 진정한 행복을 느낄 수 있는 터전이 될 것입니다. 끝없는 의무와 희생이 요구되는 관계가 아닌, 각자가 자신만의 삶과 꿈을 추구하면서도 언제든 마음 편히 기대고 쉴 수 있는 따뜻한 울타리, 우리는 그런 가족을 원하고 있지 않나요?

물질만능주의 사회,
중국

"중국은 왜 사회주의와 물질주의가 충돌하게 되었을까?"

자전거에서 웃느니 울더라도 BMW에 타겠다

2010년 1월, 중국의 방송사 장쑤위성TV는 〈비성물요非诚勿扰〉라는 리얼리티 맞선 프로그램을 방영했습니다. 중국에서는 이미 1988년 산시TV가 〈전시훙냥电视红娘〉이라는 프로그램을 처음 선보인 이래, 1990년대와 2000년대 초반까지 수많은 연애 프로그램이 제작되었지만, 2000년대 중반부터는 그 인기가 점차 시들해졌습니다. 그러나 〈비성물요〉의 등장은 이러한 흐름을 단숨에 뒤바꿔놓았습니다. 해당 프로그램은 방송 직후부터 큰 인기를 끌며 장쑤위성TV 역사상 최고 시청률을 기록했고, 중국 연애 예능의 제2 전성기를 여는 신호탄이 되었습니다.

'비성물요'라는 제목은 문자 그대로는 '진심이 아니면 방해하지 마라'는 뜻으로, 원래는 인터넷 게시글에서 아무 관련 없는 댓글이나 무례한 응답을 삼가라는 의미의 네티즌 은어였습니다. 이러한 표현을 연애 프로그램의 제목으로 차용한 것은, 아마도 출연자들이 짝을 고르는 과정에서 "나와 맞지 않으면 사양할게"라는 태도를 보여주는 연출 의도가 반영된 것으로 해석할 수 있습니다. 〈비성물요〉는 24명의 미혼 여성 출연자들이 한 명의 남성 출연자를 두고, 그가 계속 프로그램에 남을지 여부를 결정하는 방식으로 진행됩니다. 최종까지 살아남은 남성 출연자는 자신이 가장 마음에 든 여성 참가자를 선택하여 데이트할 수 있는 기회를 얻게 됩니다. 이 과정을 지켜보는 패널들은 출연자의 말과 행동에 대해 각각의 의견을 덧붙이며 논쟁을 벌이기도 합니다.

하루는 자전거 타기를 좋아하는 젊은 남성 '자오천'이 출연자로 등장했습니다. 그는 아직 안정적인 직장을 갖지 못한 상태였으며, 소탈하고 낭만적인 면모를 보여주고자 했습니다. 자오천은 여성 출연자 중 한 명인 '마누오'에게 호감을 느꼈고, 자신의 자전거 뒷자리에 함께 타고 야외로 놀러 가지 않겠느냐는 제안을 했습니다. 그러나 마누오는 이 제한을 단호하게 거절하며, "나는 차라리 BMW에 타서 울겠다"고 대답했습니다. 수백만 명의 시청자 앞에서 한 그의 발언은 단순한 거절을 넘어서 강한 메시지로 해석되었습니다. 돈이 없지만 자신을 진심으로 사랑하는 사람과 함께하는 것보다는, 자신을 그렇게 좋아하지 않더라도 경제적으로 안정된 사람과 함께하는 삶을 선택하겠다는 태도가 드러난 것이었지요.

방송이 끝난 뒤 마누오는 자신의 발언이 단지 창의적인 방식의 거절이었다고 해명했지만, 그 발언은 중국 사회 전반에 큰 논란을 불러일으켰습니다. 일부 시청자들은 그녀를 '금숭배녀拜金女', 즉 물질만능주의

자라고 비난했습니다. 하지만 흥미롭게도 마누오는 이 발언을 계기로 대중의 큰 관심을 받게 되었고, 결과적으로 프로그램의 인기를 끌어올리는 데 크게 기여했습니다. 그녀는 방송 출연 이후 앨범을 발매해 가수로 데뷔했고, 여러 예능 프로그램에서 사회자로 활동하는 등 본격적인 연예계 경력을 쌓아나갔습니다.

마누오뿐만 아니라 〈비성물요〉에 출연한 다수의 참가자들도 상대를 선택하는 데 있어 돈과 경제력을 중요하게 여기는 태도를 노골적으로 드러냈습니다. 예를 들어 한 여성 출연자는 한 남성에게 "자기 분야에서 실력 있다고 들었는데, 왜 아직도 겨우 세일즈맨인가요?"라는 질문을 던지며 직업과 경제적 지위에 대한 날카로운 기준을 보였습니다. 반대로 여성 출연자들의 이러한 성향에 맞추기 위해 어떤 남성 출연자는 화려한 스포츠카와 600만 위안(약 11억 원)의 잔고가 찍힌 통장을 공개하며 자신을 어필하기도 했습니다. 이처럼 자극적인 방송 구성은 프로그램이 저속하다는 비판을 낳았지만, 역설적으로 〈비성물요〉는 회당 최대 5천만 명의 시청자를 기록하며 중국에서 가장 많이 시청하는 리얼리티 프로그램으로 자리매김했습니다.

우려와 시청률이 동시에 치솟자 급기야 중국의 검열당국은 배금주의를 조장하는 것을 막는다는 명분으로 프로그램에 개입하기 시작했습니다. 패널의 일부를 공산당에 소속된 심리학 교수로 바꾸고, 구애하는 출연자들은 뜬금없이 자원봉사나 고아를 돌보는 등의 경험을 이야기하며 어필하는 방식으로 연출의 방향이 바뀌었지요. 재미있게도 방송관계자의 증언에 따르면 검열당국의 개입으로 프로그램의 성향이 바뀐 이후 시청률이 급격히 감소했습니다.

이 프로그램이 다른 연애 프로그램에 비해서 상당한 인기를 끌 수 있었던 이유는 〈비성물요〉의 출연자와 패널들이 자신의 의견을 말하고 토론이 이루어지는 과정에서 당대 중국인들의 결혼과 연애에 대한 솔직한 생각, 무엇보다 가치관을 엿볼 수 있는 플랫폼으로서 기능했기 때문입니다. 그중에서도 이 방송을 더욱 화제가 되도록 만들었던 마누오의 발언은 한편으로 적지 않은 중국인들의 심리를 대변했기에, 많은 비난을 받으면서도 동시에 큰 공감을 얻어 온라인 상에서 유행어로 자리매김하게 되었습니다. 중국의 비평가이자 극작가인 첸즈강钱志刚은 "과연 마누오가 자신만의 의견을 말한 것일까? 그렇지 않다. 그녀의 발언은 수많은 젊은이들의 공감을 불러일으켰다"고 분석했습니다. 그는 빠른 경제성장을 겪으며 물질적 풍요 속에 성장한 중국 젊은 세대가 자연스럽게 돈, 자동차, 주택 등을 중요시하게 되었으며, 이 프로그램은 단순한 연애 프로그램을 넘어 이들의 심리를 투영하는 다차원적인 사회적 거울로 기능한다고 평가했습니다.

물론 상업 방송이라는 특성상 〈비성물요〉가 다소 과장된 방식으로 프로그램을 연출했다는 점을 간과할 수는 없습니다. 하지만 배우자를 선택하는 것과 관련해 돈을 과도하게 중시하는 중국 특유의 문화는 〈비성물요〉에만 국한되지 않습니다. 부잣집 아들이 예비 신부에게 수십억 원에 달하는 현금 다발을 공개적으로 선물하며 부를 과시하는 것이 전혀 이상하지 않고, 중국의 일부 농촌에서는 신랑이 신부에게 주는 '차이리'라는 결혼 지참금이 평균 한화 7천5백만 원에 달해 이를 감당하지 못하는 남성들이 결혼을 포기한다는 보도마저 나오고 있습니다.

배우자를 선택하고 결혼을 준비하는 과정은 단순한 사적인 의례를 넘어, 개인이 어떤 가치관을 가지고 살아가고자 하는지를 드러내는 중요한 사회문화적 지표가 됩니다. 남은 인생을 함께할 단 한 사람을 선택하는 일은 곧 자신이 추구하는 삶의 방식, 인생의 목표, 그리고 삶의 질서와 조화를 가장 잘 반영하는 파트너를 고르는 행위입니다. 이처럼 선택된 두 사람이 사회 안에서 어떤 모습의 커플로 비춰지길 원하는지를 가장 명확하게 표현하는 공식적인 자리가 바로 결혼식입니다. 따라서 누구와 결혼하느냐, 어떻게 결혼하느냐는 커플이 공유하는 가치관을 확인할 수 있는 결정적인 통로이기도 합니다.

물질주의 성향이 결혼 절차에 어떤 영향을 미치는지에 대한 한 실증 연구가 있었습니다. 이 연구에 따르면 물질주의 성향이 배우자 선택, 혼수장만, 결혼식, 신혼여행 등 여러 결혼 절차 영역에 유의미한 영향을 끼쳤는데, 물질주의 성향이 낮을수록 배우자 선택에 있어 가문의 체면보다 주체적인 선택을 중요하게 여기며, 혼수에 대해서는 형식보다는 편의를 중시하고, 부모나 주위 친지의 영향에 의한 것보다 본인의 의지대로 결혼식을 준비하며, 신혼여행을 검소하게 가는 것으로 나타났습니다. 이러한 점에서 중국인들이 배우자를 선택하는 전반적인 양상이나 결혼식의 모습을 통해 중국 사회에 얼마나 물질추구적이고 배금주의적인 문화가 깔려 있는지를 추정해볼 수 있습니다.

이와 관련해 2010년 입소스는 23개국의 24,000명 이상의 성인을 대상으로 대규모 설문조사를 실시했습니다. 이 조사에서 "한 사람의 성공을 나타내는 최고의 지표가 돈인가?"라는 질문에 대해 전 세계 응답자의 약 57%는 "동의하지 않는다"고 답했습니다. 이는 과반수 이상의 세계 시민이 돈을 인생의 절대적 지표로 여기지 않는다는 사실을 보여줍니다. 그러나 흥미롭게도 조사에 참여한 23개국 중 한국과 중국의 경우 매우 다른 양상을 보였습니다. 두 나라 모두 응답자의 69%가 "성공의 최고의 지표는 돈이다"라는 질문에 "동의한다"고 답하며, 조사 대상국 중 가장 높은 수치를 기록했습니다. 또한 "당신에게 예전보다 돈이 더 중요한가?"라는 질문에도 한국과 중국 모두 84%가 "그렇다"고 응답해, 돈의 중요성 인식 증가가 다른 국가들에 비해 뚜렷하게 나타났습니다. 이 조사를 통해 중국과 한국은 세계에서 가장 돈을 추구하는 나라에 가까운 것으로 드러난 것입니다. 이러한 배금주의적 현상은 돈의 위상과 역할이 큰 자본주의 사회에서 주로 나타나는 모습이지요.

그런데 여기서 하나의 모순처럼 보이는 현상이 존재합니다. 중국은 현재 중국공산당이 일당 독재 체제를 유지하며 표면적으로는 사회주의 체제를 표방하고 있는 국가입니다. 자본주의와 사회주의는 본질적으로 경제 체제의 구분이며, 경제 영역에서 무엇을 우선시하느냐에 따라 이 두 체제는 나뉩니다. 이러한 경제적 기반은 단순히 생산과 소비의 방식에만 영향을 미치는 것이 아니라, 사회의 전반적인 문화, 가치

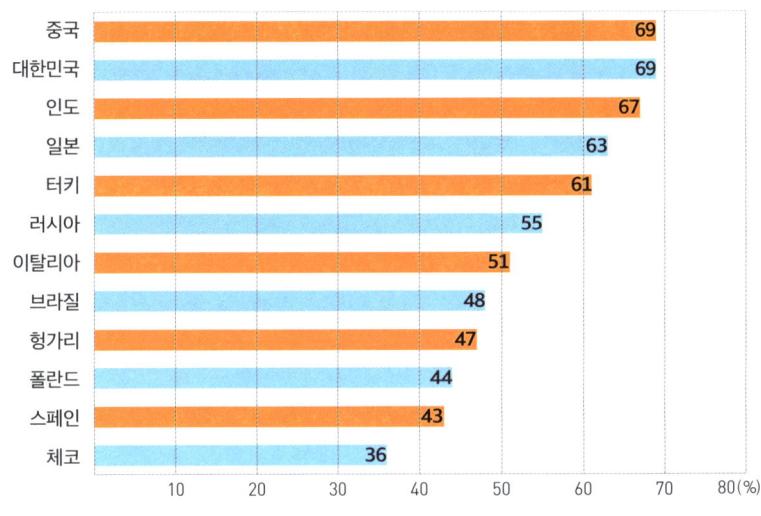

관, 정치 체제까지 포괄적으로 규정합니다. 중화인민공화국 헌법 제1조는 중국이 "노동계급이 지도하고, 노농동맹을 기초로 하는 인민민주주의 독재의 사회주의 국가"임을 명시하고 있습니다. 여기서 노동계급이란 '자기 자신의 생산수단을 갖고 있지 않아 생계를 위해 자신의 노동력을 팔아야 하는 임금 노동자'를 말하며, 흔히 '프롤레타리아prole-tariat'라고도 부릅니다. 이들은 자본을 가진 계층에게 착취당할 수 있는 구조적 약자 계층이며, 중국은 이러한 계급을 헌법상 국가의 주체로 삼고 있습니다.

나아가 헌법에는 이러한 사회주의가 중화인민공화국의 근본 제도

이며, 중국공산당이 이를 이끄는 유일한 영도 세력이라고 명시하고 있습니다. 다시 말해, 중국은 명목상으로는 '중국 특색 사회주의'를 따르고 있으며, 이는 공산주의 실현을 궁극적인 목표로 하는 사회구조라는 뜻입니다. 공산주의란 생산수단을 사적으로 소유하지 않고, 전체 인민이 공동으로 소유하고 통제함으로써 궁극적으로 계급이 없는 평등한 사회를 지향하는 체제입니다.

그렇다면 오늘날 중국에서 나타나는 극도의 물질만능주의적인 현상은 어떻게 바라봐야 할까요? 이론 상 평등을 추구한다는 경제 체제를 내거는 국가에서, 왜 남들보다 더 많이 갖는 것으로 자신의 가치를 매기는 문화가 만연해진 것일까요? 흥미롭게도 사회주의 국가에서 이념적으로 비난을 마다하지 않는 미국조차 위 입소스의 조사의 같은 질문인 "한 사람의 성공을 나타내는 최고의 지표가 돈인가"에 단 33%만이 "동의한다"라고 응답한 것을 보면, 중국이 내세우는 이상과 실제 현실은 이해가 되지 않을 정도로 모순적으로 느껴집니다. 오늘날 사회주의를 내거는 국가 중 가장 강력한 국력을 가진 중국은 왜 정작 가장 자본주의적인 모습을 보이게 된 것일까요?

모순을 파괴하자 또 다시 나타나는 모순

사회주의는 "생산수단을 공동으로 운영하는 협동 경제와 모든 사람이 노동의 대가로 평등하게 분배 받는 사회를 지향하는 다양한 사상을 통틀어 일컫는 말"이라고 정의됩니다. 이 정의에서 특히 주목할 만한 핵심 개념은 '생산수단'입니다. 그렇다면 왜 사회주의에서 생산수단의 공동 운영이 그토록 중요하게 강조되는 것일까요? 이를 이해하려면, 우선 인류 역사 속에서 생산수단이 어떤 역할을 해왔는지를 간단히 살펴볼 필요가 있습니다.

생산수단은 아주 단순하게 말해 생산물을 만들어내는 수단이라고 이해할 수 있습니다. 이를테면 농장이나 공장, 토지, 기계 등은 생산수단이 되겠고, 이런 곳에서 생산되는 물품은 생산물이 되겠지요. 그렇다면 농장이나 공장과 같은 생산수단을 가진 사람은 거기서 끊임없이 생산되는 생산물 역시 가질 수 있으므로 생산수단을 소유한다는 것은 부, 곧 경제력을 가진다는 것을 의미합니다. 반면 생산수단이 없는 사람들은 스스로 생산할 수 없고 따라서 생산수단을 가진 사람들의 지휘에 복종하여 일을 하는 대가로 생활을 유지해야만 합니다. 그렇지 않으면 먹고 살 수 없을 테니 말이지요. 그래서 인간 사회는 생산수단을 가진 사람과 가지지 못한 사람 간에 불평등한 생산관계가 만들어집니다. 그리고 바로 이 점이 지배와 피지배를 나누는 '계급'을 만들어내지요. 문제는 이런 불평등한 생산관계에서는 필연적으로 생산수단을 가져 노동을 할 필요가 없는 계급이, 실제로 노동을 해서 직접 생산물을 만들어내는 계급을 착취하고 억압하는 현상이 발생하기 마련이라는 것입니다. 이는 사회적인 모순을 발생시킵니다. 이로써 두 계급 사이의 갈등이 격화되면 인간 사회는 이를 견디지 못해 큰 투쟁과 혁명이 일어나고 결국 기존의 구조가 붕괴하면서 새로운 단계의 생산양식으로 나아가게 됩니다.

인간 역사의 발전 과정을 경제적 측면에서 설명하고자 한 대표적인 인물이 바로 독일의 철학자 카를 마르크스Karl Marx였습니다. 그는 물질적·경제적 조건을 토대로, 정치·법·문화·제도 등 사회 전반을 '상부구조'로 보았으며, 토대가 상부구조를 결정한다고 주장했습니다. 이러한 관점을 유물론적 역사관이라고 합니다. 마르크스는 생산력과 생산관계의 변화에 따라 인간의 역사가 단계적으로 발전한다고 보았습니다. 그의 이론에 따르면, 역사는 원시 공산제 사회, 고대 노예제 사회, 중세 봉건제 사회, 근대 자본주의 사회, 그리고 마지막으로 경제적 평등이 실현되는 공산주의 사회로 발전하는 순서를 따릅니다.

원시시대의 공산제 사회는 생산수단을 모두가 공동으로 가지면서 모두가 함께 일하고 생산물을 함께 나누어 먹는 사회였습니다. 계급은 존재하지 않았습니다. 그런데 어느날 누군가 어떤 효과적인 도구를 사용하는 법을 먼저 알게 되고 먹을거리를 더 많이 수확할 수 있게 되었습니다. 잉여 생산물이 생겨난 것입니다. 이 남는 식량을 처음에는 공동체가 나눠가졌지만 시간이 지나면서 생산수단을 가진 집단은 이를 사적으로 독점하기 시작했습니다. 이들은 생산수단을 갖지 못한 이들에 비해 더 풍요롭고 강했으며 그들을 지배할 수 있었고 그러자 점차 권력관계와 계급이 발생하게 되었습니다.

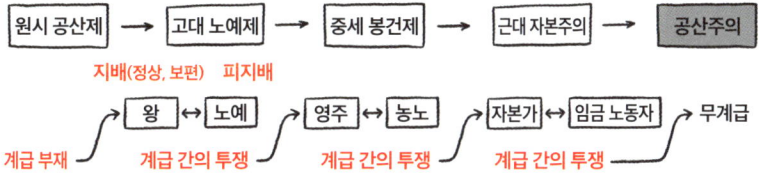

 소유한 생산수단을 통해 지속적으로 생산물을 생산해온 이들은 왕과 귀족과 같은 지배계급이 되었고 그렇지 못한 이들은 피지배계급이 되었는데, 그들 중 일부는 노예가 되었습니다. 노예 주인은 자유를 박탈당한 노예의 노동력을 착취했습니다. 그런데 가축과 같은 취급을 당하면서도 정작 혹독한 노동과 생산은 노예가 맡는 이 시스템은 어느 시점에서 생산력의 한계를 드러냈습니다. 노동을 채찍으로 강제하는 구조하에서 노예는 그 어떤 노동의 동기도 찾을 수 없었을 뿐더러, 억압받는 노예들은 반발하여 반란을 일으키기도 했지요. 그러자 주인 계급은 군사력 등을 이용해서 이를 더 억압하려고 했습니다. 계급 간의 투쟁이 발생한 것입니다. 이 갈등은 극에 달해 기존의 질서가 붕괴하지 않을 수 없는 상황에 이르게 되었고, 결국 노예제는 사회는 무너지고 봉건제 사회가 나타났습니다.

 중세 유럽의 장원제 사회에서 농민들은 토지를 할당받아 경작하고 생산물 일부를 영주에게 바쳤습니다. 영주는 보호를 명목으로 과도한 세금과 부역을 부과하며 농노를 지배했으며, 농노는 법적으로 노예는 아니었지만 토지에 묶여 자유롭게 이동하지 못하는 등 종속적 처지에 놓여 있었습니다. 이후 도시와 상공업의 발달로 일부 농민은 자영농을 꿈꾸며 도시로 이동해 임금노동자가 되자 봉건적 지배 관계는 약화되기 시작했습니다. 이 과정에서 상업 활동으로 부를 축적한 부르주아 계급이 등장해 봉건 권력 구조에 균열을 일으켰습니다.

프랑스대혁명은 그 모순이 폭발한 대표적 사건이었습니다. 하지만 혁명 이후에도 부르주아가 주도권을 잡으며 농민과 노동자는 여전히 배제되었고, 불평등은 지속되었습니다. 중세 봉건제의 핵심 자산이었던 토지는 산업혁명을 거치며 공장과 자본으로 대체되었고, 자본을 소유한 부르주아는 지배계층으로, 생산수단을 갖지 못한 다수는 임금에 의존하는 노동계급으로 전락하며 피지배계층이 되었습니다.

공장에서 직접 노동을 하며 생산물을 만들어낸 노동자들은 혹독한 환경 속에서 일했지만, 그 대가로 얻는 보상은 빈곤을 벗어날 만큼 충분하지 않았습니다. 반대로 자본가들은 생산 과정에 직접 참여하지 않으면서도 노동자가 창출한 부의 대부분을 소유했습니다. 기계와 기술의 발전으로 생산력은 급격히 향상되었지만, 그렇게 증가한 부는 대부분 소수의 자본가 계층에게 집중되었고, 이는 심각한 빈부격차와 구조적 불평등으로 이어졌습니다. 노동자들은 선택지가 없었습니다. 생산수단을 가지지 못한 이들은 생존을 위해 자신의 노동력을 팔 수밖에 없었고, 불합리한 조건에도 이를 감내해야 했습니다. 법적으로는 자유롭고 평등한 시민으로 인정받게 되었지만, 현실에서 노동자들은 경제적으로 종속된 삶을 이어갔습니다. 이처럼 외형적인 자유와 평등 뒤에 숨겨진 구조적 불평등은 자본주의가 가진 가장 근본적인 모순이자 이후 사회주의 사상이 등장하게 된 중요한 배경이 되었습니다.

산업혁명 이후 시작된 자본주의 체제는 여러 차례의 수정과 조정을 거쳤지만, 그 근본 구조는 무너지지 않았고 오늘날까지도 전 세계 대부분의 사회가 이 체제 속에서 운영되고 있습니다. 마르크스가 예견했던 자본주의 이후의 공산주의 사회는 아직 현실화되지 않았으며, 그의 예측은 실현되지 않은 상태로 남아 있습니다. 이와 관련하여 미국의 정치철학자 프란시스 후쿠야마Francis Fukuyama는 저서 《역사의 종말The End of History and the Last Man》을 통해 주목할 만한 주장을 펼쳤습니다. 그는 냉전이 종식된 시점을 인류 역사에서 하나의 전환점으로 보며, 자유민주주의가 인간 사회의 최종적 정치·경제 체제라고 주장했습니다. 여기서 말하는 자유민주주의는 정치적 자유를 핵심으로 하는 민주주의와 시장 원리를 중시하는 자본주의가 결합된 체제로, 후쿠야마는 이를 통해 더 이상의 이념적 진보는 없을 것이라고 보았습니다. 마르크스의 주장과 대비되는 그의 예측은 적어도 지금까지는 적중하고 있는 듯 보입니다. 물론 우리 사회에서 민주주의와 자본주의가 갈등 없이 계속 양립할 수 있을지에 대한 논란은 끊임없이 제기되고 있습니다. 그것은 아마도 자본주의가 가지고 있는 모순 때문이겠지요.

자본주의 모순의 실체

•

A라는 상품과 B라는 상품이 있다고 가정해봅시다. 이 두 상품은 시장에서 1:1의 비율로 교환될 수 있을 정도로 동일한 가치를 지닌다고 할 때, 이 가치의 기준은 무엇일까요? 이에 대해 마르크스는 상품의 가치는 그것을 생산하는 데 투입된 노동의 양, 즉 노동의 크기에 의해 결정된다고 보았습니다. 구체적인 생산 방식은 달라도 A와 B 모두 인간의 노동을 통해 만들어지며, 만약 각각 5시간의 노동이 투입되어 생산되었다면, 두 상품은 동일한 가치를 갖는 것으로 간주될 수 있습니다. 아주 단순화해서 A와 B뿐 아니라 C, D, E도 모두 시장에서 같은 가격에 교환된다면 이들 다섯 가지 상품은 생산하는 데 필요한 노동의 크기가 5시간으로 동일하기 때문일 것입니다. 때문에 결국 인간의 노동력은 상품의 가치를 만들어내는, 가치의 원천이라고 할 수 있습니다. 이것이 마르크스가 상품의 가치에 대해 보는 관점이었습니다.

자본주의 사회에서 노동력은 단순한 인간의 활동이 아니라, 하나의 상품이 됩니다. 생산수단을 갖지 못한 노동자는 생존을 위해 자신의 노동력을 시장에 내다 팔아야 하고, 이를 구매하는 자본가는 임금을 지불함으로써 그 노동력을 일정 기간 사용하는 권리를 얻게 됩니다. 자본가가 노동자를 고용하면, 노동력의 사용 방식과 조건을 결정하는 권한은 자본가에게 집중되며, 노동자는 그에 따라 자신의 시간을 제공합니다. 예를 들어 어떤 노동자가 하루 14시간 동안 면직물을 생산하고, 그 제품이 시장에서 14파운드에 팔렸다고 가정해봅시다. 이 가운데 기계 유지비, 원료비, 기타 경영 비용으로 4파운드가 들었다면, 노동자가 하루 동안 창출한 가치는 10파운드입니다. 그러나 자본가는 이 중 절반인 5파운드만을 노동자에게 임금으로 지급합니다. 이 임금은 노동자가 하루를 생존하고, 다음 날 다시 일할 수 있을 만큼의 최소한의 생계비에 해당합니다.

문제는 여기서 발생합니다. 만약 노동자가 5파운드를 벌기 위해 필요한 노동 시간이 7시간이라면, 나머지 7시간 동안의 노동은 누구를 위한 것일까요? 마르크스는 이 추가 7시간 동안 노동자가 생산한 5파운드의 가치를 '잉여가치'라고 불렀고, 이 가치는 전적으로 자본가의 몫이 된다고 주장했습니다. 자본가는 자신의 노동을 전혀 투입하지 않고도 노동자의 초과 노동을 통해 이익을 얻는 것입니다. 마르크스는 바로 이 지점을 자본주의의 착취 구조이자 가장 본질적인 모순으로 지

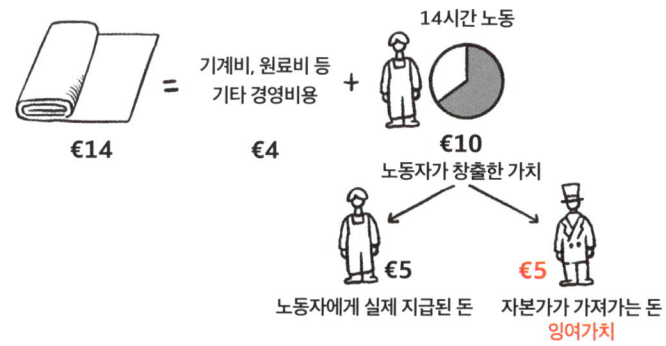

적했습니다. 노동자는 형식적으로는 자유로운 계약을 맺지만, 실질적으로는 생존을 위해 불리한 조건을 수용할 수밖에 없는 구조에 놓여 있다는 것이 마르크스의 분석입니다.

자본가는 더 많은 이윤을 얻기 위해 가능한 한 임금을 줄이고 잉여가치를 늘리는 방향으로 움직입니다. 이러한 이윤 추구 과정에서 기술혁신과 기계의 도입은 결정적인 전환점이 되었습니다. 기계는 더 짧은 시간 안에 더 많은 상품을 생산할 수 있게 해주었고, 이는 곧 시장에서 상품 가격을 낮추는 결과로 이어졌습니다. 동시에 생필품 가격 하락은 노동자의 생계비를 낮추는 요인으로 작용했고, 자본가는 이를 근거로 임금 부담을 줄이며 더 많은 이익을 취하는 구조를 만들어냈습니다.

그러나 이 기술 발전의 혜택은 노동자에게 돌아가지 않았습니다. 산업혁명 초기, 영국의 공장 노동자들은 하루 14~16시간씩 장시간 노동에 시달렸으며, 퇴근 후 돌아가는 집은 환기나 위생 시설도 없는 흙바닥 주택이 대부분이었습니다. 상하수 시설이 미비해 하수구 오수는 거리로 넘쳐났고, 이는 가족 단위로 살아가는 노동자들을 감염병에 취약한 환경으로 내몰았습니다. 영양 상태는 개선되지 않았고, 작업장은 안전장비 없이 위험한 상태로 운영되어 부상과 화상 사고가 끊이지 않았습니다. 더욱 심각한 것은, 10세 전후의 어린이들이 하루 12시간 이상 노동에 동원되어 신체적 손상을 입는 일이 비일비재했다는 점입니다. 마르크스는 이 비극이야말로 자본주의가 안고 있는 구조적인 문제를 여실히 보여준다고 봤습니다.

이런 착취구조에 대한 반발은 점점 커졌습니다. 대량의 기계 도입으로 인해 일자리를 빼앗기고 저임금을 통한 착취가 강화되고 있다고 믿은 많은 노동자들은 저항하지 않을 수 없었습니다. 대표적인 사례가 19세기 초 영국의 직물공장을 중심으로 일어난 노동운동인 러다이트 운동이었습니다. 많은 노동자가 공장의 건물을 불태우고 대량의 기계를 끌어내 부수고 파괴했습니다. 합법적으로 저항할 수단도 없고 재산이 적어서 정치 참여도 할 수 없는 이들은, 이렇게 공장의 기계를 파괴하는 일 외에는 국가에 압력을 행사할 적절한 방법이 없었기 때문입니다. 안타깝게도 이 운동은 자본가의 착취에 저항하려는 본래의 동기와는 별개로, 그 폭력성 때문에 정부에 의해 가혹하게 탄압받으면서 결국 실패로 돌아갔습니다. 하지만 러다이트 운동은 노동자들이 자신들의 권익을 요구하면서 일어난 최초의 노동운동이었고, 이후 노동자들이 투표권과 보통선거를 요구한 차티스트 운동으로 이어졌습니다.

　봉건제가 무너진 뒤 등장한 자본주의 사회는 법적으로 모든 개인이 자유롭고 평등하다고 선언했지만, 현실에서 노동자들은 생존을 위해 자신의 노동력을 팔아야 하는 '임금 노예' 상태에 처하게 되었습니다. 마르크스는 이러한 자본주의의 실상을 노예제나 봉건제와 본질적으로 다르지 않다고 보았습니다. 겉으로는 자유와 평등을 말하지만, 실질적으로는 자본가가 노동자의 초과노동을 통해 이익을 독점하는 착취 구조가 유지되고 있다는 것이지요. 이 때문에 마르크스는 자본주의가 계속해서 착취 구조를 유지하게 되면, 결국 계급 간의 모순이 심화되고 사회 변혁이 불가피해질 것이라고 예측했습니다. 그는 노동자 계급, 즉 프롤레타리아가 자신의 처지와 권리를 자각하고 조직적으로 저항하게 될 것이며, 이 프롤레타리아는 역사상 마지막 계급이 되어 모든 계급 간의 갈등을 해소하는 역할을 하게 될 것이라 보았습니다.

그렇다면 마르크스가 말한 프롤레타리아 혁명이 성공한 뒤 가장 먼저 이뤄져야 할 변화는 무엇일까요? 역사의 발전 과정에서 항상 갈등의 중심에 있었던 것은 바로 '생산수단'이었습니다. 따라서 혁명의 핵심은 생산수단의 소유 주체를 노동하지 않는 자본가에서 노동을 통해 가치를 창출하는 노동자들 전체로 바꾸는 것입니다. 생산수단이 특정 계급의 사적 소유물이 아니라, 모든 노동자가 공동으로 소유하게 되는 구조로 전환되는 것이지요. 마르크스는 나아가, 사회의 생산력과 문화 수준이 충분히 성장하면, 노동자들이 지역 공동체 단위로 모여 직접민주주의 방식으로 생산과 분배를 결정하게 될 것이라 보았습니다. 이로써 계급과 착취, 사회적 모순이 사라지고, 모두가 평등하게 참여하고 결정하는 이상적인 사회인 공산주의 사회가 실현된다는 것이 마르크스의 궁극적인 전망이었습니다.

그런데 마르크스는 고도로 발전된 자본주의 국가에서 프롤레타리아가 정치·경제 권력을 장악해서 완전한 공산주의 사회로 이행하는 과정의 구체적인 방법론을 시시콜콜하게 규정하지는 않았습니다. 그래서 마르크스의 사상이 19세기 말에서 20세기 초 유럽 전역에 퍼지면서 이를 해석하고 구체화하는 다양한 흐름들이 나타나기 시작했지요. 이런 가운데 마르크스의 이론을 나름대로 해석하고 변형해 실제로 자신의 국가에 역사적 혁명을 감행하는 것을 주도한 사람이 등장했습니다. 그는 바로 러시아의 블라디미르 레닌Vladimir Lenin이었습니다. 그리고 러시아의 혁명에 깊은 영감을 받은 한 중국인이 중국에서도 사회주의 혁명을 이끌었습니다. 중국의 마오쩌둥毛澤東이었지요. 하지만 이 둘이 마르크스의 사상을 이어받아 주창한 나름대로의 이론은, 시간이 흐르면서 마르크스가 주장했던 본질과는 달리 점차 변질되기 시작했습니다. 결과적으로는 원래 마르크스가 꿈꿨던 평등하고 자율적인 사회와는 전혀 다른 체제를 만들어내고 말았지요.

왜곡이 시작된 지점, '국가'

앞서 살펴본 것처럼, 사회주의는 생산수단을 공동으로 소유함으로써 자본주의의 착취 구조를 극복하고자 하는 이념입니다. 오랜 세월 계급투쟁의 핵심이 되어온 '생산수단의 소유 문제'를 정면으로 다루며, 궁극적으로는 마르크스가 상정한 이상적인 공산주의 사회로 나아가기 위한 과도기적 체제로도 여겨집니다. 하지만 우리가 역사에서 목격한 현실 속의 사회주의는, 마르크스가 꿈꾼 공산주의의 모습과는 사뭇 달랐습니다. 대체 어디서부터 방향이 어긋난 걸까요?

마르크스는 자본주의에서 공산주의로 곧장 옮겨갈 수 없다고 보았

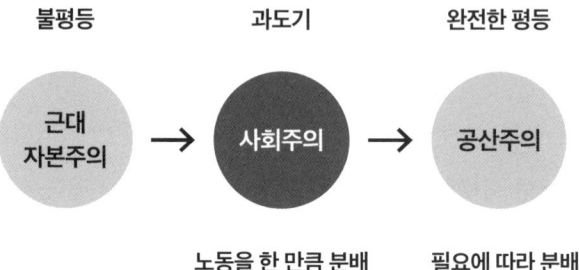

습니다. 그 과정에 일종의 과도기가 필요하다고 본 것입니다. 그는 가장 높은 단계의 공산주의를 "각자의 능력에 따라 일하고, 각자의 필요에 따라 분배 받는" 원칙 위에서 계급적 불평등이 완전히 해소된 상태로 상정했습니다. 그런데 만약 자본주의에서 이제 막 벗어났다면 아직까지는 자본주의적 잔재가 남아 있을 수밖에 없겠지요. 그러므로 '필요에 따라 분배 받는' 완전한 평등이 실현되지 못하는 대신 각자 '노동을 한 만큼 분배 받는' 단계를 거쳐야 한다는 것입니다.

이것이 바로 마르크스가 말한, 첫 번째 단계의 공산주의, 즉 '사회주의'의 모습입니다. 생산수단의 사회적 소유를 통해서 노동자들이 노동을 한 만큼 분배 받는 것은, 생산수단 문제 때문에 착취가 발생할 수밖에 없는 자본주의 원칙에 비해 훨씬 공정해 보입니다. 하지만 마르크스는 이런 모습이 내용상 여전히 불완전한 것이라고 보았습니다. 만약 육체적으로 정신적으로 남들보다 뛰어난 사람이 있다면 더 많은 노동을 제공할 수 있을 것이고 그럼 그만큼 더 많이 분배를 받게 될 텐데, 이렇게 각각의 능력적인 차이를 자연적 특권으로 인정해버린다면 이는 결국 자연스러운 불평등, 즉 또 다른 '계급의 씨앗'을 남기게 된다는 뜻이지요.

그런데 이상하지 않나요? 노동을 많이 한 사람과 적게 한 사람이 동일하거나 유사한 대우를 받는다면, 공산주의란 평등을 위해 공정을 희생하는 모순적인 개념이 아닌가요? 앞서 마르크스는 공산주의를 '각자의 필요'에 따라 분배 받는 사회로서 계급적 불평등이 완전히 해소된 상태로 상정했다고 했지요. 그가 공산주의를 최종 단계로 말한 이유는 사람들의 의식과 문화가 완전히 성숙되고, 더 높은 생산력과 조직된 사회적 협동으로 인해 인간의 기본적 생존을 넘어 다양한 욕구를 풍족하게 충족할 수 있는 물질적 토대가 마련된 상태를 전제로 했기 때문입니다. 그래서 이 상태에서는 "더 많이 일했으니 더 많이 가져야 한다"는 욕구 자체가 현실적 의미를 상실하게 될 것이라고 보았습니다. 자원이 결핍되지도 않고 누구든지 노동을 통해 자아실현을 할 수 있는 사회 전체의 풍요와 자유가 확대되었다면, 노동량을 정확히 계량해서 보상해야 한다는 논쟁 자체가 근본적으로 사라지게 되겠지요. 그렇기 때문에 이제 막 자본주의에서 벗어나 '노동한 만큼 분배 받는 사회주의'의 단계를, 마르크스는 완전무결한 평등을 실현하는 과정에 있는 불완전하지만 불가피한 과도기라고 본 것입니다.

공산주의의 최종 단계와 그 전 단계인 사회주의 사이에는 또 하나의 중요한 차이점이 존재합니다. 그것은 바로 '국가'의 존재 여부입니다. 마르크스는 역사 전반을 통틀어 국가란 항상 지배계급의 이익을 대변

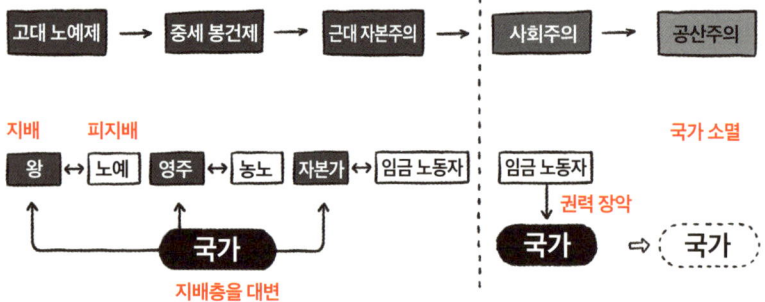

하고 피지배계급을 억압하는 도구로 기능해왔다고 보았습니다. 고대 노예제 사회의 왕이나 귀족이든, 중세의 봉건 영주든, 근대 자본주의 사회의 자본가든, 국가는 언제나 권력을 가진 계층의 이해를 보호하고 이를 제도적으로 정당화하는 수단이었다는 것입니다. 따라서 마르크스는 계급이 완전히 소멸한 공산주의 사회에서는 국가 역시 더 이상 존재할 이유가 없다고 주장했습니다. 마르크스의 동료이자 사상적 동반자인 프리드리히 엥겔스Friedrich Engels 역시 《반듀링론Anti-Dühring》에서 공산주의 사회에서는 국가라는 기구가 점진적으로 소멸하게 될 것이라고 설명했습니다.

오늘날에서는 이런 주장은 다소 급진적으로 들릴 수 있습니다. 현대 민주주의는 누구나 투표를 하고 복지를 요구하며, 국가가 일정 부분 시민들의 삶을 돌봐주는 구조로 진화했기 때문입니다. 그러나 마르크스주의적 관점에서 보면, 이런 민주주의도 결국 자본주의 체제 위에서 작동하는 만큼, 그 내부에는 여전히 불평등과 통제 구조가 존재합니다. 형식적으로는 민주주의가 이루어졌어도 실제로는 대기업, 금융자본, 거대 미디어 등이 정치적 결정에 막대한 영향력을 행사할 수 있고, 로비, 문턱 높은 입후보 비용, 불공정한 언론의 접근 등 구조적인 비민주적 요소는 여전히 우리 사회에 존재하고 있지요. 이처럼 자본주의의 '토대'는 여전히 상부구조를 결정짓고 있다는 점에서, 국가는 여전히 지배계급의 도구라는 마르크스의 시각은 쉽게 무시하기 어렵습니다.

흥미로운 것은 마르크스와 당시 사회주의 진영 내에서도 '국가'를 어떻게 볼 것인지에 대한 입장 차이가 있었다는 점입니다. 1875년 독일 사회주의노동자당이 채택한 '고타 강령'은 국가가 노동자 계층을 도와주는 존재, 즉 부당한 분배 구조를 고쳐줄 시혜적 주체로 설정했습니다. 그러나 마르크스는 단호히 반대했습니다. 겉모습만 바꾸는 개혁으론 자본주의의 뿌리 깊은 계급 착취 구조를 바꿀 수 없고, 새로운 사회로 이행할 수도 없다는 것이 그의 주장이었습니다. 그래서 마르크스는 노동자계급이 권력을 장악해야 한다고 강조했습니다. 단순한 제도 개선이 아니라 강한 정치 권력을 통해 구조 자체를 재편해야 한다는 것이지요. 그렇지 않으면 기존 지배계급의 조직적, 물질적 힘을 통한 저항 때문에 새로운 사회 질서가 좌절될 수 있을 테니 말입니다. 그런 차원에서 마르크스가 말한 사회주의는 한 번도 권력을 잡아본 적 없던 노동자계급이 자본주의 구조를 철폐하고 옛 지배계급의 저항을 억누르기 위해 권력을 장악하는 것을 통해 이루어지는 단계입니다. 이런 과도기적 체제를 마르크스는 '프롤레타리아 독재'라고 불렀습니다.

'독재'라니요? 독재는 한 사람이 무력을 앞세워 자의적으로 통치하는 전제적인 지배 형태가 아니던가요? 이 말은 오늘날 '독재'라는 단어에서 떠오르는 개인 숭배, 폭압과는 전혀 다른 의미를 지닙니다. 마르크스는 소수 엘리트나 1인의 개인 독재를 옹호한 적이 없습니다. 그가 말한 프롤레타리아 독재는, 노동자 다수의 이익을 대변하는 권력기구를 통해 과도기를 관리하고 안정시키기 위한 일시적 권력 형태였습니다. 또 이 권력기구를 운영하는 원리에 있어서도 재산의 많고 적음에 상관없이 모든 시민들에게 동등한 참정권을 부여하자는 것이어서, 당대의 정치 현실에 비해 훨씬 더 민주적인 개념이기까지 했습니다.

그럼에도 불구하고 현실의 역사에서는 이 개념이 심각하게 왜곡되었습니다. 러시아와 중국 등에서 사회주의 실험은 시간이 지나면서 점점 중앙집권적인 개인 또는 당의 독재로 전락했고, 노동자의 권리와 민주주의는 오히려 억압되기에 이르렀습니다. 프롤레타리아가 주체가 되기는커녕, 권력은 소수의 지도층과 관료층에 집중되었고, 국가란 기구는 사라지는 것이 아니라 더 강력한 통제 수단으로 다시 부활하게 되었습니다. 결과적으로 마르크스가 구상했던 공산주의로 가는 여정에서 핵심적인 전환점, 혹은 왜곡의 출발점은 바로 '국가'를 어떻게 다루느냐의 문제였습니다. 사회 전체의 해방을 위한 과도기적 장치로서의 국가가 오히려 새로운 지배와 통제의 중심으로 기능하게 된 순간, 마르크스주의는 이상을 잃고 또 다른 위계 질서로 전락하게 되었습니다.

변질된 사회주의의 이상

19세기 후반, 산업화가 활발히 진행되던 서유럽과는 달리 러시아는 여전히 인구의 80%가 농업에 종사하는 전통적인 농업국가였습니다. 농민들은 1861년 농노 해방 이후 명목상으로는 자유민이 되었지만 '미르'라는 공동체 묶여 사실상 떠나기도 어려웠고, 높은 세금과 부채, 지주에게 지불해야 할 상환금 때문에 빈곤에 허덕였습니다. 여기에다 제정 러시아의 권위주의 체제는 비밀경찰이 반체제 인사를 감시하고 자유를 억압했습니다.

19세기 후반부터 뒤늦게 진행되던 산업화는 또다른 문제를 불러왔습니다. 수백만의 러시아의 농민들은 가난에 떠밀려 농촌을 떠났습니다. 하지만 이들은 형편없는 임금과 열악한 근무환경 속에서 여전히 극심한 고통을 받아야 했지요. 결국 많은 농민 출신 노동자들의 기대와 현실의 간극은 큰 좌절을 낳으면서 국가의 법이 자신들을 전혀 보호해주지 못한다고 인식하기 시작했습니다. 사회적 모순과 불만이 점차 극에 달하는 상황이었지요. 이런 상황에서 노동계급의 역할을 강조하는 마르크스주의는 저임금에 고통받는 노동자들에게 구세주와 같이 다가왔습니다. 급진적인 지식인들 역시 노동계급과 인간의 의식적인 노력을 통해 사회주의가 역사의 귀결점이 될 거라 가르치는 마르크스주의 이론에 완전히 매료되었습니다. 전제 러시아의 후진성과 열등감을 자각하던 지식인들에게 마르크스주의는 러시아도 언젠가 서구 선진국처럼 될 수 있다는 믿음을 심어주었습니다.

1891년 대기근과 1905년 피의 일요일 사건은 제정 러시아의 무능과 폭압을 드러내며 민중의 불만을 키웠고, 제1차 세계대전의 참전은 식량 부족과 물가 폭등으로 민생을 파탄에 이르게 했습니다. 결국 1917년 2월 혁명으로 차르 체제가 붕괴되었지만, 임시정부는 전쟁을 계속하고 토지 문제도 해결하지 못해 불만이 지속되었습니다. 이에 볼셰비키는 "평화, 빵, 토지"라는 구호로 민중을 결집시켜 10월 무장봉기를 일으켰고, 임시정부를 전복하며 10월 혁명을 성공시켰습니다.

10월 혁명이 일어났을 때, 러시아 대다수 민중이 기대했던 것은 전쟁의 종식, 토지의 재분배, 그리고 정치적 자유의 확대였습니다. 볼셰비키는 이러한 요구를 대변하는 세력으로 간주되었고, 많은 이들이 그들이 약속을 실현해줄 것이라 믿었습니다. 실제로 볼셰비키는 초기에는 노동자 소비에트와 직접민주주의를 강조했지만, 혁명 성공 이후에는 빠르게 중앙집권적 지배 구조를 강화하기 시작했습니다. 그 전환점 중 하나는 바로 헌법제정회의 해산 사건이었습니다. 10월 혁명 직후 실시된 전국적 총선거에서 사회혁명당이 다수 의석을 차지하자, 레닌은 이 회의를 '반혁명 기구'로 규정했고, 결국 회의는 단 하루 만에 볼셰비키의 무장조직인 적위대에 의해 강제 해산되었습니다. 이는 러시아 혁명에서 민주적 제도 형성의 가능성을 무산시킨 결정적 순간이었고, 이로써 볼셰비키의 일당 지배 체제가 사실상 공식화되었습니다.

볼셰비키의 권력 독점에 반발한 반대 세력과의 충돌은 1918년 적백

내전으로 이어졌고, 볼셰비키는 체카라는 비밀경찰을 동원해 '적색 테러'라 불리는 대규모 탄압을 감행하여 약 14만 명을 처형했습니다. 내전과 대기근, 경제 붕괴 속에서 레닌은 '전위당 이론'을 통해 소수 혁명 엘리트의 지도권을 주장했지만, 이는 다수 대중의 자율성을 억누르며 마르크스가 구상한 프롤레타리아 독재의 이상과는 멀어졌습니다. 특히 내전기에 시행된 '전시 공산주의'는 폭력적 통치를 정당화했고, 혁명은 점차 사회주의적 민주주의가 아닌 볼셰비키 일당 지배 체제로 변질되었습니다.

레닌이 죽고 이오시프 스탈린Joseph Stalin이 권력을 장악하면서, 프롤레타리아 독재의 개념은 더욱 더 악랄하게 변질되었습니다. 스탈린은 1936년에 헌법을 새로 제정하고, 프롤레타리아 독재가 완수되어 계급투쟁이 종식되었음을 선언하면서 제1조에 "소비에트 사회주의 공화국 연방은 노동자와 농민의 사회주의 국가"라고 명시했습니다. 마르크스주의에서는 프롤레타리아 독재가 완수되었다면 국가는 소멸의 단계를 거쳐야하지만 스탈린은 국가 자체를 모든 인민의 대표하는 기구로 재정의했지요. 또 제126조에는 '공산당이 모든 노동단체의 지도적인 핵심'임을 밝히면서 당과 국가의 일체화를 합법화했습니다. 스탈린 하에서의 사회주의란 이제 국가와 당에 대한 강력한 권력 집중을 바탕으로 그 권력의 영구화가 정당화될 수 있는 체제였습니다. 이런 상황에서 스탈린의 독재와 소련 공산당에 조금이라도 반대한다는 것은 끔찍한 결과를 불러오는 것이었습니다.

결국 1936년부터 1938년까지 스탈린 체제에 비판을 보였던 볼셰비키 혁명가들을 포함한 수많은 사람들이 모조리 숙청당하는 '대숙청'이 일어났습니다. 무려 68만 명이 사형되었는데, 이는 단순히 '공식적'인 숫자로 추산에 따라 최대 120만 명에 달한 것으로 보기도 하지요. 이들은 조작된 재판을 받고, 음습한 비밀경찰 감옥에서 고문당하다 살해되거나 강제 노동 수용소에서 무더기로 수용돼 추위에 떨다가 죽어갔습니다. 반면 스탈린 개인독재에 종속된 당은 특권적 소수 집단에 의해 지배당하는 관료 조직이 되었습니다. 당내 민주주의는 사라져버렸으며, 강력하게 사회를 통제할 수 있는 새로운 지배계급으로 변모되었지요. 모든 소련 시민의 평등하다고 선언한 당시의 헌법과는 물론이고 마르크스주의의 본질과도 완전히 모순되는, 또 다른 계급 사회를 만들어버린 것입니다. 결국 마르크스가 말한 이상은 실현되지 못하고 러시아 민중의 해방은 또 다른 폭력의 형태로 좌절되고 말았습니다. 그리고 이 비극적 실험은 머지않아, 또 하나의 후진적 농업국가였던 중국으로 옮겨지게 됩니다.

핍박을 극복하면서 나타난 중국 공산당의 모순

1911년 신해혁명으로 청나라가 무너진 후 중국은 안정적인 중앙정부 없이 각 지역에서 군사력을 가진 독자적인 세력, 즉 군벌이 장악할

거라는 혼란에 빠져 있었습니다. 각지 군벌들의 내전과 통치가 백성에겐 큰 고통을 주는 데다, 일본의 침략까지 겹쳐 중국사회는 그야말로 극도의 혼란을 겪었습니다. 일상적인 폭력과 불안정에 시달리는 동안 제대로 된 국가의 통합이나 치안 유지는 제대로 이루어지지 않은 상태에서, 서구의 제국주의 열강은 불평등 조약과 경제 침탈로 중국을 반식민지화하기까지 경험했습니다. 다수의 농민과 노동자는 빈곤에 허덕이고 사회 전반의 분노와 좌절감이 커져갔습니다.

이러한 상황에서 중국 지식인 계층은 급증하는 서구 열강의 압력과 내부 군벌의 분열을 극복할 사상적, 정치적 지침을 절실히 원했습니다. 신해혁명 이후에도 안정적인 정부가 들어서지 못하자, 이들은 국가 재건의 청사진으로 다양한 서구 이념을 탐색했지요. 민주주의, 민족주의, 사회주의 등 여러 사상이 경쟁적으로 수용되는 과정에서, 한 가지 강렬한 인상을 주는 소식이 전해졌습니다. 바로 1917년 러시아에서 일어난 볼셰비키 혁명이었습니다. 혁명이 성공해 하나의 후진 농업국이 제국주의와 전제체제를 타파했다는 소식은, 비슷하게 농업국가에 머물러 있던 중국의 많은 국민에게 큰 충격과 영감을 줄 수밖에 없었습니다.

특히 반제국주의 민중운동이었던 5·4 운동 이후 애국적인 청년들과 지식인들은 서구 제국주의 국가들이 내세우는 자유주의나 입헌주의에 대한 환멸을 느끼고 러시아 혁명의 이념적 기반이었던 마르크스-레닌주의에 주목하기 시작했습니다. 왜냐하면 이들의 이론이 서구 제국주의에 대해서는 신랄한 비판을 가하면서도 중국이 겪는 침탈의 원인을 명쾌하게 설명해준다고 받아들여졌기 때문입니다. 제국주의를 "약소국에 대한 강대국의 경제적 착취"로 규정했던 레닌의 주장과, 계급 착취의 종식과 평등사회 건설을 약속했던 마르크스주의는, 군벌과 제국주의로 이중 착취를 당하고 있던 중국 민중들에게 강렬한 매력으로 다가오게 되었습니다.

러시아 혁명의 성공 이후 모스크바에는 마르크스-레닌주의 정당의 국제적 조직체인 '코민테른Communist International'이 설립되었는데, 전 세계 공산주의 운동을 지원한 이 코민테른의 도움에 힘입어 중국에도 마르크스주의의 이념과 조직 노하우가 전수되기 시작했습니다. 1921년에는 중국 공산당도 창당되었습니다. 그런데 문제가 있었습니다. 애초에 사회주의 혁명으로 가기 위해 마르크스주의가 전제하는 '산업 자본주의의 고도 발전'이라는 조건이 중국에는 들어맞지 않았습니다. 이 시기 중국은 노동계급보다 농민 인구가 압도적이었고 도시 부르주아 계층 또한 매우 취약했기 때문입니다. 이런 현실 속에서 마오쩌둥은 농민 대중을 혁명의 주체로 삼는 독자적인 노선을 제시하게 됩니다.

그러다 1927년 중국 공산당에게 있어 매우 중요한 전환점이 되는 사건이 발생합니다. 당시 중국의 국민당과 중국공산당은 일단 먼저 군벌 세력을 타도해야한다는 공통의 목표 아래 서로가 협력하는 1차 국공합작이 이루어졌습니다. 그런데 군벌 타도에 상당한 성공을 거두게 되자, 1927년 4월 12일 장제스蔣介石를 중심으로 한 국민당 우파가 국민당의 좌파와 중국공산당을 대상으로 이른바 '4·12 상하이 쿠데타'를 일으켰습니다. 별안간 중국공산당과 그 지지 세력에 대한 대대적인 숙청이 이루어졌습니다. 약 300명이 처형되고 5,000명 이상이 실종되었는데, 이 쿠데타에서 비롯된 백색테러까지 포함하면 공산당원 6만 명 중 오직 1만 명 정도만 살아남았다는 자료가 있을 정도로 엄청난 학살이 자행되었습니다. 국공합작을 일으킨 공통의 목표를 완전히 파탄시켜 버린 상하이 쿠데타가 발생하자, 결국 중국 공산당은 생존을 위해 도시를 떠나 농촌으로 철수할 수밖에 없었습니다. 이때부터 중국공산당은 마오쩌둥의 주도 아래 농민들을 혁명의 주요 세력으로 삼는 전략을 본격적으로 채택하게 되었습니다. 그리고 이 과정에서 농민들을 위주로 자체적인 군사력을 구축해, 오늘날 중국 인민해방군의 시초이기도 한 '홍군'이 조직되었습니다.

  쿠데타 이후로도 국민당은 중국 공산당을 섬멸하기 위해 토벌 작전을 지속했습니다. 국민당의 대규모 공세에서 생존하기 위해 중국 공산당은 10,000km에 달하는 엄청난 거리를 1년동안 도보와 우마만으로 이동해 근거지를 옮긴 대장정을 떠나기도 했습니다. 수많은 희생과 고난이 따랐는데, 10만 명의 인원 중 약 8,000명만이 살아남는 대단히 처참한 여정을 감내해야 했지요. 그런데 이 과정에서 중국공산당은 오히려 농민들의 강력한 지지를 얻게 되고 공산주의 혁명 이념을 농촌지역에 전파할 수 있었습니다. 또 중국 공산당과 홍군이 혁명을 위해 엄청난 고난과 역경을 이겨냈다는 '신화'를 만들어낼 수도 있었습니다. 홍군을 지휘한 마오쩌둥은 사실상 당의 지도자로 부상했고, 농민들을 혁명의 주요 주체로 강조하는 그의 사상, 즉 마오주의의 이념은 점차 권위를 얻어갔습니다. 그런데 동시에 이런 상황은 한사람에게 권력이 독점되기 시작하는, 마르크스가 주장했던 이상과는 전혀 다른 방향으로 중국을 이끌어갔습니다.

1940년대 진행된 '정풍운동'이라는 대중운동으로 마오쩌둥은 그의 사상을 지지 세력에게 체계적으로 학습시켰습니다. 마오쩌둥은 자신의 권력 기반을 서서히 강화하기 시작합니다. 심지어 자신의 이념적 기반이 되었던 소련의 영향력마저 제거하기 시작했습니다. 마오쩌둥에게 조금이라도 거슬리는 이들은 강압적으로 공개 비난을 받았고, 반대 의견을 내던 소련 유학파와 고위 지도자들조차 대대적으로 축출당했습니다. 마오쩌둥은 "목표는 중국의 혁명이고, 마르크스-레닌주의는 화살이다"라고 비유하면서 추상적인 마르크스주의를 중국의 특수한 현실에 맞게 적용해야 한다는 주장했습니다. 이론에만 머물 것이 아니라 실천의 필요성을 강조한 것이었지요. 하지만 한편으로 이것은 마르크스주의에 대한 다른 이들의 해석을 '교조주의'와 같은 말로 배격하면서 자신의 권력을 정당화하는 데 사용되었습니다. 중국처럼 특수한 현실에서는 마르크스주의를 문자 그대로 맹목적으로 추종하지 말아야 한다는 것입니다. 이런 마오쩌둥의 개인적인 해석과 판단은 당의 공식 기본 이념으로 확정되기에 이르렀고, 마오쩌둥의 사상만이 유일한 중국의 이데올로기로 삼아졌습니다.

대장정의 생존자들에게 연설하는 공산당 간부

군벌의 혼란, 부패한 국민당의 독재에 대응하며 농촌을 근거지로 세력을 키운 공산당은, 1949년 국공내전에서 승리하면서 마침내 정권을 탈취했습니다. 중화인민공화국이 수립된 것이지요. 중국공산당은 봉건적 잔재와 제국주의의 영향력을 청산한다는 목표아래, 국가주도의 토지 개혁과 광범위한 재분배정책을 시행했습니다. 하지만 국가의 통제력이 강화되는 과정에서, 소련에서 보았던 것처럼 모종의 왜곡은 이미 시작되고 있었습니다. 마르크스가 말한 사회주의 단계에서는 '국가의 소멸' 단계로 나아가야 하지만, 현실 중국에서는 정반대로 당-국가 기관에 정치적 권력이 과도하게 집중되기 시작했습니다.

마오쩌둥은 사회주의 체제 하에서도 계급투쟁은 여전히 계속된다는 이론을 펼치면서, 지도부 내의 정책 논쟁을 계급투쟁으로 규정해버렸습니다. 이러한 그의 관점은 자연스레 자신의 권위에 도전하는 이들을 마치 사회주의를 약화시키려는 자이거나 스파이 등으로 낙인찍게 만들어버렸지요. 이렇게 이념적으로 정치적 경쟁자들에게 프레임을 씌우고 억압하는 것에 정당성이 부여되면서, 점차 권력은 마오쩌둥에게로 과도하게 집중되었습니다. 혁명을 통해 해방을 꿈꾸었던 중국 민중은, 점차 또 다른 형태의 통제와 억압 속에 들어가게 되었던 것입니다.

변질된 사상의 참혹한 결과

국공내전의 승리 이후, 많은 중국인들은 제국주의와 봉건적 수탈에서 벗어난 새 시대가 열릴 것이라 기대했습니다. 마오쩌둥은 그 기대의 중심에 있었습니다. 대장정과 국공내전을 거치면서 생긴, "이 사람을 따르면 결국은 잘되지 않았는가? 결국 이 사람만 따라가면 괜찮을 거야"라는 막연한 전폭적 신뢰감 때문이었는지, 비록 마오쩌둥의 노선이 정통적인 마르크스주의와 다른 면이 있다는 비판이 존재했지만, 1950년대 초반까지는 이러한 구분이 대중적으로 크게 문제시되지 않았습니다. 마오쩌둥이 이끄는 공산당 정부가 빠른 토지개혁과 대중동원에 성공하면서 사회적 재건이 가능할 것이라는 낙관이 팽배했습니다.

그런데 1958년, 마오는 "영국과 미국을 따라잡자"는 구호 아래 대약진 운동을 시작했습니다. 핵심은 도시의 노동자가 아니라 농촌의 농민들이 중심이 되어 '우리식으로' 부강한 사회주의 국가를 만들자는 것이었지요. 그는 농업 생산과 공업 생산을 동시에 폭발적으로 끌어올리기 위해 모든 농민들을 거대한 집단 단위로 묶어 식사도 공동으로 해결하고, 중장비 없이 대규모 관개사업을 스스로 추진하도록 장려했습니다. 심지어 중국 전역에 집 뒷뜰에 '토법고로'라고 불리는 재래식 용광로가 설치되었는데, 대규모 제철소 없이도 강철을 생산할 수 있다는 주장 아래 전 인민이 마치 '철을 생산하는 전투'에 동원되었습니다.

도시의 제철소가 아니라 농민들이 만든 뒷뜰 용광로로 철을 만들고, 100명의 농민이 트랙터를 대신해보자는 실현할 수 없는 이상에 현실을 맞추기 위해 밀어붙인 이 운동은 '집단적 광기'를 보여준 대표적인 사례가 되고 말았습니다. 지방의 간부들은 중앙의 요구를 맞추기 위해 생산력이 폭발적으로 늘고 있다는 과장된 보고서를 제출했지만, 농사 경험이 부족한 간부들의 무계획적인 지시와 지나친 중공업 투자로 실제 생산량은 급감하기 시작했습니다. 뒷뜰의 재래식 용광로에서 생산되는 농기구는 조악한 품질로 인해 농업생산량을 더 떨어뜨렸습니다. 한편 이런 상황을 우려한 전문가들의 현실적 비판은 묵살되거나 반혁명으로 간주되어 숙청당했지요.

무리한 정책들로 인해 결국 중국의 농촌 지역에는 대규모 아사가 발생했습니다. 역사적인 대기근으로 무려 3,000만 명 이상이 사망하는 대참사가 일어났습니다. 마침 이 시기 독자적인 마오주의를 내세우던 중국은 소련과의 관계도 악화되면서 기술 지원이 줄어들었고, 수많은 농민과 노동자들이 생존의 위협을 받기 시작했습니다. 농업과 공업의 병행발전이라는 허울 좋은 포장 뒤로는, 기근 속에 굶어 죽는 인민들의 모습들 뿐이었지요. 대약진 운동이 실패로 귀결되면서 마오쩌둥은 정책적 책임을 인정하고 국가 주석직에서 일시적으로 물러났습니다. 그러나 곧이어 더 큰 비극이 시작됩니다.

대약진 운동의 실패가 그의 위상을 잠시 흔들었지만, 마오쩌둥은 1966년에 문화대혁명을 일으켰습니다. 이는 자신에 대한 충성심을 다시금 다지고 정적들을 제거하기 위한 대대적인 권력투쟁에 돌입한 것이었지요. 마오쩌둥은 1966년 5월 16일 당 정치국 회의에서 '중국 공산당 중앙위원회 통지'라는 문서를 발표했습니다. 그는 여기서 중국 사회에 자본주의적 요소와 반혁명적 요소들이 침투했다고 주장하면서 이를 제거해야 한다고 선동했습니다. 그러자 마오쩌둥의 통지는 그간 중국 공산당의 관료체제 하에서 억압받아왔다고 느낀 수많은 청년들의 불만을 깊이 자극했습니다. 청년들의 불만은 정작 중앙집권적 관료집단이 통제하는 시스템을 만든 당사자인 본인의 책임이었음에도, 마오쩌둥은 '가상의 적'을 만들어 자신의 책임을 이곳에 전가해버린 것입니다. 결국 마오쩌둥의 선동은 사회 전반의 분노를 결합시키면서 조직적인 홍위병 운동으로 번져나갔습니다. 청소년부터 대학생에 이르기까지 수많은 청년들이 결성한 홍위병을 중심으로, 극단적인 폭력으로 점철된 문화대혁명이 발발했습니다.

이들은 기존의 가치와 제도를 '4대 구습'이라 비판하며 전부 파괴하

(좌) 대약진 운동 시기의 재래식 용광로
(우) 1967년 4월 30일, 구이저우성 홍위병들의 시위

기 시작했습니다. 반혁명으로 지목된 교사, 지식인, 당간부들을 공개적으로 폭행하고 제거했지요. 또 마오쩌둥에 대한 개인숭배는 절정에 이르렀습니다. 기존 제도와 문화를 모조리 때려 부수면서도 저마다 '마오쩌둥 어록'을 손에 들고 마오쩌둥을 신격화했습니다. 생산, 교육, 행정 체계가 마비되고 사회 전반이 무질서에 빠져버렸습니다. 많게는 200만 명에 달하는 사람들이 사망했습니다. 엄청난 사람들을 희생시키고 역사상 어떤 침략보다도 많은 중국의 문화를 파괴시킨 광기의 혁명은 10년 동안 지속되다가 결국 마오쩌둥이 사망하면서 막을 내렸습니다. 마르크스주의를 계승한다고 했지만 정작 독재적이고 전체주의적인 정권으로 중국 내의 민주주의를 완전히 말살시킨 그는 살아 생전 기아, 박해, 투옥 및 대량 처형을 통해 8천만 명에 이르는 방대한 수의

희생자를 낸 최악의 지도자로 남게 되었습니다.

 문화대혁명이 망쳐버린 것은 경제적·문화적 분야 뿐이 아니었습니다. 중국인의 정신 구조에 심각한 악영향을 미쳤습니다. 광적으로 모든 문화를 파괴하면서까지 염원하던 이상이 허탈하게 무너지자, 무엇보다 중국 사회는 가치 체계의 부재로 큰 혼란에 빠졌습니다. 문화대혁명은 사회적 신뢰를 무너트리고, 가족 관계마저 파괴했습니다. 그동안 친구와 배우자 마저 서로를 배신하고 밀고하도록 조장되었고, 자녀들이 부모를 공격하고, 학생들이 교사를 살해하는 등 인간 윤리와 도덕마저 무너져내렸지요. 대체 무엇을 위해 그토록 광기에 빠져야 했던 것일까요? 모든 게 무너진 상황에서 이제 어떤 이상을 추구해야 할까요? 20세기 초 군벌과 제국주의, 착취와 가난 속에서 중국 인민들은 '노동자 스스로 역사의 주체가 되어 더 나은 사회를 건설한다'는 유토피아를 염원했습니다. 하지만 그들이 열망했던 평등, 공동체, 인간해방이라는 진정한 사회주의의 이상은 왜곡된 사상과 권력에 도취된 지도자에 의해 정반대의 파괴적 결과로 변해버렸지요. 결국 중국 사회는 좌절과 함께 사상적인 공백 상태에 빠져버리고 말았습니다.

사상의 공백 속에 나타난 허무주의와 물질주의

 문화대혁명의 참혹한 실패 이후, 중국은 전환점을 맞이합니다. 새로운 지도자 덩샤오핑鄧小平은 1978년 중국공산당 제 11기 중앙위원회 3차 전체회의를 통해, 계급투쟁을 최우선으로 하는 사상정치노선을 종결짓고 당과 국가의 방향성을 '경제 건설'이라는 가치로 재설정했습니다. 그리하여 덩샤오핑 시대의 중국은 마오쩌둥 시대에 고집했던 '자력갱생'보다는, 국제자본과 기술을 받아들이고 시장적 원리를 도입해 경제성장을 도모하겠다는 실용주의 입장을 강조했습니다. "검은 고양이든 흰 고양이든 쥐만 잘 잡으면 된다"는, 이른바 "흑묘백묘론"이라는 구호를 외치면서, 덩샤오핑 시대는 더 이상 혁명적 교조에 얽매이지 말고 경제 발전에 매진하라는 메시지를 국민에게 던졌습니다.

하지만 문화대혁명을 겪으며 사회주의 이념 자체에 심각한 상처를 입은 청년들과 지식인들은 새로운 모순에 직면했습니다. 국가 차원에서는 여전히 중국 특색의 사회주의는 유례없는 개념을 말하지만, 실제로는 자본주의적 요소가 주저없이 수용되었습니다. 덩샤오핑은 "부자가 되는 것은 고귀하다"라는 말을 남기기도 했는데, 이처럼 부에 대한 열망과 경쟁을 적극 장려하고 최우선 가치로 부각되었습니다. 그런 가운데 당의 권위주의 체제는 그대로 유지되어 권력의 집중과 언론 표현 자유의 제한은 여전히 존재했습니다. 민주주의나 자유, 개인의 권리 확대 같은 목소리는 공론장에서 다뤄지지 못했습니다. 독재 체제 아래 국가가 강력한 통제 권력을 유지하려 하면서도, 개인이 돈을 버는 활동은 보장해주는 묘한 조합이 등장한 것입니다. 이로 인해 일부 사람들은 빠르게 자산을 축적해 신 부유층이 되고, 지방 엘리트 관료들과 국유기업, 민간자본들 간에는 부패한 상호작용이 촉진되었습니다.

반면 마르크스가 말한 공산주의의 평등, 집단적 이상, 민주주의의 가치는 점차 설 자리를 잃어갔습니다. 많은 이들이 급격히 벌어지는 빈부격차에 대해 박탈감을 느끼기 시작했습니다. 자본주의의 전형적인 모순들이 드러나고 일당 독재체제에 대한 불만이 누적되는 가운데, 1989년에는 급기야 중국 대중의 불만이 표출되어 천안문 6.4 항쟁이 일어났습니다. 그러나 공산당은 군대를 동원해 유혈 진압을 벌였고, 이들의 열망은 또다시 좌절되고 말았습니다. 중국인들이 겪은 이념의 공백과 정신적 혼란이 노골적으로 표면화된 사건은, 바로 1980년대 초반 중국을 휩쓸었던 '판샤오 토론'이었습니다.

판샤오 토론은 〈중국청년〉 잡지사가 발기하고 양대 신문사 두 곳이 참여하면서 약 반년간 지속된 전국적인 사회 토론이었습니다. '판샤오'는 당시 두 청년의 이름을 합쳐 만든 가상의 필명인데, "인생의 길이란 왜 갈수록 좁아드는지"로 시작하는 판샤오의 편지가 먼저 발표되었습니다. 문화대혁명 이후 사회의 혼란과 허무함, 그리고 더 이상 무엇을 믿어야 할지 모르겠다는 심경을 거침없이 토로한 이 편지는, 수천만 청년들의 독자 답장을 받으며 사회윤리와 인생관에 대한 대규모 토론에 참여하는 엄청난 사회적 반향을 일으켰습니다.

"저는 금년에 스물셋이니 이제 막 인생의 길을 걷기 시작한 셈입니다. 하지만 저에게 인생은 더 이상 신비롭지도 매력적이지도 않습니다. 저는 벌써 인생의 끝까지 다 걸어버린 듯합니다."

판샤오 토론은 문화대혁명을 거친 수많은 중국 청년들의 정신상태가 어떻게 허무주의에 도달하게 되었는지를 면밀하게 드러내 보여준 사건이었습니다. 문화대혁명 시기 마오쩌둥의 선전과 선동을 통해, 중국의 청년들은 자신들이 공산주의의 모범적인 길을 가는 역사적 신기원을 열어갈 것이라고 믿고 스스로를 위대한 시대에 헌신할 주인공으로 여겼습니다. 각 개인들은 그러한 헌신을 진정한 인생의 의미를 충만하게 찾을 수 있는 기회로 삼았지요. 그래서 이들은 새로운 사회에 대한 이상과 이런 인생의 의미를 마치 신앙과 같은 수준으로 열망했고 문화대혁명 시기 이런 신앙은 절정에 이르렀습니다. 하지만 그들의 신앙과 희열은 오래가지 못했습니다. 혁명이 전개되는 동안 주입받은 이상과 현실 사이에 커다란 간극이 존재함을 깨닫고, 혁명의 후반기에 이르렀음에도 혁명의 약속이 실현될 가능성은 전혀 보이지 않았습니다. 혁명이 실패하자, 약속과 이상을 열렬히 동경했던 이들은 그 실망감으로 인해 신앙의 절정에서 완전히 곤두박질치고 말았습니다. 더군다나 유구한 역사를 가지고 있는 중국의 전통윤리나 그 안에 깃든 삶의 의미감 등은 혁명 과정에서 전부 파괴되었으니, 문화대혁명의 좌절과 함께 이들이 근본적인 차원에서 믿고 따라왔던 가치와 정신은 모두 사라져버렸습니다. 청년들에게 공허를 메울 수 있는 그 어떤 전통적 가치윤리나 심신의 자원도 더 이상 존재하지 않게 되어버렸습니다.

문제는 판샤오 토론에서 보여준 이러한 정신사적인 상황에 충분한 성찰이 없이, 중국 사회가 곧바로 경제성장이라는 목표 아래 물질주의의 길로 접어들었다는 데 있습니다. 1980년대의 중국은 경제주의적, 물질주의적 단정 속에 갇혀 '실익이 가장 중요하다'는 식의 사회적 인식이 급격하게 만들어졌습니다. 결국 혁명이 고취한 이상주의에 기대어 자라온 청년들은 개혁개방이후 전혀 다른 현실과 마주하게 되면서 인생의 의미를 찾을 수 없게 된 좌절과 냉담, 허무의 정신상태에 빠지고 말았습니다. 인생의 공허를 마주할 용기 대신, 많은 이들은 소비와 경쟁, 실용이라는 이름으로 그 공백을 덮으려 했지요.

국가는 이러한 흐름을 용인하며, 시민을 물질적 이익을 중시하는 소생산자로 간주하고 물질적 이익을 중심으로 사회를 조직하기 시작합니다. 그 결과 중국은 공동체적 이상이 사라지고, 물질과 성취 중심의 가치관이 지배하는 사회로 급속히 변모하게 되었습니다. 문화대혁명 이후의 허무주의는 단지 개인의 문제가 아닌, 체제 전환기에 사상적 공백을 메우지 못한 중국 사회 전체의 문제였던 것입니다. 이 허무와 물질주의의 그림자는 지금까지도 중국 사회 깊숙이 각인된 채 지워지지 않는 상처로 남아 있습니다.

사회주의 국가 중국에서 여전히 지속되는 자본주의의 모순

最근 한국의 한 여행 유튜버가 자신의 중국인 친구를 한국에 초대해 여러 가지 경험을 시켜주는 콘텐츠를 업로드했습니다. '펑펑'이라는 이름을 가진 이 평범한 중국인 친구는 하루에 자는 시간과 식사시간을 제외하고 3~4개의 직장을 바쁘게 옮겨다니며 고된 노동을 해야만 자신의 도시 생활을 유지할 수 있습니다. 한국인 유튜버는 바쁘고 고된 삶에 지친 펑펑을 데리고 한국 관광지 이곳저곳을 다니며 좋은 추억을 만들어주었습니다.

극단적인 경쟁과 고된 노동을 견디며 도시의 생활을 이어가는 펑펑의 삶은 '바링허우(80년대 생)', '주링허우(90년대 생)' 세대라 불리는 중국 청년들의 고된 현실을 반영합니다. 이 세대들은 물질적 경제적 성취를 그 어떤 것보다 절대시하는 세대로 알려져 있지요. 한편 이들은 높은 부동산 가격과, 치열한 경쟁 등으로 생존과 미래 설계 자체에 불안을 느끼는 세대이기도 합니다. 이런 무리한 경쟁과 고강도 근무에 피로를 느끼는 일부 중국 청년들은 '탕핑躺平'이라는 소극적 삶의 태도를 선택하기도 하지요. 탕핑족은 "적게 벌고 적게 쓰며 경쟁에서 벗어나겠다"는 선언과도 같은 존재들입니다. 중국의 젊은 세대들이 겪는 과열 경쟁과 과로에 대한 스트레스는 자본주의의 전형적인 모순을 연상하게 합니다. 모순적이게도 이러한 자본주의의 모순을 극복하기 위해 고안된 사회주의 이념은, 세계에서 가장 돈을 중시하는 곳이 되어버린 중국의 공식 이데올로기로 여전히 유지되고 있습니다.

***

20세기 초, 제국주의와 봉건적 착취에서 벗어나기 위한 대중의 열망은 마르크스주의라는 사상으로 집약되었고, 이는 중국 혁명의 이념적 기반이 되었습니다. 그러나 이후 마르크스주의는 중국 특유의 현실과 권력 구조 속에서 심각하게 왜곡되었고, 문화대혁명과 같은 비극을 초래한 끝에 공산주의 이상은 퇴색해버렸습니다. 유구한 역사 속에서, 삶의 의미를 말하는 위대한 동양철학과 전통 가치가 탄생한 곳이라는 사실이 무색하게도 중국은, 자본주의 모순과 물질만능주의를 대체할 그 어떤 가치와 윤리도 없이 상업논리와 소비주의가 모든 것을 지배하는 곳이 되어버렸습니다. 끊임없는 경쟁 속에서 무너지는 삶의 의미, 생존 그 자체가 삶의 목적이 되어버린 현실 속에서 펑펑과 같은 젊은 이들은 어디서 인생의 이상을 찾아야 할까요? 결혼, 취업, 주택 마련조차 '돈'이라는 단 하나의 기준으로 결정되는 사회에서, 과연 공산주의를 자처하는 이 체제는 무엇을 지키고 무엇을 잃은 것일까요?

마르크스가 꿈꾸었던 계급 없는 평등한 공동체나 민주주의는 실현되지 못했고, 공산주의를 공식 이데올로기로 내건 중국 공산당은 오히려 그 가능성을 가장 심각하게 훼손한 장본인이 되어버렸습니다. 과연 마르크스가 말한 '모든 사람이 자유롭고 평등한 사회'는, 지금 이 역사 속 어디에 존재하고 있는 것일까요?

참고한 자료

행복 이면에 숨겨진 모순, 덴마크

- 김상훈, 〈고래는 새끼를 낳은 후 미역을 먹었다?〉, 부산일보, 2022.12.8.
- Mary Gage, James Gage, 《Birthday Cakes》, New England Recipe.
- 〈Oldest continuously used national flag〉, Guinness World Records.
- Blacksilverglass, "Why do Danes use flags so frequently?", Reddit, 2021.11.25.
- Alex Mengden, 〈Top Personal Income Tax Rates in Europe, 2024〉, Tax Foundation Europe, 2024.2.13.
- 〈Denmark Personal Income Tax Rate〉, Trading Economics.
- Meik Wiking, 〈Why Danes Happily Pay High Rates of Taxes, U.S. News, 2016.1.20.
- Paul Krugman, 〈Something Not Rotten in Denmark〉, The New York Times, 2015.10.19.
- 〈Corruption Perceptions Index 2024〉, Transparency International, 2024.
- 〈Share of people agreeing with the statement "most people can be trusted"〉, Our World in Data, 2023.11.27.
- 마이크 비킹 지음, 정여진 역, 《휘게 라이프(Hygge Life), 편안하게 함께 따뜻하게》, 위즈덤하우스, 2016.
- Helliwell, J. F., Layard, R., Sachs, J. D., De Neve, J.-E., Aknin, L. B., & Wang, S., 〈World Happiness Report 2025〉, University of Oxford: Wellbeing Research Centre, 2025.
- "Hygge" Wikipedia, 2025년 5월 1일 접속.
- Alison Flood, 〈Brexit named word of the year, ahead of Trumpism and hygge〉, The Guardian, 2016.11.3.
- Gillian Blanchard, 〈HYGGE: THE DANISH LIFESTYLE TREND EVERYBODY IS TALKING ABOUT〉, Medium, 2019.4.4.
- Megan McDonough, 〈Americans are obsessed with hygge. Is one of these international lifestyle trends next?〉, The Washington Post, 2018.5.31.
- JAKOB SHEIKH, 〈Dørmand: Det bliver bare ikke i aften〉, POLITIKEN, 2010.8.27.
- TAREK ZIAD HUSSEIN, 〈Boligmarkedet er lukket land for en perker som mig〉, POLITIKEN, 2014.3.22.
- Will Durant, 《The Reformation》, Simon and Schuster, p.156, 2011.
- Kathleen Kuiper, 《The 100 Most Influential Women of All Time》, The Rosen Publishing Group, p.53, 2009.

- 다케다 다쓰오 지음, 조영렬 역,《이야기 북유럽 역사》, 글항아리, 2022.
- Paul Douglas Lockhart,《Denmark, 1513-1660: the rise and decline of a Renaissance monarchy》, Oxford University Press, p.172, 2007.
- "Christian IV of Denmark" Wikipedia, 2025년 5월 2일 접속.
- 사토 마사루 지음, 신정원 역,《흐름을 꿰뚫는 세계사 독해》, 역사의아침, 2016.
- Florian Greßhake,《Contested Cultural Heritage – Contested Space. Discourses on the Museum Landscape in the Danish-German Border Region》, Current Issues in European Cultural Studies; June 15-17; Norrköping; Sweden, 2011.
- "Enrico Dalgas" Wikipedia, 2025년 5월 2일 접속.
- Sebastian Ernst,《Umbruch auf dem Acker: Wie Landwirte in Schleswig-Holstein neue Wege gehen》, Kieler Nachrichten.
- 〈Hedeselskabets historie〉, HEDESELSKABET.
- 오연호,〈한 남자의 삽질, '아메리칸 드림'이겼다〉, 오마이뉴스, 2014.3.11.
- 정해진,《그룬트비의 평민교육사상》, 고려대학교 대학원, 2015.
- Jeppe Linnet,《Money Can't Buy Me Hygge》, Social Analysis: Journal of Cultural and Social Practice 55(2), p.25.
- 마이클 부스 지음, 김경영 역,《거의 완벽에 가까운 사람들》, 글항아리, 2018.
- 김형민,〈독일의 사회통합 담론-평행사회의 '허상'〉통합유럽연구 13.1, p.157-182, 2022.
- "Immigration to Denmark" Wikipedia, 2025년 5월 2일 접속.
- 이정재,〈많은 사람들에게 낙원인 덴마크, 이민자들에게는 다르다〉, 이로운넷, 2020.7.21.
- Stephanie Burnett,〈Why Denmark is clamping down on 'non-Western' areas〉, DW, 2021.3.24.
- Nick Craven,〈Danish government accused of racism over plan to break up 'ghettos' of 'non-Western' immigrant communities in bid to boost integration in cities〉, Mail Online, 2023.10.15.
- Daniel Boffey,〈Denmark accused of racism after anti-ghetto law adapted for Ukrainians〉, The Guardian, 2022.5.2.
- Jaughna Nielsen-Bobbit,《What is Hygge Racism & How Did it Become so Pervasive in Danish Culture?》, Scandinavia Standard, 2020.7.6.
- Richard Jenkins,《Nations and Nationalisms: Towards More Open Models》, Nations and Nationalism 1(3), p.384, 1995.

초경쟁사회의 민낯, 싱가포르

- 이태호,〈"가짜뉴스 없다"는 싱가포르 현실〉, 한국경제, 2021.8.20.
- 양민,〈온라인 시민저널리즘 양상과 시민 영향력에 관한 한·미 간 비교 연구 '유가' 관련 보도를 중심으로〉, 한국언론정보학보 45호, 2009.
- Kirsten Han,〈Why does Stomp even exist?〉, The Independent, 2014.4.14.
- Sylvia Khor,〈Citizen Journalism: Singapore vs Korea〉, Medium, 2017.12.4.
- Andrew Low,〈Straits Times portal's inaccurate report about NSman on train〉, The Online Citizen, 2014.3.27.
- The Strait Times,〈If Only Singaporeans Stopped to Think〉, The Strait Times, 2014.4.17.
- Lee Wenxin,〈Selfish 'S'poreans or 'entitled' parents? Netizens debate after dad with stroller slams MRT

- commuters for not giving way at lift〉, Today Online, 2023.5.16.
- Farah Daley, 〈'Kiasuism' should be an Olympic sport: Shoppers 'attack the rack' at sale in Expo〉, STOMP.
- Nadine Chua, 〈The joys of queueing, Singapore style〉, The Straits Times, 2022.4.3.
- 〈GNI per capita, PPP〉, World Bank.
- Xavier Sala-i-Martin, 《The Global Competitiveness Report 2011 – 2012》, World Economic Forum, p.75, 2011.
- "World Competitiveness Yearbook", Wikipedia, 2025년 5월 5일 접속.
- 〈CORRUPTION PERCEPTIONS INDEX 2024〉, Transparency International.
- Legatum Institute Foundation, 〈Health and health systems ranking of countries worldwide in 2023〉, Statista, 2023.9.24.
- "Programme for International Student Assessment", Wikipedia, 2025년 5월 5일 접속.
- 강유진, 〈세계 최고 항공사 영예의 1위 싱가포르항공…대한항공은?〉, 매일경제, 2023.6.29.
- Ipsos, 《Global Infrastructure Index 2023》, Ipsos, 2023.
- World Economic Forum, 《Travel & Tourism Development Index 2021》, World Economic Forum, 2022.
- 〈World Press Freedom Index 2025〉, Reporters Without Borders, 2025.
- 《DEMOCRACY REPORT 2024》, V-Dem Institute at the University of Gothenburg, 2024.
- 임계순, 《중국의 미래, 싱가포르 모델》, 김영사, 2018.
- Olwen Bedford, Sheryl H Chua, 《Everything also I want》, Culture & Psychology 24(4), p.1-21, 2018.
- Chia Sue-ann, 〈The Big Read: As a nation celebrates, we ask: What makes us Singaporean?〉, Today Online, 2016.3.21.
- Benjamin M. Friedman, 《The Moral Consequences of Economic Growth》 Alfred A. Knopf, p.20, 2005.
- 정경시사 Focus, 〈한국, 세계에서 21번째로 준법의식 높은 나라로… 전년조사 대비 26단계 상승〉, 정경시사 Focus, 2022.11.2.
- Suanne Yap, 《The Story of Kiasu(怕輸)》, University of Western Sydney, p.3, 2012.
- Olwen Bedford, Sheryl H Chua, 《Everything also I want》, Culture & Psychology 24(4), 2018.
- Sheila X. R. Wee, 《Toxic effect of fear of losing out on self-esteem》, Asian Journal of Social Psychology 25(4), p.2, 2022.
- Walter Sim, 〈Singaporeans see virtues like compassion in themselves but view society as materialistic〉, The Straits Times, 2015.7.24.
- Yew-Jin Lee, 《Not if but when pedagogy collides with culture in Singapore》, Pedagogies 5(1), p.17–26, 2010.
- C. Hodkinson, Arthur Poropat, 《Chinese students' participation》, Education & Training 56(8), p.7.
- R. Chang, "PM laments Ugly S'porean behaviour", The Straits Times, 2012. 8. 27.
- Charlotte Ashton, 〈Viewpoint: Does Singapore deserve its 'miserable' tag?〉, BBC News, 2014.3.14.
- Sarah Keating, 〈The most ambitious country in the world?〉, BBC, 2018. 3. 13.
- 김성건, 《싱가폴의 인종과 민족문제》, 지역연구 5(4), 1996.
- 김성건, 《싱가폴의 종교와 문화》, 지역연구 4(4), 1995.
- 김종호, 〈1965년 코로나19를 대비한 '신의 한 수'〉, 한겨레21, 2023.6.1.
- Max Weber, 《The Methodology of the Social Science》, Free Press, p.124, 1949.
- Max Weber, 《Economy and society: An outline of interpretive sociology, 3 Vol Set》, Bedminster Press,

p.26, 1968.
- Haelim Choi, Chi-ying Cheng, Sheila Wee, 《The impact of fear of losing out (FoLO) on college students' performance goal orientations and learning strategies in Singapore》, Social Psychology of Education 25(6), p.1354, 2022.
- 박정호, 〈싱가포르 초등학생이 한국의 고3처럼 공부하는 이유는?〉, 한국일보, 2021.4.24.
- Klodiana Lanaj, 《Regulatory focus and work-related outcomes》, Psychological bulletin 138(5), p.998-1034, 2012.
- Sheila X. R. Wee, 《Toxic effect of fear of losing out on self-esteem》, Asian Journal of Social Psychology 25(4), 2022.
- Carole Ames, 《Classrooms》, Journal of Educational Psychology 84(3), p.262.
- Sara, 〈Singaporeans' "kiasu" culture hampers innovation: NMP Kuik Shiao-Yin〉, The Online Citizen, 2016.4.7.
- Amelia Teng, 〈Singapore families spent $1.4b on private tuition for kids last year〉, The Straits Times, 2019.9.24.
- Kennon M. Sheldon et al., 《Self-concordance and subjective well-being in four cultures》 Journal of Cross-Cultural Psychology 35(2), p.209 – 223.
- Jolene Ang, "Children in Singapore more anxious about exams than Covid-19: Survey", The Straits Times, 2020.9.18.
- Sherlyn Seah, 〈Study finds 1 in 10 teens suffers from mental health disorder; professionals call for more support from parents〉, CNA, 2023.4.27.
- CNA, "Lawrence Wong announces measures to improve mental health and well-being in Singapore", Youtube, 2024.2.7.
- Theresa Tan, 〈Singapore's total fertility rate hits record low in 2023, falls below 1 for first time〉, The Straits Times, 2024.3.11.

청산되지 않은 과거, 미국

- Katharine Webster, 〈Anthony Szczesiul Says New Book Was Inspired by Students〉, UMass Lowell, 2017.9.27.
- Anthony Szczesiul, 《The Southern Hospitality Myth》, University of Georgia Press, 2017.
- AJ+, "What Makes The South 'The South'?", Youtube, 2017.12.18.
- CHRISTOPHER A. COOPER and H. GIBBS KNOTTS, 〈South Polls: Rethinking the Boundaries of the South〉, Southern Cultures 16(4).
- Martha McCartney, 〈Virginia's First Africans〉, Encyclopedia Virginia, 2020.12.7.
- 〈African Passages, Lowcountry Adaptations〉, Lowcountry Digital History Initiative.
- 신문수, 《미국 흑인 타자화 약사》, 미국학29, 2006.
- Jesus Garcia, Donna M. Ogle, C. Frederick Risinger, Joyce Stevos, 《Creating America: A History of the United States》, McDougal Littell, p.104, 2005.
- Maurie McInnis, 《Slaves Waiting for Sale》, University of Chicago Press, p.129, 2011.
- Andrew Fede, 《People Without Rights(Routledge Revivals)》, Routledge, p.79, 2012.
- Wilbert Ellis Moore, 《American Negro Slavery and Abolition》, Ayer Publishing, p.114, 1980.

- Danelle Moon, "Slavery", In 《Encyclopedia of Rape》, (Ed.) Merril D. Smith, Greenwood, p.234, 2004.
- Sharon Block, 《Sex, Love, Race》, (Ed.) Martha Hodes, New York University Press, p.141 – 163, 1999.
- Danelle Moon, 《Encyclopedia of Rape》, (Ed.) Merril D. Smith, Greenwood, p.234, 2004.
- 〈Boston Tea Party Damage〉, Boston Tea Party Ships & Museum.
- 권홍우, 〈미국 독립의 횃불… '상식'〉, 서울경제, 2017.1.10.
- 토머스 페인 지음, 박광순 역, 《상식론》, 범우사, 2007.
- 〈Slavery FAQs – Property〉, homas Jefferson's Monticello.
- 〈The North and the South〉, American Battlefield Trust, 2023.11.21.
- 〈Eli Whitney Patents the Machine He Thought Would Help End Slavery〉, Today In Connecticut History, 2020.3.14.
- 〈Southern Defense of Slavery: Analyzing the Vigorous Advocacy〉, Social Studies Help.
- "Antebellum South", Wikipedia, 2025년 5월 4일 접속.
- Colin Woodard, 《American Nations》, Viking, 2011.
- Michael F. Conlin, 《The Constitutional Origins of the American Civil War》, Cambridge University Press, p.255, 2019.
- Joe Early Jr, 《Readings in Baptist History》, B&H Publishing Group, p.82, 2008.
- James Henry Hammond, 《The 'Mudsill' Speech》, Speech to the U.S. Senate, 1858. 3. 4., Allenbolar.
- George Fitzhugh, 《Sociology for the South》, Richmond, Va., A. Morris, 1854, p. 84.
- Jeffrey Robert Young, 〈Slavery in Antebellum Georgia〉, New Georgia Encyclopedia, 2020. 9. 30.
- 김강녕, 《미국 남북전쟁의 전개와 의의 및 교훈》, 한국과 세계 5(4), p.79, 2023.
- Chris Joyner, 〈New report documents 2,000 lynching victims from Reconstruction era〉, The Atlanta Journal-Constitution, 2020.6.16.
- Derek Alderman, Eddie Modlin, 〈Southern Hospitality and the Politics of African American Belonging〉, Journal of Cultural Geography 30, p.15, 2013.
- 〈Debunking the Voter Fraud Myth〉, Brennan Center for Justice, 2017.1.31.
- Jasleen Singh, Sara Carter, 〈States Have Added Nearly 100 Restrictive Laws Since SCOTUS Gutted the Voting Rights Act 10 Years Ago〉, Brennan Center for Justice, 2023.6.23.
- Kevin Morris, Peter Miller, Coryn Grange, 〈Racial Turnout Gap Grew in Jurisdictions Previously Covered by the Voting Rights Act〉, Brennan Center for Justice, 2021.8.20.
- PRRI Staff, 〈Support for Christian Nationalism in All 50 States: Findings from PRRI's 2023 American Values Atlas〉, PRRI, 2024.2.28.
- "Great Replacement conspiracy theory", Wikipedia, 2025년 5월 5일 접속.
- Isaac Chotiner, 〈Learning from the Failure of Reconstruction〉, The New Yorker, 2021.1.13.

타자화된 역사의 그림자, 아이슬란드

- 성미연, 〈패스트푸드 프랜차이즈 브랜드 트렌드지수 1위 '맥도날드'. 20대는 '슬로우캘리', 40대는 '노 브랜드버거'〉, 데일리팝, 2024.5.30.
- Amit Gupta, 〈Top 10 Biggest Franchises In The World In 2024〉, DrFranchises, 2023.9.13.
- McDonald's Corporation, 《2024 Annual Report》, McDonald's Corporation, 2024.
- 〈Number of McDonalds restaurants in the United States in 2025〉, ScrapHero, 2025.3.11.

- "List of countries with McDonald's restaurants", Wikipedia, 2025년 5월 2일 접속.
- 〈Countries without McDonald's 2025〉, World Population Review.
- 토머스 프리드먼 지음, 장경덕 역,《렉서스와 올리브나무》, 21세기북스, 2014.
- "면적순 나라 목록" 위키백과, 2025년 5월 3일 접속.
- 〈Landsmönnum fjölgaði um 2,570 á fjórða ársfjórðungi 2022〉, Hagstofa Íslands (아이슬란드 통계청), 2023.1.20.
- 〈GDP per capita〉, current prices, IMF.
- 〈Human Development Report 2023-24〉, UNDP(United Nations Development Programme), 2024.
- "Life Satisfaction", OECD Better Life Index.
- Kristín Loftsdóttir, 〈Iceland, rejected by McDonald's: desire and anxieties in a global crisis〉, Social Anthropology 22(3), 2014.
- G. Hálfdanarson, "Iceland Perceived: Nordic, European or a Colonial Other?", 〈The Postcolonial North Atlantic Iceland, Greenland and the Faroe Islands〉, Berlin: Nordeuropa-Institut der Humboldt-Universität, 2014.
- "Sigurður málari" Wikipedia, Frjálsa alfræðiritið, 2025년 5월 3일 접속.
- 김민정,《아이슬란드의 이름체계와 사회변화》, 유럽연구 38(3), 2020.
- Kristín Loftsdóttir, 〈Shades of otherness: representations of Africa in 19th-century Iceland〉, Social Anthropology 16, p.172 – 186, 2008.
- "Human exhibition of Icelandic, Danish West Indies and Faeroese women in Tivoli Gardens, Copenhagen 1905 at the Colonial Exhibition", Reddit, 2021.1.16.
- Richard Chapman, 〈Fishing In Iceland〉, Guide to Iceland.
- Thorir Sigurdsson, 〈The Collapse of the Atlanto-Scandian Herring Fishery〉, IIFET 13th Conference, 2006.
- 〈Exports of goods and services(% of GDP)-Iceland〉, World Bank Group.
- Palle S. Andersen and Már Guðmundsson, 〈INFLATION AND DISINFLATION IN ICELAND〉, BANK FOR INTERNATIONAL SETTLEMENTS Monetary and Economic Department, 1998.
- Thorir Sigurdsson,《The Collapse of the Atlanto-Scandian Herring Fishery》, IIFET 13th Conference, 2006.
- Lawrence Hamilton, Steingrimur Jonsson, Helga, Ögmundardottir,《Sea Changes Ashore》, Arctic 57(4), 2004.
- Torbjørn Lorentzen, Rognvaldur Hannesson,《The Collapse of the Norwegian Herring Fisheries in the 1960s and 1970s》, INSTITUTE FOR RESEARCH IN ECONOMICS AND BUSINESS ADMINISTRATION BERGEN, 2006.
- 송고, 〈1970년대 대양 수온 양극화〉, 연합뉴스, 2010.9.24.
- Kristín Loftsdóttir, Mar Wolfgang Mixa,《The Return of Trust? Institutions and the Public after the Icelandic Financial Crisis》, 2018.
- Mar Wolfgang Mixa,《Rannsóknir í Félagsvísindum X》, Háskólaútgáfan, 2009.
- Statistics Iceland(아이슬란드 통계청).
- 권웅,〈왜 그들은 투자에 미쳤는가〉, 시사IN, 2012.2.8.
- Harald Baldersheim & Michael Keating,《Small States in the Modern World》Edward Elgar Publishing, 2015.
- 〈Iceland-Policies for Economic Transformation〉, Wellbeing Economy Alliance.

- 마이클 부스 지음, 김경영 역, 《거의 완벽에 가까운 사람들》, 글항아리, 2018.
- 〈Elton John performs at Icelandic birthday party〉, Iceland Review, 2007.1.22.
- Stefan Olafsson & Katrin Olafsdottir, 《Economy, Politics and Welfare in Iceland - Booms, Busts and Challenges》, Fafo, 2014.
- Michael Lewis, 〈Wall Street on the Tundra〉, Vanity Fair, 2009.3.3.
- 김홍수, 〈아이슬란드人 "영국 등에 진 빚 38억 유로 못갚아"〉, 조선일보, 2010.3.8.
- Viðskiptablaðið, 〈Afar lítið fékkst upp í kröfur í þrotarbú Lystar ehf〉, Viðskiptablaðið, 2013. 3. 27.
- Andri Geir, 〈Fáar þjóðir geta ekki rekið McDonald's〉, 2009.10.26.
- Rannsóknarnefnd Alþingis, Skýrsla rannsóknarnefndar Alþingis Chapter 2: Executive Summary, Rannsóknarnefnd Alþingis, Reykjavík, 2010.
- Garyn Tan, 〈The 10 year recovery, and lessons from Iceland〉, Asia & The Pacific Policy Society, 2018.1.15.

콤플렉스의 거울, 일본

- 이지호, 〈"일본이 최고" 日 황금시간대 장악한 자화자찬 방송〉, JPNews, 2014.11.4.
- 《2024年 訪日外客数総数》, 日本政府観光局 (JNTO).
- 미나미 히로시 지음, 이관기 역, 《일본인론(上)》, 소화, 1999.
- Ipsos, 《The Anholt-Ipsos Nation Brands Index》, Ipsos, 2023.
- Abroad in Japan, "The Biggest LIE about Japan", Youtube, 2022.7.25.
- "Stereotypes of Japanese people", Wikipedia, 2025년 5월 5일 접속.
- 일본불교순례기, 〈쇼토쿠 태자와 일본 불교〉, 법보신문, 2005. 9. 20.
- 동북아역사재단. 〈유교 통치이념 수용과 전개〉, 동북아역사넷.
- 전동민, 〈[知탐] '일본' 국호는 우리나라가 붙였다?〉, TheReport, 2019.3.27.
- "大和魂", Wikipedia, 2025년 5월 5일 접속.
- 패트릭 스미스 지음, 노시내 역, 《일본의 재구성》, 마티, 2008.
- 월, 〈일본이 선진국이었던 이유 5: 번역 대국의 어긋난 종착점〉, 딴지일보, 2022.6.9.
- 한예원, 〈일본의 외래문화 수용의 두 자세-'화혼한재(和魂漢才)'와 '화혼양재(和魂洋才)'〉, 日本思想 33, p.275, 2017.
- 이송은, 《현대 일본사회와 무사도 연구》, 국내석사학위논문 부경대학교 교육대학원, 2014.
- 임태홍, 《일본유학과 무사도》, 한국연구재단, p.4, 2012.
- 〈제4장 일본유교 - 에도시대의 주자학, 에도시대의 양명학〉, 종교대화씨튼연구원.
- 平川祐弘, 《和魂洋才の系譜》, 平凡社, p.56, 2006.
- 박노자, 〈근대 일본의 치명적 발명품, 무사도〉, 한겨레21, 2010.12.2.
- 강상중, 《오리엔탈리즘을 넘어서》, 이산, 1997.
- 後藤新平, 《日本膨脹論》, 大日本雄辯會, p.162-163, 1924.
- 조정민, 〈'패배'의 사상과 대중의 발견〉, 日本學 46, p.232, 2018.
- 최운도, 〈미국의 대일점령정책〉 일본공간 27, 2020.
- 임명묵, 〈일본의 테크노-파시즘: 광기는 어떻게 합리적으로 만들어지는가〉, Slow News, 2019.4.26.
- 장세진, 〈Edwin O. Reischauer, 동아시아, '권력/지식'의 테크놀로지〉, 상허학보 36, p.112, 2012.
- Oktay KUR TULUS, 〈Japan Under Occupation, 1945-1952〉, 大学院研究年報 第45号, p.37, 2016.

- Edwin O. Reischauer,《The Japanese Today》, Harvard University Press, 1995.
- 이미숙,〈보결 교수는 누구? 미국내 지일과 지식인 '국화 클럽' 핵심 멤버〉, 문화일보, 2014.1.24.
- John Dower,《War without Mercy》, Pantheon Books, p.293-317, 1986.
- 강성우,〈일본의 문화외교와 국가브랜드 전략으로서의 쿨재팬〉, 동아시아문화연구 65, p.220, 2016.
- 김봉석,〈일본 대중문화는 왜 낡은 미래가 되었나〉, ARENA, 2021.1.14.
- Jonathan H. Kantor,〈20 Live-Action Movies That Were Inspired By Anime〉, Ranker, 2025. 2. 15.
- Douglas McGray,《Japan's Gross National Cool》, Foreign Policy No.130 (May-June 2002), p.44. 2002.
- Kondo Seiichi,《Soft Power Superpowers》, M.E.Sharpe, p.199-201, 2008.
- 강태웅,〈우키요에 붐과 21세기 자포니슴〉, 일본비평 20, 2019.
- 藤澤茜,《浮世絵が創った江戸文化》, 笠間書院, p.254-272, 2014.
- 森谷尅久,《日本人の「おもてなし」はなぜ世界一と言われるのか》, KKロングセラーズ, p.81, 2015.

엘리트주의의 실체, 프랑스

- 앙드레 퐁텐느,〈기압계를 깬다고 폭풍이 잠드나〉, 시사저널, 1993.6.17.
- Isabelle Thomas, "Ambiance Nevers", France 3, 1993.5.2.
- Robin Teillet,〈Pierre Bérégovoy, le Parti socialiste et la Nièvre : un héritage gravé dans le temps〉, Université Lumière – Lyon 2, 2023.
- 〈Allocution de M. François Mitterrand, Président de la République, sur la vie et l'oeuvre de M. Pierre Bérégovoy, Nevers le 4 mai 1993〉, RÉPUBLIQUE FRANÇAISE,
- 조일준,〈노 전 대통령, 베레고부아와 '닮은 꼴 비극'〉, 한겨레신문, 2009.5.25.
- 〈Déclaration de politique générale de M. Pierre Bérégovoy, Premier ministre, sur le programme du gouvernement, à l'Assemblée nationale le 8 avril 1992〉, RÉPUBLIQUE FRANÇAISE.
- 송고,〈프랑스의 비정한 정치계〉, 연합뉴스, 1993. 5. 3.
- 서정복,《프랑스 혁명》, 살림지식총서, 2007.
- 전종윤,〈콩도르세. 프랑스 시민교육과 민중이성의 역할〉, 대동철학 84, p.10, 2018.
- 한국프랑스사학회,《교육과 정치로 본 프랑스사》, 서해문집, 2014.
- 서정복,〈프랑스 혁명의 교육사적 고찰〉프랑스사 연구 4, p.68, 2001.
- 조홍식,〈프랑스 엘리트 고등교육의 역사사회학〉, 유럽연구 32(3), p.138
- 구신자,《프랑스의 대학과 그랑제콜》, 세계문화교육연구소, 2021.
- 미하엘 하르트만 지음, 이덕임 역,《엘리트 제국의 몰락》, 북라이프, 2019.
- 남현숙,〈Bourdieu의 재생산 이론에 근거한 문화적 불평등에 대한 연구〉, 프랑스 문화 연구 26, p.212.
- Bourdieu,〈L'école conservatrice Les inégalités devant l'école et devant la culture〉, Revue française de sociologie 7(3), p.326, 1966.
- Pierre Bourdieu,〈La noblesse d'état〉, Paris, Les Éditions de Minuit, 1989
- Aïcha Creppy,〈Les frais de scolarité des écoles de commerce en 2024〉, diplomeo, 2024.8.26.
- Randall Collins,《The credential society》, Academic Press, p.49-72, 1979.

신자유주의의 그늘, 영국

- Ian Cobain, 〈Lordship Lane: the London road paying a heavy toll for gang warfare〉, The Guardian, 2018.4.26.
- Thomas Kingsley, 〈One in three gangland murders in London linked to drill music, report finds〉, Independent, 2021.10.11.
- Lizzie Dearden, 〈London crime: Homicides in capital hit 10-year high in 2018 after 134 people killed〉, Independent, 2018.12.31.
- Lizzie Dearden, 〈Police targeting drill music videos in controversial crackdown on social media that 'incites violence'〉, Independent, 2018.5.29.
- Ian Cobain, "London drill rap group banned from making music due to threat of violence", The Guardian, 2018.6.15.
- Thomas Kingsley, 〈One in three gangland murders in London linked to drill music, report finds〉, Independent, 2021.10.11.
- Yemi Abiade, 〈Inside UK drill, the demonised rap genre representing a marginalised generation〉, Independent, 2018.5.29.
- Amy Absher, 《The Black Musician and the White City》, University of Michigan Press, p.47, 2017.
- 〈South Chicago, Chicago, IL Crime Rates〉, Area Vibes.
- FOX 32 Digital Staff, "These are Chicago's 10 most dangerous neighborhoods, according to PropertyClub", FOX 32, 2024.1.3.
- John Dodge, 〈Poverty Rates In Many Chicago Neighborhoods Near 60 Percent〉, CBS News, 2014.4.22.
- 〈The Wealth Gap: Facts〉, The Chicago Community Trust.
- Eric Neumayer 〈Inequality and Violent Crime〉, Journal of Peace Research 42(1), p.101-112, 2005.
- Yusef Bakkali, 〈LIFE ON ROAD: Symbolic Struggle & The Munpain〉, University of Sussex, 2018.
- 〈Grime Music a reflection of London Working Class Culture〉, London Social And Culture Movement.
- Anthony Gunter, 《The Subcultural Imagination》, p.46-62, Routledge.
- 황준서, 〈피를 부르는 싸이퍼: UK드릴과 로드맨 문화〉, oncuration, 2023.7.15.
- Steve Swann, 〈Drill and rap music on trial〉, BBC, 2021.1.13.
- Will Pritchard, 〈Behind bars: how rap lyrics are being used to convict Black British men〉, The Guardian, 2023.6.21.
- Eithne Quinn, 〈Racist inferences and flawed data〉, Race & Class 65(4), p.8, 2024,
- 장석준, 《신자유주의의 탄생》, 책세상, 2011.
- 임영태, 《스토리 세계사 9: 현대편(2)》, 21세기 북스, 2014.
- Patrick J. Kiger, 〈5 Causes of the Great Depression〉, History, 2025.2.7.
- 장상환, 〈케인스주의의 의의와 한계〉, 마르크스주의 연구 3(1), 2006.
- 이준구, 〈미국의 승자독식정치와 그 귀결〉, 경제논집 54(1), 2015.
- 김수행, 〈영국 노동당 정부(1974-79년)의 신자유주의: 원인과 결과〉, 뉴 래디컬 리뷰 Vol.37, 2008.
- 김대일, 〈영국 경제정책과 노사관계의 변화〉, 서울대학교 사회과학연구원, 한국사회과학 23(1), 2001.
- Office for National Statistics (UK), 〈Inflation rate for the Retail Price Index (RPI) in the United Kingdom from June 1948 to August 2025〉, Statista.
- 〈The Thatcher years in statistics〉, BBC, 2013. 4. 9.

- 김영순, 〈신자유주의와 경쟁력〉, 서울대학교 한국정치연구소, 한국정치연구 Vol.8, 1999.
- 〈Household income inequality, UK: Financial year ending 2018〉, Office for National Statistics(UK), 2024. 2. 26.
- Patricia Thane, 〈How poverty in modern Britain echoes the past〉, The British Academy, 2019.1.11.
- Department for Communities and Local Government, 《English Housing Survey HOUSEHOLDS 2013-14》, 영국 정부, p.83, 2015.
- Alan Berube, 〈Mixed communities in England〉, Joseph Rowntree Foundation, p.2, 2005.
- Andy Beckett, 〈The right to buy: the housing crisis that Thatcher built〉, The Guardian, 2015.8.26.
- Paul Fowlds, 《Crumbs from the Table》, 2020.
- Carol Grant, 《Built to Last?》 Shelter, p. 214, 1999.
- Jen Pearce, Jim Vine, 〈Quantifying Residualisation: The Changing Nature of Social Housing in the UK〉, Journal of Housing and the Built Environment 29(4), p.7, 2014.
- 오언 존스 지음, 이세영 역, 《차브》, 북인더갭, 2014.
- Tony Trueman, 〈Research demonstrates strong link between Thatcher era job losses and an increase in crime〉, British Sociological Association, 2019. 4.
- Tim Horton and Howard Reed, 〈The distributional impact of the 2010 Spending Review〉, Radical Statistics 103, p.22.
- Diane Reay, 〈Social Mobility, a Panacea for Austere Times〉, British Journal of Sociology of Education 34(5/6), p.669, 2013.

가족주의의 덫, 이탈리아

- Angela Giuffrida, 〈Italian woman wins court case to evict her two sons, aged 40 and 42〉, The Guardian, 2023.10.26.
- Livia Borghese and Nicola Ruotolo, 〈Parents in Italy no longer have to financially support their adult children, court rules〉, CNN, 2020.8.18.
- Eurostat, 〈Share of young adults living with their parents, contributing or benefitting from the household income in Italy in 2023, by gender〉, Statista, 2024.
- Pallavi Rao, "Ranked: European Countries by the Average Age Adults Move Out", Visual Capitalist, 2024.7.14.
- Anna Momigliano, 〈Matteo Renzi's gift for Italy's mama's boys〉, Politico.
- Mauro Di Gregorio, 〈Con la Manovra 2025 detrazioni figli over 30 addio, stretta anti-bamboccioni del governo〉, Qui Finanza.
- Francesco Billari, Guido Tabellini, 《Demography and the Economy》, 2008.
- Peter A. Diamond, 〈Aggregate Demand Management in Search Equilibrium〉, Journalof Political Economy 90(5), p.881 - 894, 1982.
- UNECE, 〈Mean age of women at birth of first child〉, UNECE.
- Gianpiero Dalla Zuanna, 《Strong Family and Low Fertility, European Studies of Population vol 14, Springer, p.147, 2004.
- Reuters, 〈Births fall in Italy for 15th year running to record low〉, Reuters, 2024.3.29.
- Servet Yanatma, 〈Europe's fertility crisis: Which countries are having the most and fewest babies?〉,

- Euro News, 2024.9.28.
- 신창용, 〈'저출산 2위' 이탈리아 브레이크가 없다…출생아 수 역대 최저〉, 연합뉴스, 2024.3.29
- Margarita León, Mauro Migliavacca, 〈Italy and Spain: Still the Case of Familistic Welfare Models?〉, Population Review 52(1), 2013.
- 홍이진,《이탈리아의 사회보장제도》, 나남, 2018.
- Edward C. Banfield,《The moral basis of a backward society》, Free Press, p.10, 1967.
- Emanuele Ferragina, 〈The never-ending debate about The moral basis of a backward society〉, Journal of the Anthropological Society of Oxford. 1, 2009.
- 김성이,《사회 복지의 발달과 사상》, 이화여자대학교출판부, p.14, 2002.
- Gøsta Esping-Andersen,《The three worlds of welfare capitalism》Cambridge, Polity Press, p.21-26, 1990.
- Michaela Pfeifer, 〈Comparing unemployment protection and social assistance in 14 European countries. Four worlds of protection for people of working age〉, International Journal of Social Welfare 21, p.23, 2012.
- 여유진,《한국형 복지모형 구축》, 한국보건사회연구원, 2016.
- David Sven Reher, 〈Family Ties in Western Europe〉, Population and Development Review 24(2).
- 장지민, 〈미국 내 '캥거루 족' 늘었다…성인 돼도 부모에 재정적 지원 받아〉, 한국경제, 2024.1.26.
- Roger Gibbard et. al, 〈Agricultural Tenancy Reform〉, p.7, 1997.
- Patricia Skinner,《Family Power in Southern Italy 850-1139》, Cambridge University Press, p.102, 1995.
- Jack Goody,《The Development of the Family and Marriage in Europe》, Cambridge University Press, 1983.
- Joëlle Long, 〈Equal and Not. A Feminist Perspective on Italian Family Law〉, THE ITALIAN LAW JOURNAL 9(2), p.540, 2023.
- 〈Italian Law of Filiation: A Family Law Case Study〉, De Tullio, 2020.10.28.
- 〈NUOVA DISCIPLINA DELLA FILIAZIONE E DELLE RESPONSABILITÀ DEI GENITORI〉, Studio Notarile Genghini & Associati, 2013.7.18.
- ISTAT, 〈Less births, especially among the firstborn children〉, ISTAT, 2019.
- Agenzia Nova, 〈Istat: Another Record Downward in Italy, 4,600 Less Births in the First Seven Months of 2024〉, Nova News, 2024.10.21.
- Laura Dumitrana Rath-Boşca, Francesco Miraglia, 〈AFFECTIVE TIES AND LEGAL BOUNDARIES〉AGORA International Journal of Juridical Sciences 18(1), p.114, 2024.
- Christin Schröder, 〈The influence of parents on cohabitation in Italy〉, Demographic Research 19(48), p.1711, 2008.
- 〈Global Morality〉, Pew Research Center, 2014.4.15.
- 〈Divorce Rates by Country 2025〉, World Population Review.
- Eurostat, 〈Marriage and divorce statistics〉, Eurostat, 2025.
- Eurostat, 〈Expenditure on social benefits by function〉, Eurostat, 2025.4.29.
- ISTAT, 〈Not enough the provision of services for the early childhood education〉, ISTAT, p.13, 2019.
- Eleonora Mussino, Livia Elisa Ortensi, 〈Childcare in Italy among migrants and natives: who uses which type and why〉, Genus 79(16), p.2, 2023.
- 신창용, 〈이탈리아 저출산 신음…작년 출산율 1.18명 역대 최저〉, 연합뉴스, 2025.3.31.

- Sara Santini (et al.), 〈Reforming Italy's long-term care system〉, Frontiers in Public Health 13, p.3, 2025.
- 《TOWARDS PERSON-CENTERED INTEGRATED CARE IN ITALY》, OECD, p.12, 2023.
- 〈Eurocarers country profiles - Italy〉, Eurocarers.
- Marco Albertini, Debora Mantovani, 〈Older parents and filial support obligations〉, Ageing and Society 42(11), p.2559, 2022.
- Simone De La Feld, 〈Italy has the widest gender gap in Europe: women work 9 years less than men〉, EU News, 2024.7.26.
- Christopher T. Whelan, Bertrand Maître, 〈Welfare Regime and Social Class Variation in Poverty and Economic Vulnerability in Europe〉, ESRI Working Paper 303, p.11.
- Ümmügülsüm Aysan, 〈The Welfare States and Happiness Inequalities in Europe〉, Journal of Social Policy Conferences 81, p.71-99, 2021.

물질만능주의 사회, 중국

- 〈中国相亲类节目的三个发展阶段〉, 学术规划网, 2020.9.14.
- 김기동, 《중국사람 이야기》, 책들의정원, 2018.
- Nancy Groves, 〈If You Are the One: call for Australian lonely hearts on Chinese dating show〉, The Guardian, 2015.9.8.
- Xiyun Yang, 〈China's Censors Rein in 'Vulgar' Reality TV Show〉, The New York Times, 2010.7.18.
- 王臻青, 肖 杨, 〈三教授评《非诚勿扰》:故意说出格话就是低级趣味〉, 中国新闻网, 2010.6.8.
- Lin Qi, 〈The Dating game by Jiangsu TV〉, China Daily, 2010.4.24.
- 서봉국, 〈16억원 예단·100억 황금길…'황금 만능' 중국〉, YTN, 2013.11.16.
- 조성원, 〈결혼 지참금이 얼마길래?…中 '1호 문건'으로 해결 강조〉, KBS 뉴스, 2023.2.16.
- 김명나, 〈도시주부의 혼례의식, 혼례행동 및 혼례만족〉, 숙명여자대학교 대학원 박사학위논문, 1998.
- "배금주의", 위키백과, 2025년 5월 5일 접속.
- Ipsos, 〈Majority (65%) of Global Citizens Agree Money Is More Important To Them Nowadays Than Previously〉, Ipsos, 2010.2.23.
- Robert Lawrence Kuhn, 《How China's Leaders Think》, Wiley, 2011.
- 〈Communism〉, Encyclopædia Britannica.
- 채사장, 《지적대화를 위한 넓고 얕은 지식 1》, 웨일북, 2020.
- 김수행, 《자본론 공부》, 돌베개, 2014.
- 장석준, 《사회주의》, 책세상, 2013.
- 김정주, 《마르크스의 자본론》, 웅진지식하우스, 2019.
- Patrick J. Kiger, 〈7 Negative Effects of the Industrial Revolution〉, History, 2025.2.20.
- 박종철출판사 편집부, 《칼맑스 프리드리히엥겔스 저작선집 4》, 박종철출판사, 1997.
- George Thomas Kurian, 《The Encyclopedia of Political Science》, CQ Press, 2011.
- 〈Chapter II. Proletarians and Communists〉, Marxist Internet Archive.
- Duncan Hallas, 〈Marx, Engels and the vote〉, Socialist Review 55, 1983.
- Orlando Figes, 《A People's Tragedy: A History of the Russian Revolution 1891-1924》, Viking Adult/Penguin Books, 1997/1998.

- Richard Pipes,《The Russian Revolution》, Knopf Doubleday Publishing Group, p.838, 1990.
- Michael Ellman,〈Soviet Repression Statistics: Some Comments〉, Europe-Asia Studies 54(7), p.1154, 2002.
- 토마시 탱글리-에번스 지음, 이원웅 역,〈스탈린주의의 기다란 그림자〉, 마르크스21 43호, 2022.
- 〈Holodomor〉, Center for Holocaust and Genocide Studies(University of Minesota).
- 박수헌,〈레닌과 스탈린 시기 공산당 권위구조의 변천〉, 러시아연구 13(2), p.347-348, 2003.
- G. Kuch, J. Llewellyn,〈The Chinese Communist Party〉, Alpha History.
- Rebecca E. Karl,《Mao Zedong and China in the Twentieth-Century World》, Duke University Press, p.33, 2010.
- "Long March", Wikipedia, 2025년 5월 5일 접속.
- "Yan'an Rectification Movement", Wikipedia, 2025년 5월 5일 접속.
- Donald M. Lowe,《The Function of "China" in Marx, Lenin, and Mao》, University of California Press, p.117, 1966.
- Paul Saba,〈Mao, China and Class Struggle〉, Workers Viewpoint 6(28), 1981.
- 이시카와 요시히로 지음, 강진아 역,《중국공산당, 그 100년》, 투비북스, 2024.
- Nathan Law,〈Review: The Cultural Revolution still haunts China〉, Chatham House, 2023.2.3.
- Yan Sheng Chen,〈The Causes and Enlightenment of Chinese Cultural Revolution〉, Journal of Social Science Studies 7(1), Macrothink Institute, p.2, 2020.
- 허 자오톈 지음, 임우경 역,《현대 중국의 사상적 곤경》, 창비, 2018.
- Syam, F., Fatia, U,〈CORRUPTION ERADICATION POLICY IN CHINA DURING XI JINPING ERA〉, Journal of Social Political Sciences 3(1), p.80, 2022.

시선 너머의 지식
ⓒ 윤수용, 2025

초판 1쇄 발행 | 2025년 7월 30일
초판 2쇄 발행 | 2025년 9월 17일

지은이 | 윤수용
책임편집 | 김아영
콘텐츠 그룹 | 배상현, 김다미, 김아영, 박화인, 기소미
표지 디자인 | R DESIGN 이보람
본문 디자인 | STUDIO 보글

펴낸이 | 전승환
펴낸곳 | 책 읽어주는 남자
신고번호 | 제2024-000099호
이메일 | bookpleaser@thebookman.co.kr

ISBN 979-11-93937-78-5 (03100)

- 북플레저는 '책 읽어주는 남자'의 출판 브랜드입니다.
- 이 책의 저작권은 저자에게 있습니다.
- 저작권법에 의해 보호를 받는 저작물이므로 저자와 출판사의 허락 없이 무단 전재와 복제를 금합니다.
- 이 책의 일부 또는 전부를 재사용하려면 반드시 저작권자와 출판사 양측의 동의를 받아야 합니다.
- 책값은 뒤표지에 있습니다.